Socialismo.info

in copertiva
Caravaggio, *Vocazione di Matteo*, part.

Edizione 2018
proprietà riservata

MIKOS TARSIS

ARTE DA AMARE

la parabola dell'arte religiosa dall'iconografia bizantina a Caravaggio

Attraverso l'arte esprimiamo la nostra concezione di ciò che la natura non è.

Pablo Picasso

Nato a Milano nel 1954, laureatosi a Bologna in Filosofia nel 1977, già docente di storia e filosofia, Mikos Tarsis (alias di Enrico Galavotti) si è interessato per tutta la vita a due principali argomenti:
Umanesimo Laico e Socialismo Democratico, che ha trattato in homolaicus.com e che ora sta trattando in quartaricerca.it e in socialismo.info.
Ha già pubblicato *Pescatori di favole. Le mistificazioni nel vangelo di Marco*, ed. Limina Mentis; *Contro Luca. Moralismo e opportunismo nel terzo vangelo*, ed. Amazon.it; *Protagonisti dell'esegesi laica*, ed. Amazon.it; *Metodologia dell'esegesi laica*, ed. Amazon.it; *Amo Giovanni*, ed. Bibliotheka.
Per contattarlo info@homolaicus.com o info@quartaricerca.it o info@socialismo.info
Sue pubblicazioni: lulu.com/spotlight/galarico e su Amazon

Premessa

Questi testi sono una raccolta degli interventi più significativi che il sottoscritto ha compiuto nella sezione artistica del sito homolaicus.com: quindi non vi è nulla di inedito né di recente. In particolare la scelta riguarda quei testi che possono aiutare il lettore a capire come si è passati da un'arte esplicitamente religiosa a una che di religioso ha soltanto il nome.

La figura di Giotto (qui svolta in maniera essenziale) è stata trattata a parte in un lungo dialogo col compianto professore universitario Giancarlo Nacher Malvaioli, *La svolta di Giotto. La nascita borghese dell'arte moderna* (ed. Lulu.com), dove parlammo estesamente non solo di questo artista ma anche della concezione dell'arte in generale. Quello fu il mio primo libro e lo feci in omaggio proprio a Nacher, che, a causa di una grave malattia, non riuscì neppure a vederlo finito.

Rileggendo queste pagine (scritte, alcune, a distanza di oltre trent'anni), non ho trovato nulla che non riscriverei. Questo è un male, poiché non sempre la coerenza è una virtù.

Le parti dedicate all'iconografia risalgono agli inizi degli anni Ottanta, quando la scoperta di quest'arte mi aprì gli occhi sulla svolta cristiano-borghese compiuta dall'arte fiorentina verso la metà del Duecento. Che io abbia un debole non solo per quest'arte ma anche per quella di Caravaggio, il lettore è in grado di capirlo da solo. Ma se mi si chiede il motivo per cui riescano a piacermi delle forme artistiche così diverse tra loro, neppure io so spiegarmelo. Diciamo che vedo in loro una sintesi di *umanità* e *trasgressione*, di nostalgia per qualcosa che si è irrimediabilmente perduto e di desiderio potente di riaverlo... C'è in loro qualcosa che non lascia spazio alla banalità e che pretende una vera autenticità delle cose.

Introduzione

Prima di dedicarsi a una qualunque attività artistica, dove l'estro, il genio, la sregolatezza sono una costante (anche per la riuscita della stessa opera d'arte), uno dovrebbe avere una maturità personale sufficiente almeno a sostenerlo quando il successo gli volterà le spalle.

Se uno si sente artista, deve pensare anzitutto a cercare un proprio equilibrio interiore, quello che permette d'essere il più possibile se stessi nella buona e nella cattiva sorte, benché sia puro idealismo sostenere che le circostanze non possano arrivare a modificare, anche profondamente, la personalità o lo stile di vita delle persone.

Certo, si può sempre obiettare che il valore dell'artista sta proprio nella sua diversità, nel voler fare dell'eccesso la sua fortuna. Molti artisti, in effetti, riescono in questa impresa e si affermano al grande pubblico, ma bisogna stare attenti ai prezzi da pagare, perché possono non essere pochi o comunque di entità non lieve.

Gli artisti soffrono di solitudine, perché possono sentirsi incompresi o emarginati o strumentalizzati da chi vuole sfruttare il loro talento. Non vivono rapporti normali o, in ogni caso, fanno molta fatica a vivere un'esistenza simile a quella della stragrande maggioranza delle persone. Sono portati a sognare, confondendo facilmente la realtà con la loro fantasia. Pensano, molto ingenuamente, che per realizzare dei rapporti autentici sia sufficiente che il pubblico li apprezzi per le loro capacità.

In tutti i rapporti che vivono, ad un certo punto fa capolino l'impressione che vi sia, nelle persone ch'essi frequentano, un fondo d'ipocrisia: temono d'essere apprezzati soltanto per il loro talento artistico e non anche per la loro persona, per quello che pensano di essere, anche al di là della stessa arte. Di qui l'idea, quando si sono arricchiti a dismisura, di porre ogni relazione sotto contratto, quando addirittura non fingono l'anonimato, sperando d'incontrare una persona che li ami o li consideri per quello che sono, per quello che pensano, a prescindere dalla loro arte.

Cercano il successo e stanno male quando lo perdono, non solo perché devono conservare un certo tenore di vita, ma anche perché, sul piano psicologico, il successo dà dipendenza come una qualunque sostanza stupefacente. Dietro ogni successo tendono a nascondere le loro frustrazioni, le loro insicurezze psicologiche, le debolezze di carattere. Spesso hanno cercato la fama per riscattarsi da una vita difficile. Ma il successo esige prestazioni di alto livello, superiori alla media, e l'artista si rende facilmente conto di non poter essere sempre all'altezza della situazione.

L'artista rischia di vivere la vita in maniera sdoppiata, assumendo una faccia per il pubblico e conservandone un'altra per la vita privata. Per non dover soffrire questa lacerazione, egli tende a inglobare sempre più la vita privata in quella pubblica, trasformando tutto in una sorta di esperienza teatrale, come se ci si dovesse esibire continuamente su un palcoscenico. Oppure se la prendono a morte coi fotografi che violano la loro privacy: come se nella nostra società, che vive di scandali e pettegolezzi, un artista affermato potesse avere una propria vita privata.

L'artista che vuole campare sfruttando il proprio talento e che al di là di una certa espressività artistica non saprebbe cosa fare, è fondamentalmente una persona immatura. Non si rende conto che non si può vivere in funzione dell'arte, poiché l'arte trova la sua vera ragion d'essere soltanto quando esprime la vita, cioè quando rappresenta qualcosa di significativo, qualcosa che non si può certo vivere ai massimi livelli tutti i giorni.

Se uno vive solo per l'arte, è costretto continuamente a non stare mai fermo, a cercare, ovunque gli capiti, una qualche fonte ispirativa, che gli permetta di rimanere sulla cresta dell'onda. E quando non la trova è facile ch'egli arrivi ad accettare compromessi poco dignitosi, nell'illusione di poter conservare la fama raggiunta, cioè di poter essere apprezzato qualunque cosa faccia.

Proprio mentre pensa di sentirsi libero non lavorando sotto padrone, o di poter dettare al committente le proprie condizioni, si ritrova schiavo della propria ambizione, del proprio egocentrismo. Il vero artista è quello che non si dispera all'idea di dover morire di vecchiaia lontano dal palcoscenico, è quello contento del proprio presente e non si mette a raccontare continuamente il proprio passato.

L'arte bizantina e russa

Le tesi di Cyril Mango

Qual è la differenza tra l'arte greca classica e l'iconografia bizantina? La differenza sta nel fatto che mentre la prima colpisce per la perfezione delle forme, la seconda invece colpisce per l'intensità del contenuto. Là domina l'estetica, qui la religione; là l'intellettualismo astratto, qui l'interiorità spiritualizzata.

I valori esistenziali sono opposti: alla ineluttabilità del destino, alla forza cieca del fato, cui si reagisce esagerando l'importanza dell'esteriorità formale, subentra la fiducia nella provvidenza e nella bontà divine, la riconciliazione delle creature col creatore, per la quale l'interiorità etico-religiosa è sostanza.

Una grandissima speranza si cela dietro l'ideologia religiosa, quella che allo schiavismo si possa un giorno por fine nell'aldilà, e a tale scopo non resta che aver fede, che contemplare l'attesa, cercando di attenuare il più possibile, sul piano morale, gli effetti nocivi dei rapporti di classe.

Se le due forme artistiche vengono messe a confronto sul piano meramente esteriore, chi ci perde è sicuramente quella bizantina, non avendo essa la preoccupazione di stupire l'intelletto, ma di coinvolgere i sentimenti, non di suscitare ammirazione ma partecipazione emotiva.

Lo spettatore non va illuso che esista una perfezione astratta nell'imperfezione concreta, ma va convinto che la vera perfezione non è di questo mondo e che in questo mondo l'unica perfezione da desiderare è soltanto quella della fede.

L'arte bizantina non è rivolta ai sensi esterni, quelli che cercano l'originalità dello stile, l'armonia geometrica delle parti, la fedele riproduzione della realtà, l'esaltazione delle fattezze del corpo umano, l'appagamento intellettuale, l'intelligenza creativa o la conferma puntuale di un proprio vissuto.

Essa invece è rivolta ai *sensi interiori*, cioè alla capacità di commuovere, di far riflettere su di sé, sulla propria condizione terrena, su quello che si è e soprattutto su quello che si deve diventare per poter ereditare qualcosa che viene ricevuto come "dono". Quando il cristiano contempla un'icona deve considerarsi parte di un tutto, poiché quell'oggetto non rappresenta se stesso, ma rimanda ad altro.

Chi sostiene che i greci antichi erano dei veri artisti e che i bizantini al massimo erano dei veri artigiani, è del tutto fuori strada. Gli artisti greci erano sicuramente migliori di quelli romani ad essi coevi, ma la vera rivoluzione in campo artistico fu operata dalla cultura bizantina.

Scriveva Cyril Mango nel 1980: "ancora non si è pienamente giunti a una comprensione adeguata dell'arte bizantina nel suo sviluppo e nel suo rapporto con i fattori sociali e storici" (*La civiltà bizantina*, Laterza, Bari 2006, p. 290). Infatti, quando nel 1886-91 fu tradotta in francese l'*Histoire de l'art bizantine* di N. P. Kondakov, uno dei creatori della storia dell'arte bizantina, di quest'arte in occidente non si sapeva quasi nulla.

Mango però, quando dice che "l'arte bizantina - analogamente alla letteratura bizantina - era innegabilmente assai conservatrice" (ib.), deve stare attento a non cadere nella banalità, poiché la parola "conservazione", usata così, rischia di apparire in un'accezione negativa, soprattutto in un mondo, quale l'odierno, che fa del progresso e del mutamento incessante le sue ragioni di vita.

"Conservare" una tradizione, dei valori, di per sé non significa nulla se non si mettono in relazione quella tradizione o quei valori ai bisogni della gente comune. Quando le tradizioni e i valori rispondono in maniera sufficientemente adeguata a determinate esigenze, materiali e spirituali, non si vede perché si debba considerare la loro "conservazione" un fattore negativo.

Non è importante che l'evoluzione di un'arte o di una letteratura avvenga a passo lento o veloce. È importante che nella sua evoluzione si continui a rispondere in maniera convincente alle esigenze di vita umana, alle istanze dell'esserci.

Non si può guardare l'arte bizantina con occhi moderni, cioè pensando a quello che è avvenuto dopo, a partire soprattutto dalla svolta giottesca. Il fatto, p.es., che l'arte bizantina fosse "anonima e impersonale" non va visto in maniera negativa, anche se oggi, dominati da un mercato che esalta le capacità individuali, questo ci può apparire assurdo.

Sin dai suoi esordi l'artista bizantino si sentiva parte di un collettivo, ch'era la tradizione di una comunità cristiana nata nel I secolo dopo Cristo, incarnatasi, dopo la svolta costantiniana, nelle due principali istituzioni: chiesa e impero, che a loro volta si ramificavano in mille altre esperienze comunitarie, ivi incluse quelle eremitiche dei deserti del Sinai. L'artista sapeva bene che firmarsi col proprio nome appariva come una forma di vanità, peraltro del tutto inutile.

Era la "conservazione" di una tradizione consolidata che permetteva a questa di sussistere, e quando si arrischiava un'interpretazione personale, questa doveva sottostare al filtro di istanze superiori, garanti di una continuità.

L'"anonimato" dell'artista bizantino non dipendeva dal fatto che la popolazione (i committenti e i fruitori delle sue opere d'arte) lo considerasse un "artigiano", ma dipendeva piuttosto dal fatto che quanto egli rappresentava era frutto anzitutto non del proprio talento personale o di una qualche originale inventiva, ma semmai di una coscienza e di un'esperienza collettiva, che gli appartenevano profondamente. Gli stessi vangeli, in fondo, erano stati redatti da autori anonimi (le rispettive comunità cristiane di appartenenza) e solo successivamente, per distinguerli, quando quelle comunità ormai non esistevano più, si pensò di attribuirne la paternità a qualche autore specifico, sufficientemente noto.

Questo modo di fare e di lavorare è quasi del tutto sconosciuto in occidente, sicuramente poco praticato là dove esiste un business. Da noi anzi, a partire dall'invenzione della stampa, domina incontrastato il concetto di "proprietà intellettuale dell'opera" e la violazione del copyright può essere perseguita anche penalmente. Per trovare dell'anonimato "efficiente" bisogna riferirsi alle società per azioni, alle speculazioni borsistiche o ai consigli di amministrazione di qualche multinazionale.

È singolare in tal senso che un esperto bizantinista come Mango si meravigli dell'assenza, a quel tempo, di una "critica artistica bizantina", ovvero di una "letteratura che potesse discutere o valutare le opere d'arte in termini non puramente retorici" (cit., p. 291). Com'è possibile applicare a un'arte medievale dei criteri d'analisi tipici del mondo contemporaneo?

Quando l'arte bizantina è stata sottoposta a critica, a partire da Giotto (ma l'antecedente fu la stessa iconoclastia), si finì col creare un'arte completamente diversa, rispondente a una nuova forma di esperienza della fede, molto più laica e borghese, quale si venne affermando, anzitutto in Italia, con la nascita dei Comuni. Ancora oggi gli storici occidentali dell'arte non mettono in discussione la necessità della svolta giottesca esattamente nelle forme in cui è avvenuta e quindi continuano a essere persuasi che i giudizi negativi che a partire da Giotto si cominciarono a dare dell'iconografia bizantina fossero sostanzialmente giusti. Ciò significa che la critica odierna interpreta la svolta artistica dell'Europa occidentale nella stessa maniera in cui essa interpretava se stessa e in cui quindi voleva essere interpretata. Non è forse "retorico" anche questo modo di fare "critica"?

Quando in oriente si superò la bufera iconoclastica, l'iconografia rimase immutata per ancora molti secoli (sul Monte Athos p.es. lo è ancora oggi). Viceversa nell'area occidentale dell'impero si provvide ad un certo punto a eliminarla del tutto e non tanto per motivi teologici, quanto, al contrario, per motivi "anti-teologici". Questo, di per sé, può essere definito un fattore di "progresso"? Ed è forse stato un fattore di progresso l'aver riscoperto, in occidente, intorno alla metà degli anni Settanta del secolo scorso l'importanza dell'iconografia bizantina e russa senza aver capito la superiorità della confessione ortodossa rispetto a quella cattolico-romana? O senza aver capito i limiti strutturali di qualunque esperienza e arte religiosa rispetto all'esigenza di vivere una vita laica a misura d'uomo?

Criticare l'arte bizantina, per un ortodosso, voleva sostanzialmente dire "uscire dall'ortodossia", come appunto avvenne nel periodo della distruzione sistematica delle immagini. Fu forse quello un periodo in cui i sostenitori dell'iconoclastia potevano vantare un'alternativa convincente ai limiti di classe del bizantinismo? I fatti dimostrarono di no.

L'arte cristiana non era l'opera spontanea di qualche artista isolato, né il momento contrattuale che legava l'artista al proprio committente, ma era piuttosto un evento eminentemente *pubblico*, il cui destinatario era quello stesso popolo cui l'artista apparteneva, e che difficilmente avrebbe accettato un'alternativa artistica che non fosse nel contempo una risposta convincente ai propri problemi di sopravvivenza quotidiana. Si dovranno attendere molti secoli prima di capire che la fede religiosa non era in grado di risolvere alcun problema della vita reale.

L'artista bizantino rappresentava in quel momento ciò in cui il popolo e lui stesso credevano. Se la sua arte non avesse costituito un formidabile collante tra i vari ceti sociali, i nemici dell'impero bizantino non avrebbero pervicacemente tentato di distruggerla. Non è un caso che oggi in occidente si conservino più reperti artistici del mondo classico greco-romano che non di quello bizantino, che pur è più recente ed è durato un migliaio di anni.

*

Scrive Cyril Mango, nell'opera già citata: arte bizantina significa "predominio dell'ornamento, graduale perdita della tridimensionalità, frontalità delle figure umane, negligenza per i rapporti di scala" (p. 295).

Ora, perché considerare questi aspetti come una sorta di "provincializzazione dell'arte greco-romana" (ib.)? Perché lasciarsi così tanto condizionare, nella valutazione di un'opera d'arte, dai soli aspetti stilistici e formali? Da quando in qua le raffinatezze, l'accuratezza, la precisione nell'esecuzione di un'opera artistica sono elementi sicuri dell'indice di "civiltà" di una data formazione storico-sociale? E chi ci dice che per esprimere sentimenti umani occorra necessariamente una perfezione delle forme? Com'è possibile non avere una grande padronanza del mestiere quando si vogliono esprimere emozioni forti con pochi e semplici mezzi "artigianali"?

Forse che col concetto di "civiltà" noi dobbiamo considerare esclusivamente la realizzazione di opere ingegneristiche, lo sviluppo delle grandi città, dei commerci, della tecnologia produttiva, delle reti stradali, e quindi la produzione di un'espressione artistica corrispondente a questi livelli di progresso, e non anche e soprattutto la qualità dei rapporti umani, l'applicazione della giustizia sociale, il rispetto della natura, la coerenza tra princìpi teorici e forme di esistenza pratica?

Per caso, non è che quando giudichiamo il passato, specie quello classico del mondo greco-romano, andiamo a cercare delle conferme al nostro presente, suggestionati come siamo dalle nostre conquiste tecnico-scientifiche? Qual è il criterio che può aiutarci a capire quando una civiltà è davvero "civile" e quando lo è solo di nome? Perché dobbiamo essere così ingenui da permettere che una valutazione delle forme possa influenzare pesantemente la valutazione della sostanza?

L'arte bizantina non è nata perché non si sapeva più fare arte nella maniera tradizionale, ma perché quel modo di fare arte cominciò, sin dal I secolo, ad essere considerato non rispondente alle esigenze umane di verità, di liberazione, di giustizia. Tanto che oggi i critici ritengono che "arte proto-bizantina" e "arte paleo-cristiana" siano in sostanza la stessa cosa.

L'avvenimento di Gesù Cristo, per quanto tradito sia stato sin dagli inizi della comunità apostolica, lasciò comunque un segno indelebile nella tradizionale percezione (ebraica e pagana) della realtà. È impossibile interpretare un'arte profondamente religiosa senza tener conto di questo. Come oggi sarebbe quanto meno limitato parlare di "umanesimo laico" senza parlare nel contempo di "socialismo democratico".

Ad un certo punto un determinato modo di fare arte venne considerato del "passato" e quindi destinato ad essere sostituito da qualcosa di nuovo, di profondamente diverso. Nella consapevolezza degli iconografi la loro arte voleva essere un "di più" dell'arte greca classica, che tutto il mondo guardava con occhi spalancati.

In tal senso l'arte bizantina non va considerata come una forma di ripiego dovuta a inesperienza o a una scarsità di mezzi o di formazione professionale, ma va piuttosto considerata come la ricerca consapevole di un'alternativa convincente e praticabile a un'arte (quella pagana) che tutti consideravano insuperabile.

Il compito era arduo e di difficile soluzione, in quanto si doveva superare un modello esteticamente perfetto anche se eticamente falso, in quanto non rispondente alla realtà. Si doveva accuratamente evitare una rappresentazione mitologica della realtà, sostituendola con una simbolica ed evocativa, che facesse ricordare qualcosa di comune (anamnesi) e riflettere su di sé (ascesi).

Una transizione del genere, in campo artistico, non poteva essere garantita da una mera padronanza tecnica dei ferri del mestiere. Occorreva una trasformazione dello stile di vita. Un processo quindi lungo e faticoso, in cui la protagonista assoluta sarebbe stata non tanto l'abilità dell'artista, ma l'eticità della sua vita quotidiana, sicuramente molto più prosaica di quella di qualunque eroe greco. L'eroe non poteva più essere un elemento irraggiungibile della realtà, da guardare meravigliati, ma doveva essere l'uomo comune diventato santo, asceta, teologo o un militare distintosi nel difendere la cristianità… E anche quando si rappresentavano i grandi personaggi della tradizione ebraico-cristiana o i potenti della Terra, il credente doveva essere messo in grado di osservarli con rispetto e fiducia, sapendo che appartenevano alla sua stessa esperienza religiosa, seppur su piani diversi.

La mitologia greco-romana era stata per molti secoli una falsificazione della realtà trasmessa con grande perizia e dovizia di mezzi: era stata il trionfo dell'effimero, dell'illusione sapientemente usata dai poteri dominanti. Non sarebbe stato possibile superarla senza dimostrare che l'autenticità era un'altra cosa.

Oggi viviamo in un'epoca in cui il fallimento del cristianesimo è sotto gli occhi di tutti e non ci sarà modo di tornare a questa utopia; tuttavia, quando l'arte bizantina nacque, esso costituiva una speranza di riscatto agli occhi della stragrande maggioranza della popolazione dell'impero. Non si può non tener conto di questo.

Va detto peraltro che fino a Giustiniano l'arte bizantina non riuscì a liberarsi completamente dei condizionamenti dell'arte precedente, che era servile nei confronti delle esigenze del potere politico. È solo sotto Giustiniano che si ha una svolta: l'arte non è più soltanto di corte, ma comincia a diventare di popolo. All'inizio la differenza la si nota più nell'architettura che nella pittura, anche perché questa non è altro che musiva e comunque di figurativo ha assai poco.

Lo stile bizantino emerge nel VI secolo, quando il mosaico, ch'era stato usato in alternativa alla scultura, comincia ad essere sostituito dalle icone. Scrive Mango: "Ai loro occhi un'icona era un ritratto reale che era in tutto e per tutto il portatore dell'aspetto fisico del santo personaggio ivi rappresentato" (cit., p. 299).

Mango considera i bizantini dei "primitivi", in quanto - a suo parere - non riuscivano a distinguere la maniera "iconica" da quella "naturalistica". Curioso dire questo di un'arte che è anti-naturalistica per voca-

13

zione e che vuol vedere la natura, inclusa quella umana, soltanto nella sua rappresentazione "iconica", cioè simbolica.

Mango non riesce a comprendere (e di questo suo limite verrebbe criticato anche da tutta l'arte contemporanea, a partire dal Futurismo) che l'identità umana può essere meglio rappresentata solo se si è in grado di coglierne l'*interiorità*. Se la riproduzione fedele della realtà fosse la maniera più indicata per percepire l'essenza delle cose, ivi inclusa la specificità umana, noi dovremmo considerare la fotografia superiore a qualunque pittura, ovvero la pittura che si avvicina di più alla fotografia come la migliore possibile (ammesso e non concesso che la stessa fotografia sia una riproduzione fedele della realtà o che possa esistere qualcosa in grado di riprodurre esattamente la realtà).

Se vogliamo, non solo nell'iconografia bizantina il naturalismo viene totalmente assorbito dal simbolismo concreto, ma in questo simbolismo fortemente evocativo viene riprodotto soltanto il meglio della natura umana, avendo l'arte uno scopo eminentemente pedagogico, quello dell'edificazione spirituale.

"Il canone 82 del concilio Quinisesto (692), biasimando l'antica consuetudine di rappresentare Cristo quale agnello e raccomandando di dipingerlo invece in forma umana, oppone il simbolo (*typos*) all'immagine. Il simbolo, sostiene, era adeguato all'Antica Legge, quando la verità poteva mostrarsi solo per tenui segni e ombre; la Nuova Legge invece non ha bisogno di simboli; la verità e la grazia c'erano perché tutti le vedessero nella forma umana di Cristo", così scrive Mango (ib.). Stessa cosa si dirà nel *Synodicon* dell'ortodossia (843). L'arte religiosa bizantina non era dunque propriamente simbolica, ma, al contrario, "cercava di essere esplicita, letterale, realistica persino" (ib.).

In realtà le disposizioni sinodali spronavano gli artisti a non essere "timidi", a non temere di rappresentare il "divino incarnato" per timore di offenderlo. Era un invito esplicito a cercare il "divino" nell'"umano" e non solo nei simboli religiosi. Ma sarebbe sciocco pensare che con questo suggerimento la chiesa intendesse dire che il realismo andava cercato nelle "forme artistiche". In nessun momento di tutta la sua storia l'arte bizantina ha mai pensato che le forme, in sé, potessero offrire maggiore realismo di quanto lo potesse fare una rappresentazione simbolica dell'interiorità umana.

Il realismo dell'arte iconografica cristiana era semplicemente rivolto a quell'essenza di umanità presente nella persona di fede. Se non si chiarisce questo, si finisce col far passare i bizantini per degli artisti stravaganti, almeno rispetto ai canoni della pittura occidentale moderna.

Chi mai vorrebbe sostenere che l'interiorità possa essere rappresentata in maniera "fotografica"? Noi ci commuoviamo davanti a un'intensa recitazione teatrale o cinematografica, ma lo faremmo lo stesso se in quel momento ci venisse in mente che gli attori sono pagati per fingere?

Gli artisti bizantini sapevano benissimo che l'interiorità poteva essere colta solo in maniera simbolica: il suo vero realismo non stava affatto nella perfetta riproduzione delle fattezze esteriori, quanto piuttosto nella capacità di imprimere agli sguardi le profondità dei sentimenti, che per la cultura bizantina non potevano certo prescindere dalla concezione religiosa della vita.

Un critico d'arte non ha bisogno di vivere un'esperienza religiosa per comprendere la specificità di quest'arte straordinaria, anche perché sarebbe assurdo sostenere che la sensibilità umana possa essere adeguatamente rappresentata solo in chiave religiosa.

Se l'iconografia bizantina non avesse avuto una straordinaria carica emotiva, ovvero l'ambizione a rappresentare simbolicamente l'essenza della sensibilità umana, rinunciando a fare dell'arte un mero strumento di esaltazione dei poteri forti, difficilmente riusciremmo a spiegarci i motivi per cui questi poteri, dell'oriente e dell'occidente, abbiano a più riprese tentato di eliminarla. In Italia (soprattutto nel Mezzogiorno) vi è stata molta più "iconoclastia" quando, dopo la rottura scismatica del 1054 e con l'arrivo dei Normanni, la chiesa romana impose una sostituzione d'ufficio del culto greco con quello latino. Forse qui non è neppure il caso di ricordare che un secolo dopo la distruzione italiana dell'iconografia bizantina, con la svolta di Giotto, in Russia il pittore Rublëv produceva i suoi grandissimi capolavori.

L'iconoclasmo, in tal senso, non è stato semplicemente il tentativo di dimostrare che il divino doveva restare irrappresentabile (cosa peraltro che l'arte bizantina non ha mai messo in discussione, in quanto una qualunque immagine di dio era vietata), ma anche il tentativo di sostenere che la volontà del divino poteva essere interpretata adeguatamente solo dai poteri forti.

L'iconoclasmo, se vogliamo, non si è presentato soltanto come una forma di intellettualismo ateistico (analogo, in un certo senso, al realismo giottesco), ma anche come una forma di dittatura contro la libertà di coscienza e di religione (analoga alla svolta teocratica di papa Gregorio VII).

Con l'iconoclasmo i poteri forti volevano togliere al popolo il diritto di darsi una propria rappresentazione della divinoumanità, volevano togliere al popolo il diritto di usare la fede religiosa come forma di critica dell'autoritarismo. Non era un ateismo democratico, ma un ateismo intollerante, e quindi intellettualistico, astratto, ideologico, incapace di tener conto delle dinamiche sociali.

*

Dal 650 circa all'850 circa la storia dell'arte bizantina ha dovuto fronteggiare un periodo molto difficile, in cui la sua stessa sopravvivenza è stata in forse.

Non si trattò semplicemente di influenze ebraico-islamiche nei luoghi del potere istituzionale, ma del tentativo, da parte del potere imperiale, di porre sotto controllo le dinamiche sociali, all'interno delle quali la chiesa ortodossa giocava un ruolo di primo piano. Fu in sostanza un tentativo di "cesaropapismo". Invece che puntare su riforma sociali in senso democratico, per riconquistare il consenso perduto, il potere politico giocò l'arma della svolta autoritaria nei confronti del popolo, preceduta da patteggiamenti segreti con le forze rivali che ne minavano l'autorità.

Un tentativo che partiva indubbiamente da esigenze ateistiche legittime, volte a debellare la superstizione popolare e lo sfruttamento clericale della credulità. Un tentativo tuttavia sbagliato sul piano sia politico che culturale. *Politico* perché si volle imporre a colpi di decreti imperiali, rinunciando ai legittimi dibattiti pubblici, un principio laico-umanistico, senza tener conto della realtà concreta. *Culturale* perché non si seppe di fatto laicizzare adeguatamente l'argomento che la chiesa usava a favore della simbolizzazione dei contenuti religiosi.

L'iconoclastia in sostanza non capì che la superstizione non si può rimuovere con la forza, né che l'ideologia cristiana può essere sconfitta con una variante di questa medesima religione.

La conclusione conciliare della vicenda fu altamente teologica (grazie ai contributi di Giovanni Damasceno, Teodoro Studita e di Niceforo di Costantinopoli), a testimonianza che l'iconografia non era affatto, come molti critici han detto, una "teologia per i poveri e gli analfabeti", ma una teologia di alto livello, cui non si sarebbe rinunciato senza rinunciare, nel contempo, all'ideologia religiosa in quanto tale.

Al secondo concilio di Nicea (787), in meno di un mese si trovò la formula canonica per stabilire quanto fino a quel momento si era sempre creduto, e cioè che "l'immagine era diversa dal suo archetipo per quanto riguardava l''essenza' o la 'sostanza' (*ousia*), ma era identica quale 'persona' (*hypostasis*)" (Mango, op.cit., p. 303).

Il testo dogmatico dice letteralmente:

"In poche parole, noi intendiamo custodire gelosamente intatte tutte le tradizioni ecclesiastiche, sia scritte che orali. Una di queste, in accordo con la predicazione evangelica, è la pittura delle immagini, che giova senz'altro a confermare la vera e non fantastica incarnazione del Verbo di Dio, e ha una simile utilità per noi infatti, le cose, che hanno fra loro un rapporto di somiglianza, hanno anche senza dubbio un rapporto scambievole di significato".

"Infatti, quanto più continuamente essi [Cristo, Maria, i santi, gli angeli, gli uomini pii] vengono visti nelle immagini, tanto più quelli che le vedono sono portati al ricordo e al desiderio di ciò che esse rappresentano e a tributare ad essi rispetto e venerazione. Non si tratta, certo, secondo la nostra fede, di un vero culto di *latria*, che è riservato solo alla natura divina, ma di un culto simile a quello che si rende all'immagine della preziosa e vivificante croce, ai santi evangeli e agli altri oggetti sacri, onorandoli con l'offerta di incenso e di lumi, com'era uso presso gli antichi. L'onore reso all'immagine, infatti, passa a colui ch'essa rappresenta; e chi adora l'immagine, adora la sostanza di chi in essa è riprodotto".

Dunque niente feticismo, niente idolatria, ma semplice *devozione*: l'oggetto non è magico ma evocativo, il suo senso non sta in sé ma in ciò che viene rappresentato.

Certo è che a un ateo di oggi può far sorridere che per i teologi bizantini fosse "paganesimo" pregare davanti a una statua e "cristianesimo" baciare un'icona. La differenza tra le due forme di superstizione è sottile come un capello e non varrà a renderla più consistente la motivazione secondo cui i cristiani venerano persone realmente esistite.

È fuor di dubbio tuttavia che la sottile distinzione, basata, se vogliamo, sul "buon senso", tra "adorare" e "venerare", se laicizzata nei termini, può risultare utile ancora oggi, specie quando si vogliono evitare forme di partecipazione politica estremamente ideologizzata o forme di psicopatologia individuale o di massa.

L'icona era considerata una specie di ritratto riflesso in uno specchio d'acqua, in cui l'identità del soggetto è riconoscibile soltanto dallo spirito che l'anima. Quindi le fattezze fisiche, esteriori, non andavano considerate come perfettamente identiche a quelle reali, anche perché questa pretesa uguaglianza era non solo tecnicamente ma anche umanamente impossibile.

Per i bizantini l'essenza completa delle cose sfugge sempre e nessuno è in grado di riprodurla adeguatamente: ci si può avvicinare solo per approssimazione. Ecco perché quest'arte non è mai stata interessata a produrre una "reale ritrattistica" (cit., p. 303). Non perché ne fosse incapace (Bisanzio si pone anzitutto come "erede" della classicità greco-romana e orientale), ma semplicemente perché riteneva l'inadeguatezza rappresentativa un valore fondamentale per garantire l'assoluta alterità dell'identità umana (e, per inciso, "umana", non solo "divina"). L'inadeguatezza rappresentativa non era considerata soltanto un limite strutturale all'esserci, ma una forma di garanzia per tutelare l'irriducibile diversità.

Ecco perché il pittore bizantino doveva tener conto delle "fattezze universalmente riconosciute di questo o di quel santo" (ib.). Se l'essenza dell'identità umana non può essere totalmente rappresentata, meno ancora può esserlo dalla propria abilità o dal proprio genio individuale. L'artista doveva attenersi scrupolosamente a una tradizione condivisa, doveva fare costante riferimento a un sentire comune. L'iconografo non era esattamente un uomo come gli altri, ma, nel mentre dipingeva, svolgeva un'azione dall'alto contenuto sociale, civile, culturale e persino politico.

Scrive Cyril Mango: "non troviamo nella decorazione ecclesiastica bizantina alcuna allegoria di vizi e di virtù né segni zodiacali né le fatiche dei mesi o le arti liberali o le scene dei commerci e dei mestieri. Ciò che i bizantini chiamavano 'conoscenza esteriore' rimane fuori. Persino l'Antico Testamento resta escluso, se non per le figure dei profeti la cui funzione è annunciare l'Incarnazione" (cit., p. 306).

Per l'iconografo il concetto di "essenza" o di "sostanza" era così importante che, nella raffigurazione delle fattezze umane, egli si guardava bene dal distrarre l'attenzione dell'osservatore aggiungendo elementi di paesaggio o di architettura (che generalmente venivano sostituiti da uno sfondo uniforme e dorato). Questo perché il soggetto rappresentato doveva essere percepito come una persona posta di fronte a un'altra persona. Ecco perché risultano del tutto irrilevanti, anzi fuorvianti, rispetto all'esigenza di rappresentare "l'essenzialità", l'uso della prospettiva, del chiaroscuro, della tridimensionalità…

L'iconografo era un artista emotivo e misurato, idealista e scrupoloso, fanciullo nel sogno e concentrato sul lavoro, pronto a carpire l'illuminazione ma lento nel rielaborarla, proprio perché sapeva di dover sempre bilanciare gli aspetti soggettivi e oggettivi della sua attività.

Quando si dice che "la dimensione delle figure nella composizione dipende più dalla loro importanza gerarchica che dalla loro posizione nello spazio" (cit., p. 307), si deve sapere che questa era una scelta consapevole, motivata da una precisa teologia, organica al fare arte, non era un limite strutturale oltre il quale quell'iconografia non sarebbe mai potuta andare.

La prospettiva anzi andava, ontologicamente, "rovesciata": il "minore" sul piano spirituale è sempre più "piccolo", anche se sta in primo piano. "Le distanze non vengono più indicate da gradazioni cromatiche, né la fonte d'illuminazione è uniforme. Le figure non hanno ombra" (cit., p. 308). L'iconografia bizantina infatti vuole essere per definizione "anti-illusionistica", priva di coerenza geometrica e razionale. Tant'è che - e lo dice lo stesso Mango - "tutte le figure bibliche mantengono il loro abito antico, con la tunica e la *chlamys*: non si usavano vesti bizantine contemporanee" (cit., p. 308).

Non è forse stupefacente questo alto senso della storicità abbinato a un'assoluta mancanza di naturalismo delle forme (almeno così come lo intendiamo oggi)? Come si può definire un'arte in cui gli aspetti "naturali" sono in realtà "simbolici" e quelli "simbolici" presumono d'essere "reali"? Qui non solo non si è in presenza di un realismo naturalistico ma neppure di un simbolismo banale, manierato, convenzionale; più che simbolica sembra un'arte stilizzata ma capace di suscitare empatia.

È il concetto di "realtà" che è diverso. Per la cultura occidentale è "reale" ciò che è "razionale" e viceversa: le cose, per esistere, devono essere misurabili, categorizzabili, percepibili coi sensi esteriori, riproducibili il più fedelmente possibile, sperimentabili in qualche laboratorio..., salvo poi vivere la vita nelle più svariate forme irrazionali dettate dalla logica del profitto.

Per i bizantini invece il "reale" è l'idea oggettiva (per loro teologica) che viene interiorizzata, è l'esperienza socio-personale del valore umano positivo, concepito in chiave religiosa. Il reale è la fusione dell'umano col divino: la divinizzazione dell'umano (*théosis*).

Il reale non ha bisogno di essere tridimensionale per essere meglio percepito. Infatti la spiritualità, per manifestarsi, può farlo semplicemente in maniera bidimensionale. La cultura bizantina non è mai caduta nell'illusione di credere che la profondità spirituale potesse essere aiutata dalla tridimensionalità spaziale. La profondità dei sentimenti va ricavata dal pathos interiore non dalle linee geometriche, dall'intensità dello sguardo non dal rapporto tra le masse e i volumi, dalla postura maestosa, serena e insieme severa, impassibile dei soggetti, non dalle loro espressioni dolorifiche, esagitate, violente.

Si dovrebbe guardare con grande rispetto un'arte che separava nettamente ciò che riteneva essenziale dall'accessorio. Non è forse vero che la stragrande maggioranza dell'arte moderna e contemporanea occidentale non ha fatto altro che usare l'accessorio per qualificare l'essenziale? E perché guardare con sospetto l'arte bizantina quando a partire da Picasso s'è imposta in occidente un'arte del tutto indipendente dalle esigenze della prospettiva, del chiaroscuro, dell'armonia delle parti..., un'arte che, a differenza di quella bizantina, s'è andata imponendo facendo completamente a pezzi il figurativo?

È difficile pensare che nei confronti di un'arte così esigente siano possibili soluzioni di compromesso: o la si accetta com'è o la si nega. Ecco perché Giotto rifiutò le soluzioni di compromesso del suo maestro Cimabue; solo che invece di creare una vera alternativa umanistica, ne creò una *borghese*, a un livello spirituale molto più basso.

L'iconografia bizantina sino all'843

L'arte bizantina è stata caratterizzata da un fenomeno stranamente somigliante a quella sua stessa tecnica pittorica che l'ha resa famosa in tutto il mondo: la *prospettiva inversa*. Infatti quanto meno gli ideali del cristianesimo avevano la possibilità concreta di realizzarsi, tanto più l'iconografia andava perfezionando i propri strumenti di persuasione ideologica delle masse, arrivando sino alle vette sublimi dell'interiorità più spiritualizzata nelle opere di Teofane il Greco. Era un rapporto inversamente proporzionale.

Agli inizi si cercava un'alternativa convincente ai passati modelli artistici e architettonici del mondo greco-romano, che nella fase del tardo impero s'andavano evolvendo in senso spiritualistico in virtù delle influenze del plotinismo e delle religioni dualistiche orientali (mitraismo, zoroastrismo, manicheismo ecc.).

Praticamente le prime modifiche delle concezioni estetiche e formali in campo artistico avvengono nel periodo di Settimio Severo (193-211): quanto meno l'impero romano era in grado di reggersi sulla forza, tanto più si affidava a giustificazioni astratte, pur non rinunciando né allo schiavismo, né ai privilegi della grande proprietà terriera, né quindi, ovviamente, alla dittatura militare.

Per il filosofo spiritualista Plotino il bello non consiste nelle proporzioni del corpo ma nella luce interiore, e per percepirlo è sufficiente l'uso di un simbolo astratto, che non necessita di alcuna prospettiva e che anzi accentui la posizione gerarchica dei personaggi più importanti in una sorta di prospettiva rovesciata.

Dagli schemi orientali (soprattutto persiani), privi di senso storico, si adottano gli elementi frontali e simmetrici, in cui le figure vengono appaiate, poste tutte su uno stesso piano. Era un modo di fare arte antinaturalistico e antirealistico, molto semplificato, decorativo, simbolico: adattissimo a un potere politico che aveva bisogno non tanto di svilupparsi quanto di sopravvivere a se stesso.

L'interiorità spirituale vera e propria ovviamente non si manifesta quando è al servizio del potere, ma quando ha la possibilità di esprimere al meglio il sentimento, e cioè nella ritrattistica, specie quella funebre. È qui infatti che gli sguardi, dagli occhi grandi, diventano sempre più frontali, fissi, ieratici.

Si preferiscono i mosaici e le pitture affrescate alla scultura, anche perché di più rapida esecuzione e dai colori più accesi. E il cristianesimo si inserisce in questa metamorfosi spiritualistica con una propria simbologia, che ovviamente non è quella ufficiale del potere e che resterà più teocentrica che cristocentrica per almeno tre secoli.

L'arte simbolica che s'incontra nelle catacombe, avente uno scopo meramente didattico, priva di una vera forma artistica e di una interpretazione teologica, si può in sostanza classificare in tre gruppi: a) tutto ciò che si riferisce all'acqua (Noè, Giona, Mosè, pesce, àncora); b) tutto ciò che si riferisce al pane e al vino (moltiplicazione dei pani, spighe di grano, vigna); c) tutto ciò che si riferisce ai "salvati" (giovani nella fornace, Daniele tra i leoni, l'uccello fenice, Lazzaro resuscitato, il Buon Pastore).

L'arte bizantina, nata nei monasteri orientali, operò una torsione intellettuale di non poco conto, in quanto si pose come obiettivo non solo quello di superare definitivamente l'arte greco-romana, ivi incluse le sue ultime tendenze spiritualistiche astratte e convenzionali, ma anche quello di superare la stessa arte simbolica cristiana, che risultava troppo povera per un'ideologia dal contenuto teologico molto elevato e che si prestava, soprattutto con Giustiniano, a diventare la cultura ufficiale dell'impero.

Sarà la chiarezza fatta a proposito della natura del Cristo incarnato, sanzionata nel decisivo concilio di Calcedonia (451), che influenzerà notevolmente la dottrina e la teologia dell'icona.

A partire dal VI secolo la pittura iconografica diventa parte integrante dell'edificio architettonico sacro, sostituendosi a poco a poco ai mosaici, che restano solo nelle pavimentazioni. La tavolozza poteva infatti fornire una gamma cromatica più vasta e quindi maggiori possibilità espressive.

Lo si era capito già nell'uso delle miniature dei codici, ma anche dai ritratti che gli egizi mettevano sui loro sarcofagi: con quei volti frontali, severi, dagli occhi grandi e dallo sguardo intenso.

L'icona vera e propria vuole porsi come simbolo evocativo di un messaggio sia storico, riguardante l'intero genere umano, che personale, per l'edificazione spirituale, interiore: una caratteristica riscontrabile sin dalle prime realizzazioni nei monasteri copti del Sinai. Vogliono essere pitture capaci di trasmettere valori positivi.

L'iconografia, che non è solo su legno ma anche su muro (affreschi), nasce in ambienti monastici e continuerà a dare il meglio di sé proprio in questi ambienti.

Nei monasteri non si fa la "storia" ma si lavora sull'uomo, modellandolo secondo le esigenze della religione cristiana, che nei deserti sono severe, ascetiche. Si cercano dei metodi esistenziali e quindi delle forme espressive corrispondenti che possano essere generalizzate, al fine di poter dire al singolo credente: "ecco, questo è il tuo universo; se vuoi fare qualcosa di personale, stai dentro i suoi confini".

Per quanto incredibile possa sembrare, l'iconografia religiosa nacque ponendo subito in atto un proprio "statuto epistemologico" ben definito: o lo si rispettava o si era fuori della chiesa.

Lontani dalla realtà urbana e rurale dei conflitti sociali, i monaci non avevano bisogno di obbligare le immagini a sottostare alle proporzioni del reale. Esse dovevano far sognare, come l'odierna cinematografia, con la differenza che dovevano sempre trasmettere una certa fiducia per le sorti dell'umanità, già redenta dal sacrificio di Cristo. Dovevano persuadere il credente che quegli stessi valori ch'egli non riusciva a vivere nel "mondo", a causa appunto degli antagonismi irriducibili tra le classi e i ceti, l'avrebbero comunque salvato.

Non a caso inizialmente i temi più ricorrenti erano quelli dell'apocalittica: il giudizio universale, l'ascensione del Cristo, la sua discesa agli inferi, il Pantocratore che governa su tutto, ecc. Si aveva bisogno di credere nella realizzazione più breve possibile delle promesse "ricapitolative" fatte nel Nuovo Testamento.

Alla fine del VI secolo, quando s'inventa l'iconostasi (la balaustra che separa l'altare dai fedeli), rendendo così più sacro e misterioso il rito eucaristico, si comincia a decorare quest'ultima con dipinti riguardanti l'annunciazione, la crocifissione, la resurrezione, la pentecoste, la dormizione, e s'iniziano anche i primi piani del Battista, degli angeli, dei santi, dei padri della chiesa... Le icone diventano sempre più "liturgiche", devozionali, sempre più connesse ad eventi non solo evangelici ma anche ecclesiastici. L'iconografia non è più uno strumento espressivo di asceti in polemica con le istituzioni laiche ed ecclesiastiche, diventa parte del sistema.

E quanto più acquistano consensi spontanei tra le masse, tanto più il potere politico cerca di servirsene: infatti è quasi sempre Costantinopoli che invia nei centri provinciali i propri artisti, i suoi propri modelli, cooperando così all'unitarietà stilistica di quest'arte.

Simbolismo nell'arte bizantina

A seconda dei soggetti rappresentati, le icone (e gli affreschi) possono dividersi in tre grandi gruppi:

1. ritratti del Cristo, della Vergine e dei santi;
2. rappresentazioni di festività cristiane e di episodi della vita dei santi;
3. illustrazioni simboliche della dottrina cristiana e di concetti teologici in generale.

Le icone-ritratto erano (e ancora oggi sono) le più popolari. Precursori di queste icone sono i ritratti funebri egizi, dove il legame tra vita e morte che doveva unire i parenti si esprimeva raffigurando il defunto nel pieno vigore della vita, giovane, bello, attraente, con grandi occhi spalancati, allo scopo d'impressionare la mente dei vivi e sfuggire così all'oblio totale della morte.

I santi raffigurati sin dalle prime icone e mosaici guardavano lo spettatore dritto negli occhi, come se desiderassero rimanere attivi nella vita dei loro confratelli cristiani.

Tuttavia dai loro volti si eliminava ogni forma di esuberanza sensuale, facendo piccola la bocca e più lungo e affilato il naso. Si voleva mettere in risalto la natura spirituale dell'essere umano e, in tal senso, queste opere si differenziavano dalle antiche raffigurazioni egizie.

Anche gli occhi non sono più quelli di chi, ansioso, guarda con nostalgia il mondo degli affetti più cari che ha lasciato, ma sono quelli di chi ha raggiunto finalmente la pace che cercava: gli sguardi sono quindi quelli che invitano a seguire le stesse orme dei morti.

Il linguaggio dell'icona-ritratto è sempre volutamente laconico, eppure - a chi è in grado di seguirne il simbolismo religioso - risulta convincente, persuasivo. Anche perché, essendo ogni personaggio rappresentato di faccia, l'osservatore ha l'impressione di trovarsi in mezzo a una "riunione di santi".

All'interno delle chiese ortodosse il credente entra in una dinamica relazionale spaziale distribuita in tutto il volume dell'edificio, per cui non è solo un osservatore ma anche un osservato. Di qui l'esigenza di avere una costruzione di forma circolare e la necessità di una cupola a forma di volta celeste che completi la visione della chiesa: l'edificio si pone simbolicamente come immagine del cosmo, la cui figura centrale è quella del Cristo Pantocratore, sovrano e redentore dell'universo, attorno a cui stanno schiere di angeli che lo servono.

Il resto del soffitto e le pareti sono decorati con episodi che illustrano la redenzione del mondo; le immagini dei santi non solo guardano i fedeli ma sembrano anche conversare tra loro, formando una sorta di sacro convito.

Nell'abside orientale, il posto più importante, dopo la cupola, è riservato alla Madre di Cristo, anello di congiunzione tra creatura e creatore.

Le pareti delle chiese recano dipinte tutta la storia dell'incarnazione, che inizia con l'Antico Testamento, i patriarchi, i profeti, concludendo con Gioacchino ed Anna, Simeone (che predice a Maria la morte del Cristo) e Giovanni Battista. Vengono poi gli apostoli, gli evangelisti, i martiri, i dottori e maestri della chiesa, e infine i santi di tutte le nazioni ed epoche, a cominciare da Abramo, che per primo rispose, secondo la tradizione ebraica, all'appello divino.

Storia dell'iconoclastia

Durante il primo stadio di espansione delle icone (VI-VII sec.), né l'amministrazione delle chiese né i teologi erano intervenuti per favorire il culto delle immagini, che doveva il suo successo alle credenze sparse in larghi strati popolari fin da epoche remote. Tuttavia, nell'VIII secolo, uno dei più difficili dell'impero bizantino, il basileus Leone III Isaurico prese la decisione di far rimuovere le icone dalle chiese.

La conquista araba era riuscita a sottrarre all'impero l'Egitto, la Siria, la Palestina, il nord Africa ecc., riducendo della metà i suoi territori. Non solo, ma i Longobardi premevano in Italia, i Bulgari nei Balcani; Armenia e Georgia tendevano a staccarsi dal potere centrale per svilupparsi in maniera autonoma; pestilenze, terremoti e lunghi assedi della capitale da parte di persiani e musulmani sembravano indicare una fine ormai prossima.

La popolazione dell'impero non tollerava più alcuni aspetti piuttosto negativi della politica governativa: l'esosità del fisco, l'incapacità di porre un freno alla crescente feudalizzazione dei rapporti agrari, il divieto di costituire correnti autonome di pensiero all'interno della cristianità. Gli arabi, nel complesso, apparivano più tolleranti.

Sotto la dinastia isaurica il governo matura la convinzione che per le sorti dell'impero sarebbe stato meglio trovare una forma di compromesso con quelle correnti aniconiche, influenzate dall'islam, contrarie all'uso delle immagini sacre per la diffusione della fede cristiana. Era una scelta dettata da motivazioni squisitamente politiche, non ideologiche, ma, poiché veniva a toccare questioni di "pratica religiosa" e anche, se vogliamo, di teologia (poiché si finiva col negare il dogma dell'incarnazione), un aspro conflitto con la chiesa diventava inevitabile, e la stessa chiesa ortodossa rischiava di finire totalmente subordinata alla volontà del basileus.

Formalmente il motivo che si prese a pretesto fu che stava dilagando la superstizione. Ma c'era dell'altro. Lo Stato mal sopportava le correnti eretiche che scompaginavano l'unità dell'impero, indebolendo soprattutto le aree periferiche a vantaggio della penetrazione islamica. L'iconoclastia doveva servire anche per lottare contro le eresie nestoriane e monofisite che, non facendo distinzione tra le due nature cristologiche, finivano con l'assumere atteggiamenti non in linea con l'ideologia dominante anche sul piano iconografico.

Infatti i nestoriani[1], nell'immagine, volevano vedere rappresentata la sola natura umana del Cristo; per i monofisiti[2] invece, essendo impossibile distinguere le due nature nel Cristo incarnato, nelle icone vedevano solo quella divina. Di conseguenza le icone diventavano o meramente *naturalistiche* (il che portava all'ateismo) o addirittura *magiche* (il che portava al paganesimo precristiano).

Questo per gli iconoclasti voleva dire che il Cristo non poteva essere rappresentato. Infatti se avevano ragione i nestoriani, si finiva nell'eresia, in quanto la natura divina del Cristo non poteva essere negata; e se avevano ragione i monofisiti si finiva nell'empietà, in quanto rappresentare adeguatamente il divino è impossibile. In entrambi i casi un'icona del Cristo andava considerata impossibile, proprio perché le due nature sono contemporaneamente inconfondibili e inscindibili.

Gli iconoclasti riconoscevano la completa e piena figura religiosa del *simbolo* ma non quella dell'immagine; si riconoscevano in maniera completa nella croce, ma non in un dipinto raffigurante il Verbo; credevano nella reale presenza del corpo e del sangue del Salvatore ma non nella sua rappresentazione pittorica. Erano disposti a riconoscere e identificare significante e significato, ma si rifiutavano di identificare nell'immagine la rappresentazione e il rappresentato.

"Gli Arabi, che da decenni percorrevano in lungo e in largo l'Asia Minore, non portavano a Bisanzio solo la spada, ma anche la loro cultura, e insieme a questa, la loro caratteristica ripugnanza nei confronti della riproduzione delle sembianze umane. L'iconoclastia nasceva così nelle regioni orientali dell'impero da un caratteristico incrocio di un'accezione rigorosamente spirituale della fede cristiana, con le dottrine di settari iconoclasti e le concezioni delle antiche eresie cristologiche, come anche gli influssi di religioni non cristiane, il giudaismo e soprattutto l'I-

---

[1] Rifiutando l'interpretazione divina della figura di Cristo, il nestorianesimo afferma la totale separazione delle due nature del Cristo, umana e divina, unite dal punto di vista più morale che sostanziale (nega in sostanza l'unione *ipostatica* delle due nature ed afferma una sorta di cripto-ateismo). Quindi Maria è solo "Madre di Cristo" non di "Dio". Fu condannato dal Concilio di Efeso nel 431.

[2] Per il monofisismo prima dell'incarnazione c'erano due nature nel Cristo, ma dopo una sola, quella divina, derivata dall'unione delle due nature stesse.

slam".[3]

Il primo editto imperiale (di Leone III Isaurico) contro le immagini sacre risale al 730, preceduto dall'approvazione forzosa del *Silention*, una riunione dei più alti dignitari laici ed ecclesiastici: il patriarca di Costantinopoli, Germano, rifiutò di aderire al diktat e fu subito sostituito da un altro più condiscendente.

Poiché i cristiani di Egitto, Palestina e Siria, di osservanza calcedonese, rifiutarono i decreti, così come il distretto europeo delle Elladi e delle Cicladi, iniziarono subito le persecuzioni.

Durante il periodo iconoclastico tornarono in auge la decorazione e soprattutto l'arte e l'architettura profane. Nel contempo lo Stato otteneva significative vittorie militari sui confini orientali contro gli arabi. La ripresa sembrava certa, tant'è che nel 754 il basileus Costantino V riuscì a persuadere ben 338 vescovi, convocati a Hiera, che il culto delle immagini andava abolito perché idolatrico. Lui stesso sull'argomento aveva composto 13 scritti teologici, postulando che il Cristo, essendo di origine divina, non poteva essere rappresentato in alcuna maniera (il renitente patriarca Anastasio fu fatto portare in giro nell'ippodromo su un asino).

Benché si fosse autodefinito "ecumenico", il suddetto concilio non vide la rappresentanza delle sedi patriarcali di Roma, Alessandria, Antiochia e Gerusalemme; anzi i tre patriarchi orientali tennero un contro-sinodo a Gerusalemme nel 767, e a Roma, due anni dopo, ne fu convocato uno da papa Stefano II.

Tra gli oppositori più significativi ai decreti imperiali vi era stato papa Gregorio II, che attirò a sé notevoli teologi dell'epoca, i quali ingenuamente non s'accorsero che al cesaropapismo orientale la sede petrina voleva soltanto sostituire il proprio papocesarismo. Lo attesta se non altro il fatto che i *Libri Carolini*, partendo dai più infelici controsensi della traduzione latina degli Atti del Niceno II, accusavano il settimo concilio di legittimare l'adorazione delle immagini. Il sinodo di Francoforte (794) e quello di Parigi (824) dichiararono che le immagini non servivano che per ornamento e ch'era indifferente averle o non averle. Lo stesso Gregorio Magno fece scuola in occidente sostenendo che le immagini servivano soltanto agli ignoranti incapaci di leggere le Scritture.

Il papato fu punito da Leone III Isaurico e da Costantino V con la confisca di importanti territori: le province grecizzate dell'Italia Meridionale come la Calabria, la Sicilia, la Puglia, l'Illirico che fino ad allora appartenevano alla curia pontificia: il che indusse la chiesa romana a rivolgersi decisamente verso i Franchi, anche per ottenere l'esarcato ravennate (come noto, nell'800 il papato incoronerà Carlo Magno col titolo di im-

---
[3] G. Ostrogorsky, *Storia dell'impero bizantino*, Einaudi, Torino 1975.

peratore del sacro romano impero, in aperta violazione del diritto imperiale bizantino, e di lì a poco scatenerà la questione dogmatica del *Filioque* per potersi separare definitivamente dal mondo ortodosso anche sul piano ideologico).

La cosa più strana nell'atteggiamento degli imperatori era che ci si avvaleva di influenze ebraico-islamiche a favore della distruzione delle immagini quando nella stessa teologia ortodossa era sempre stata molto forte l'idea apofatica di non farsi delle cose "divine" alcuna rappresentazione.

Gli storici oggi sono arrivati alla conclusione che, oltre alle esigenze di potere specifiche del governo imperiale in difficoltà sul piano militare, nella vicenda siano intervenute altre motivazioni, interne sia allo stesso governo che alla sfera ecclesiastica vera e propria, relative al fatto che la crescente popolarità del clero monastico stava assumendo contorni preoccupanti, in quanto lasciti e donazioni ne avevano aumentato enormemente i patrimoni. Di qui la coincidenza di iconoclastia e di anti-monachesimo.

Le resistenze popolari furono fortissime sin dall'inizio, al punto che già sotto il governo della reggente Irene, il secondo concilio di Nicea, del 787 (il settimo ecumenico), con ben 350 vescovi, rappresentativi della pentarchia, si dichiarò favorevole a ripristinare il culto delle icone, sulla base delle tesi espresse da eminenti teologi, come il siriano Giovanni Damasceno, Teodoro Studita e Niceforo di Costantinopoli.

E a nulla valsero le decisioni opposte del successivo concilio dell'815 di S. Sofia, che rinnovò l'aperta scomunica alle raffigurazioni di temi sacri sotto tutti gli aspetti e che depose il patriarca di Costantinopoli, Niceforo. Col sinodo dell'843, sotto l'imperatrice reggente Teodora (successa al marito Teofilo), si ratificarono ufficialmente le disposizioni del Niceno II, secondo cui non solo parola e immagine hanno la stessa dignità, ma anche che non c'è idolatria là dove si distingue tra "*latreia*" o "adorazione" (da riservarsi solo al prototipo invisibile) e "*proskynesis*" o "venerazione" (possibile nei confronti di un'immagine simbolica, che poteva essere anche una reliquia ecc.).

Le icone insomma non hanno virtù propria: il feticismo, con tutte le concezioni magico-animistiche annesse, restava vietato, almeno dal punto di vista teorico, e venivano altresì salvaguardate le tradizionali tesi teologiche, anzi si riusciva concettualmente ad agganciare l'iconografia (o meglio l'iconodulia) alla cristologia. A celebrazione di questo avvenimento fu tenuta la "festa dell'ortodossia", che da allora la chiesa greca ripete ogni anno nella prima domenica di Quaresima.

Nel corso del X secolo la chiesa s'impossessò dell'iconografia (ma anche della miniatura e della pittura murale) come di una bandiera, capace di servire, ancor meglio dei testi, la sua ideologia. Decisivo infatti fu il contributo di questa forma di trasmissione dell'ideologia per la conversione di popoli come quello bulgaro, serbo e russo.

Oriente e Occidente avevano dunque combattuto insieme l'errore iconoclasta, ma l'atteggiamento successivo fu molto diverso: l'Occidente preferì la strada del razionalismo, relegando progressivamente ai margini dell'arte cristiana il simbolismo. La nuova iconografia di Giotto assecondò questa esigenza, creando un ciclo di immagini di argomento sacro, ma di natura esclusivamente narrativa, in ottemperanza all'estetica occidentale dei *Libri Carolini*, che davano una giustificazione didattico-estetica, non liturgica né, tanto meno, soteriologica, alla presenza delle immagini negli edifici ecclesiastici. Esse andavano ritenute "sacre" per la fede soggettiva dello spettatore o dell'autore, non per un'oggettiva ispirazione concessa all'artista credente, sulla base di una tradizione consolidata.

A ciò aggiunge Silvia Ronchey: "La sconfitta dell'iconoclasmo rappresenta la sconfitta, anche se non certo la scomparsa, del platonismo nelle sue implicazioni e applicazioni orientali, giudaiche prima ancora che islamiche, e l'affermarsi dell'aristotelismo come filosofia ufficiale del cristianesimo medievale, nella sistemazione fornita alla cultura bizantina, con largo anticipo rispetto a quella occidentale, prima da Giovanni Damasceno, il grande campione dell'iconodulia, e poi molto più tardi dai commenti di Eustrazio di Nicea e Michele di Efeso" (*Lo stato Bizantino*, Einaudi, Torino 2002).

L'iconografia russa

L'arte della Russia antica è sostanzialmente religiosa ed è compresa nei secoli X-XVII. Con la conversione della Russia al cristianesimo (fine sec. X), divenuto religione di stato, si adottarono i modelli della cultura bizantina, che erano altamente evoluti nel mondo feudale europeo.

Le città in cui si concentra l'attività degli iconografi sono Vladimir, Kiev e soprattutto Novgorod (la "Firenze russa"). In particolare a Novgorod, rimasta relativamente libera dal giogo tataro, si sviluppa una scuola nazionale iconografica che progressivamente si rende indipendente dai canoni bizantini, pur senza metterne in discussione la concezione della luce, della prospettiva e delle proporzioni geometriche.

Il boom dell'arte iconografica russa si verifica nei secoli XIV e XV, poco prima del crollo definitivo dell'impero bizantino, nei secoli dei grandi santi russi, nell'epoca in cui la Russia si raccoglie attorno al monastero di san Sergio e risorge dalle rovine delle invasioni tatare. Ciò sostanzialmente avviene sulla base di tre fattori: a) lo sviluppo politico-civile della Russia ortodossa e nazionalista, che ritrova fiducia nelle proprie tradizioni; b) la spiritualità dei grandi asceti russi, riunitisi soprattutto attorno al monastero della s. Trinità di s. Sergio di Radonež (1313-92), il quale era chiaramente favorevole a una riscossa militare antimongola (non dimentichiamo che tutti i maggiori iconografi erano monaci); c) l'arrivo in Russia da Bisanzio di un pittore, Teofane il Greco, le cui notevoli capacità artistiche fecero scuola agli iconografi russi, tra cui Rublëv.

Prima di parlare dell'arte russa è bene però sapere a che punto era arrivata l'iconografia bizantina dei secoli XIII e XIV, seguendo la sintesi schematica di Tania Velmans:

1. "l'intrusione dei valori affettivi nel sacro;
2. la comparsa del volume e del modellato;
3. la dinamicità delle scene grazie ai movimenti rapidi dei personaggi;
4. le tendenze narrative che si esprimono mediante un aumento dei protagonisti che partecipano alla rappresentazione di un episodio evangelico e mediante il moltiplicarsi dei dettagli (architetture, alberi, rocce, vasi, brocche, personificazioni ecc.);
5. l'integrazione di dettagli appartenenti al retaggio antico (cariatidi, effetti di tessuti fluttuanti, tipi di fisionomie più arrotondate, più giovanili, carnose, con tratti più ampi e di un certo spessore);
6. a questo si aggiunge, alla fine del XIV e all'inizio del XV secolo, una nuova dimensione lirica, una dolcezza e un'eleganza che ricordano l'arte italiana contemporanea e trovano la loro espressione più compiuta in Andrea Rublëv;
7. i rivestimenti in metallo divengono frequenti e, così come le icone in mosaico, mostrano un gusto spiccato per le materie preziose che è sempre esistito a Bisanzio, ma che adesso si esprime molto più spesso;
8. a partire dai secoli XI e XII, ma ancora di più nei secoli XIV e XV, l'icona è anche toccata da un'influenza proveniente dalla liturgia;
9. il XIV secolo, infine, vede affermarsi le scuole pittoriche regionali e, nella regione di Novgorod in Russia, una variante stilistica particolare e facilmente riconoscibile" (in "Oriente cristiano", n. 1-2/1982).

Di questi nove punti la tradizione russa farà proprio, in maniera sublime, soprattutto il primo.

I tre grandi fenomeni della storia russa: l'eroismo spirituale dei grandi asceti, lo sviluppo civile della Russia ortodossa, le sublimi conquiste della pittura religiosa paiono legati da uno stretto nesso che l'immagine, triste e insieme gioiosa, di san Sergio, dipinta nelle icone, esprime in maniera eloquente.

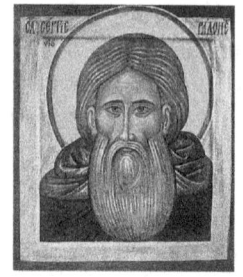

Anche gli iconografi, se volevano riprodurre la vita di un santo, non potevano semplicemente calarsi nel personaggio, come fanno gli attuali attori cinematografici: dovevano piuttosto assumere, per quanto possibile, il loro stesso stile di vita. Andrej Rublëv, il maggiore degli iconografi, praticava con severità la vita monastica e i digiuni.

Nelle icone della metà del secolo XIV si avverte chiaramente il senso di fiacchezza morale e di generale prostrazione del popolo russo di fronte alle invasioni tatare, la viltà di un popolo che non osa credere in se stesso, nella propria capacità di riscatto e, in campo artistico, nelle proprie forze autonome creative.

I volti delle icone sono allungati, greci, con occhi grandi, barbe corte, a volte leggermente appuntite, non russe. Anche l'architettura delle chiese è greca o quasi. Le cupole sono ancora poco appuntite e hanno la forma quasi rotonda della cupola greca. Così pure le gallerie superiori ("matronei") all'interno dei templi sono di stile greco.

Tuttavia è proprio nel XIV secolo che inizia il grande decollo della pittura religiosa russa e che porta due nomi stranieri: Isaia il greculo e Teofane il greco. Quest'ultimo fu anche il più grande artista di Novgorod e maestro di Rublëv, capostipite dell'arte nazionale russa. Dipingendo il tempio di Santa Sofia di Costantinopoli, Teofane il greco influenzò per molto tempo anche lo stile architettonico. Le sue icone si caratterizzavano per un tratto incredibilmente sicuro, per la capacità di ottenere effetti psicologici altamente espressivi con mezzi molto modesti.

Ma sarà solo nei secoli XV e XVI che le icone acquisteranno carattere più spiccatamente russi. Questo mutamento, dovuto al grande slancio nazionale che in quel momento coinvolgeva tutta la società russa e grazie anche all'eroismo di san Sergio e di Dmitrij Donskoj, si manifesta nell'iconografia anzitutto con la presenza del largo volto russo, spesso incorniciato da una folta barba, con un taglio asiatico degli occhi. Persino il volto di Cristo assume lineamenti russi.

Altri particolari tipicamente russi si possono constatare nella bardatura dei cavalli, nella pelliccia, nel forno del pane... A partire da san

Sergio comincia la predilezione per il deserto russo: le selvagge foreste. I monasteri vengono fondati lontano dalla città. La bellezza del bosco impenetrabile, delle rocce deserte e delle acque solitarie viene amata come la manifestazione esteriore di un diverso e più spirituale aspetto della nazione. Accanto all'eremita e allo scrittore, banditore di questo nuovo amore fu l'iconografo.

Tuttavia, la differenza maggiore tra le due iconografie riguarderà la particolare importanza che i russi, non solo con Rublëv, ma anche con Dionisio, vorranno dare ai sentimenti umani, al mondo interiore dei loro protagonisti, di contro al carattere austero, rigoroso, oggettivo, ai limiti del convenzionale, tipico dell'iconografia tardo-bizantina. Si ha insomma l'impressione che nella nuova arte russa i pittori si sforzino di rappresentare più la psicologia dei personaggi (il lirismo delle loro emozioni) che non il contenuto teologico del contesto in cui essi si muovono.

Ovviamente anche l'architettura subisce delle modifiche: le cupole dei templi ora sono nettamente appuntite, e con esse tutta la parte superiore della facciata ha assunto una forma decisamente a bulbo di cipolla.

All'epoca della dominazione tatara la Russia aveva disimparato a costruire: era stata dimenticata persino la tecnica della costruzione in pietra, tant'è che quando i maestri russi, alla fine del secolo XV, cominciarono a edificare i templi, i muri spesso crollavano. Quando la minaccia tatara scomparve, la Russia cominciò a prendere contatti con l'occidente, e qui gli italiani contribuirono notevolmente ad insegnare ai maestri russi le tecniche migliori per costruire in muratura, anche se, per quanto riguardava le forme architettoniche degli edifici i maestri italiani dovettero uniformarsi ai modelli russi, su esplicito ordine di Ivan III.

Nello stile russo quindi non solo è assente lo stile italiano ma anche quello bizantino. La Russia era diventata cristiana solo nel X secolo: era ancora un giovane paese alla ricerca della propria identità. Dopo la riscossa nazionale dal giogo tataro-mongolo, il risveglio artistico autonomo non poteva prescindere dalle sofferenze subite per circa due secoli, anche a causa della rivalità interna tra i ceti dominanti russi, non disponibili a una centralizzazione dei poteri in funzione anti-mongola.

Guardando ad es. la cupola bizantina gli artisti russi ebbero l'impressione che il tempio esprimesse una compiutezza eccessiva, priva dell'aspirazione verso qualcosa di superiore. Essi avevano bisogno di dimostrare che il riscatto dalle sofferenze secolari era diventato possibile, ma, non avendo tradizioni consolidate cui potersi riferire (quelle bizantine avevano appena messo radici nel loro sconfinato territorio), finirono con l'accentuare il momento soggettivo dell'arte, come generalmente avviene quando si fa della sofferenza la principale fonte di ispirazione.

L'armonia bizantina pareva loro una sorta di immobilità orgogliosa, che si addice propriamente solo alla perfezione divina: ecco perché l'arte russa, per avendo preso le fondamenta da quella bizantina, esprime un'ansia per l'assoluto che la rende maggiormente influenzabile ai modelli occidentali.

Questo spiega il motivo per cui il secolo XIV - un secolo di sofferenza popolare - non diede raffigurazioni di dolore più profonde di quelle che diedero i secoli seguenti: soltanto dopo averlo superato i russi giungeranno alla conclusione che il dolore riscattato meritava di essere posto al vertice dei valori esistenziali e culturali e quindi artistici. Fino ad allora si ebbe la percezione di vivere un destino che rischiava di apparire privo di significato.

Per fortuna le tradizioni bizantine riuscirono ad avere la meglio nell'arte, facendo sì che nel XV secolo la cosa più importante nell'iconografia non fosse la drammaticità della sofferenza, ma la gioia nella quale essa si trasfigura.

Quest'arte, tuttavia, già sul finire del XVI sec. lascia intravedere i segni della sua decadenza. Divenuta *status-symbol* del potere politico e religioso, l'icona di trasforma in un oggetto di lusso, dove la forza creativa dell'artista si concentra sul gusto per l'ornato, sulla ricchezza delle vesti dei santi, sulle sontuose decorazioni del trono sul quale siede il Cristo, ecc. Il vigore cromatico inevitabilmente si affievolisce. Si arriverà addirittura a imprigionare l'icona di una rivestitura dorata o argentata (*riza*), rendendola così una sorta di opera di gioielleria.

Nel XVIII sec. l'arte sacra verrà progressivamente sostituita dall'arte realistica, di contenuto laico.

*

Proprio nel momento in cui in Italia s'andava sviluppando un'arte del tutto borghese, in cui la forma cominciava a prevalere sul contenuto, in cui il contenuto religioso assumeva marcati toni laicisti, in Russia, inaspettatamente (in quanto col crollo di Costantinopoli si pensava che l'arte bizantina non avrebbe avuto più alcuno sviluppo significativo), risorge l'antica iconografia in una veste originalissima, degna di stare tra i capolavori del genere umano.

La gioia per la rinascita spirituale della Russia si esprime anzitutto nella straordinaria ricchezza e luminosità di colori iridescenti, policromi, nelle mani che trasmettono benedizioni sulla terra, negli sguardi amorosi, nelle possenti figure degli angeli che parlano di vittoria ecc.

Tutto l'universo pare raccogliersi attorno alle figure centrali del Cristo e della Vergine (si vedano p.es. le icone tipologiche dell'Ascensione, Roveto ardente, In te si rallegra, Trinità, Giudizio Universale... Le più rilevanti restano quelle di Rublëv e, in particolare, la sua Trinità è la rappresentazione più alta dell'ideale di concordia tra creato e increato, tra umano e divino).

Sui colori usati nell'iconografia bisognerebbe scrivere un trattato a parte. Infatti gli iconografi russi e greci erano acuti e profondi osservatori del cielo, conoscevano una grande varietà di sfumature dell'azzurro: il blu scuro della notte stellata, il luminoso splendore diurno del firmamento ceruleo, l'alba di porpora, il rosso infuocato di un temporale notturno, il policromo arcobaleno, l'oro smagliante del sole meridiano giunto allo zenit, una quantità rilevante di toni azzurro-pallidi, turchini e persino verdastri, che impallidiscono al tramonto...

Tutti questi colori vengono usati anche e soprattutto in maniera simbolico-evocativa, tant'è che l'oro del sole meridiano (*assist*), segno specifico della divinità, resta sempre il colore più importante ed è particolarmente usato nelle raffigurazioni del Cristo (Giotto lo sostituirà con un fondo di colore blu). Pare quasi che l'iconografo, con mistica intuizione, avesse indovinato il segreto dello spettro solare, scoperto parecchi secoli più tardi.

Il porpora viene poi esplicitamente attribuito alla *sophia* o sapienza divina, ed è il più enigmatico di tutta l'iconografia antica. La sapienza è sempre assisa in trono sullo sfondo azzurro cupo del cielo notturno, stellato, che rappresenta la tenebra della notte dalla quale ogni creatura è chiamata ad uscire. Questa sapienza brilla fra le tenebre del non-essere come un'alba divina, proprio perché essa precede tutti i giorni della creazione. Anche il Sole, uscendo dalle tenebre, si colora di porpora. Per la scienza psicologica moderna il colore porpora rappresenta l'urgenza di esprimersi.

Tuttavia l'iconografia non è solo una pittura metafisica ma anche, molto concretamente, una pittura di chiesa: l'icona sarebbe difficilmente comprensibile se avulsa dalla totalità ecumenico-ecclesiale di cui è parte.

Il tempio deve contenere il mondo intero al fine di riconciliarlo con dio: la sua struttura architettonica deve servire allo scopo. E la principale di essa è la cosiddetta "cupola a bulbo", che rappresenta la volta celeste che copre la terra, con la differenza che in quella russa vi è uno slancio verso l'alto ad indicare l'insoddisfazione per la vita terrena. Sopra la cupola sta la croce.

Si ha l'impressione di avere davanti un gigantesco cero o degli enormi candelieri con molti ceri. Nell'antico tempio russo, infatti, non solo le cupole delle chiese ma anche gli archi (piccoli e grandi) al di sopra dei muri esterni e persino le decorazioni esterne tese verso l'alto, assumevano spesso la forma di bulbo di cipolla; talvolta queste forme costituiscono una sorta di piramide di bulbi che salendo si restringe. C'è del "gotico" in quest'arte ma attraverso la mediazione forte dell'architettura bizantina.

All'interno del tempio le cupole conservano il tradizionale significato di qualsiasi cupola, che è quello di contenere l'immobile volta celeste e quindi il mondo intero, ma all'esterno il tempio vuole esprimere visivamente l'anelito umano di continua ricerca, di slancio verso l'alto, espresso appunto dalla forma del bulbo. Cosa che non appare nelle strutture bizantine, ove la medesima tensione verso l'assoluto era stata completamente interiorizzata.

*

Al pari dell'arte umanistico-rinascimentale italiana, l'iconografia bizantina è uno dei massimi tesori mondiali d'arte religiosa. E tuttavia solo agli inizi del Novecento si è cominciato a riscoprire l'importanza di tale cultura. L'intellettuale russo aveva perso la capacità di scorgere la differenza sostanziale fra i colori originali e quelli inscuriti a causa del tempo (la vita di un'icona durava circa un secolo) e soprattutto a causa della fuliggine delle candele delle chiese (tant'è che nell'antichità spesso sul disegno originario se ne dipingeva un altro identico).

È stato grazie ai progressi della moderna tecnica del restauro che il mito della "tenebrosa" icona si è definitivamente dissolto. In molti casi s'è dovuta rimuovere anche la guarnizione d'oro o d'argento che, a partire da più di quattro secoli fa, s'era cominciato a mettere sui volti delle icone, non sapendo come restaurarle. Le icone russe hanno stupito il mondo durante la prima esposizione dell'arte antica russa, tenuta a Mosca nel 1913.

La riscoperta dell'iconografia russa è avvenuta in maniera laica, senza avvertire il bisogno di un ritorno alla vita ecclesiale d'un tempo. È stata studiata come un fenomeno artistico degno della massima attenzione. È stato grazie ai testi di Viktor Lazarev,[4] assolutamente fondamentali per comprendere l'arte religiosa russa e bizantina, che si è voluto puntualizzare come l'icona non sia affatto un ritratto, ma un *prototipo* della futura umanità trasfigurata. L'artista non dipingeva un'icona prendendo a

---

[4] *Storia della pittura bizantina*, Einaudi, Torino 1967; *L'arte dell'antica Russia*, Jaca Book, Milano 2000; *L'arte russa delle icone. Dalle origini all'inizio del XVI secolo*, Jaca Book, Milano 2006.

modello delle persone reali. Poiché la futura umanità può essere solo intravista, l'icona ne poteva rappresentare soltanto un'immagine simbolica. I volti, le mani, i corpi affilati dei santi delle icone e dello stesso Cristo, macerati nei digiuni e nelle fatiche, con quella loro estatica immaterialità ambivano a contrapporsi al "regno della carne" (alla violenza), e i loro "sensi affinati" costituivano una nuova norma nei rapporti esistenziali. Non si incontra mai un Cristo dipinto col volto rotondo, le labbra rosse, i capelli ricciuti, i muscoli in evidenza...

A un osservatore superficiale questi volti spiritualizzati possono apparire privi di vita, anche in forza dell'eccezionale severità delle tradizionali forme convenzionali cui l'iconografo doveva attenersi. I canoni di questa pittura, infatti, consacrano le linee essenziali dominanti: p.es. la posizione del torso del santo, il mutuo rapporto delle sue braccia raccolte in croce, l'unione delle sue dita benedicenti, il movimento ridotto al minimo ecc.

Nonostante questi limiti prefissati, il pittore era libero di dipingere lo sguardo del santo, l'espressione dei suoi occhi, che costituiva il maggiore centro di vita spirituale del volto umano. L'immobilità fisica del personaggio, il suo silenzio, la sacralità della scena dovevano esprimere una tensione emotiva nel contempo forte e rassicurante. Non è cosa semplice da fare: anche i personaggi di Piero della Francesca sono perfettamente immobili, ma gli sguardi appaiono come indifferenti ai sentimenti, alle emozioni... L'unica vera profondità è tutta racchiusa nella prospettiva geometrica in cui i personaggi sono inseriti.

A proposito di spazio scenico, va detto che nell'iconografia, russa o bizantina, l'icona costituisce un tutto indissolubile col tempio che la deve contenere, cioè l'artista non deve preoccuparsi di posizionare visivamente i personaggi entro un contesto ecclesiale, in quanto questo è ritenuto scontato per la collocazione della stessa icona. È l'icona come dipinto che deve stare dentro uno spazio architettonico che le dà significato (non dimentichiamo che sino alla fine del Quattrocento è l'architettura il motivo portante dell'arte, in oriente e in occidente). L'icona non è un quadro da appendere a un muro e non è neppure un affresco da farsi in un edificio non religioso. Non è lo spettatore che deve guardare l'icona, ma attraverso l'icona deve guardare se stesso e, guardando se stesso, deve potersi percepire come parte di un tutto.

L'artista era così abituato a immaginare la sua opera d'arte come elemento di un contesto molto più grande, che dava spontaneamente ad ogni icona una particolare e intrinseca architettura, rilevabile anche al di là di ogni nesso immediato con l'edificio sacro, tant'è che sia nei singoli personaggi che nei cori dei santi, le figure, come fossero in corrispondenza con le linee architettoniche del tempio, appaiono spesso o troppo rettilinee o troppo curvate. Obbedendo alla spinta verticale delle iconostasi alte e strette, queste figure spesso si allungano smisuratamente e la loro testa risulta troppo piccola rispetto al resto del corpo, stretto di spalle.

Altra caratteristica fondamentale dell'iconografia, bizantina o russa, è che non soltanto nei templi ma anche nelle singole icone (specie dove sono raggruppati molti santi), esiste come un centro architettonico che funge da centro ideale, attorno al quale i santi stanno immancabilmente in numero eguale e spesso anche nella stessa posizione da ambo le parti.

Fungono da centro architettonico-ideale anche il Cristo, la Vergine, la Saggezza divina: talvolta, per ragioni di simmetria, la figura centrale è addirittura raddoppiata.

La pittura subordinata all'architettura sta ad indicare non soltanto l'esigenza di contestualizzare in uno spazio significativo i contenuti della fede, ma anche la disponibilità dell'uomo ad accettare un'idea comunitaria, il prevalere dell'universale sul particolare. L'uomo cessa di essere una individualità autosufficiente e si sottomette all'architettura generale dell'intero.

Tale rappresentazione comunitaria dell'arte iconografica viene concepita come simbolica per la semplice ragione che nella realtà la pienezza della comunità non esiste: la chiesa dà per scontato che sulla terra essa sia irrealizzabile.

Infatti nei volti severi dei santi c'è qualcosa che nel contempo attira e respinge: le loro dita unite nella benedizione chiamano a sé ma mettendo come sull'avviso. Le icone esigono che si abbandoni ogni gretta trivialità quotidiana, il lusso, lo sperpero, ogni forma di malcostume. Le sofferenze non sono concepite come fine a se stesse, ma per esprimere una palingenesi cosmica, in cui l'umanità, attraverso l'amore, si riconcilia col proprio creatore: cosa che avverrà, definitivamente, solo alla fine dei tempi.

Qui sta il limite insuperabile non solo dell'iconografia russa o bizantina, ma anche di qualunque iconografia religiosa in generale, che chiede di vivere personalmente determinati valori e nel contempo di rassegnarsi al fatto di non poterli vedere realizzati in una dimensione storica e terrena. Il sacro realismo simbolico ch'essa pretende di dimostrare va umanizzato in direzione del superamento di ogni religione e di ogni antagonismo sociale, il quale, in ultima istanza, trova proprio nella religione l'occasione, il pretesto per riprodursi all'infinito.

Di quell'arte e di quella religione in essa rappresentata, si possono valorizzare gli aspetti che ancora oggi possono avere un significato, ma a condizione di trasfigurarli in chiave laico-umanistica, finalizzandoli alla costruzione di una convivenza civile in cui la religione sia soltanto un aspetto della libertà di coscienza, non il presupposto etico su cui costruire il socialismo democratico. Oggi consideriamo definitivamente superati non solo tutti i progetti di giustizia sociale basati sulla religione, ma anche tutti i tentativi del socialismo di servirsi della religione per edificare se stesso.

L'umanesimo laico e il socialismo democratico possono utilizzare i valori della tradizionale religione per affermare che ogni religione, in sé, costituisce un ostacolo alla realizzazione dell'identità umana. Infatti ogni religione della storia ha sempre considerato l'essere umano come incapace di essere "umano" sino in fondo. Il primo impegno dell'uomo laico è contro questo pessimismo ontoteologico. Il secondo sarà quello di considerare che l'ambiente sociale in cui si è sviluppata l'iconografia russa e bizantina è stato quello contadino, in cui si è cercato di dare una risposta religiosa ai problemi umani della povertà e delle ingiustizie sociali. Non potrà esserci un superamento della religione finché la laicità e il socialismo non avranno fatto propri tutti i valori umanistici del passato mondo rurale.

Le icone più rappresentative del mondo ortodosso

Le icone bizantine e russe, relative ai temi universali della cristianità, non sono rappresentate tutte nella stessa identica maniera. Vi sono aspetti fondamentali che possono essere considerati comuni a una tradizione condivisa, ma vi sono anche aspetti di secondaria importanza su cui intervengono sensibilità artistiche o anche ecclesiali differenti. Questo a testimonianza che mentre si cercava di garantire uno scrupoloso rispetto del passato, nel contempo si permetteva alle varie esperienze religiose di esprimersi secondo una certa libertà.

Gioacchino e Anna

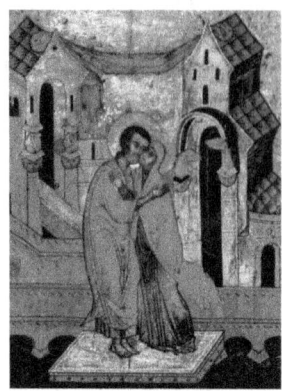

Il terreno amore dei genitori di Maria è santo e tuttavia completamente umano. Il sommo sacerdote li scaccia dal tempio a causa della loro sterilità, dopodiché essi si struggono dal dolore: lui nel deserto, lei nella foresta.

Questa solitudine - stando agli apocrifi - viene improvvisamente alleviata dalla visione di un angelo consolatore che annuncia loro una gioia ventura: la nascita di Maria. La Vergine che partorisce un dio non poteva che nascere essa stessa in maniera inconsueta.

Gioacchino e Anna si abbracciano e si baciano, alle loro spalle si vede un letto matrimoniale e un tempio che si eleva al di sopra del letto, a titolo di benedizione spirituale dell'unione coniugale.

Punti di riferimento espliciti per la storia di Gioacchino e Anna sono le figure di Abramo e Sara; ma si colgono anche riecheggiamenti della vicenda di Élcana e Anna, genitori di Samuele (1 Sam 1-2); e inoltre riferimenti alla storia di Susanna (Dan 13), di Tobia e di Giuditta.

Annunciazione

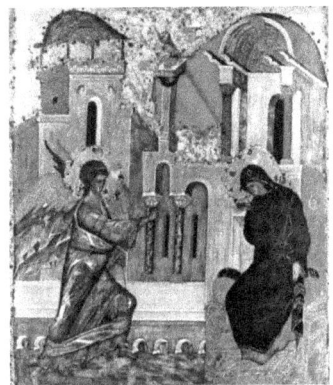

La Vergine è sorpresa mentre sta filando una matassa di porpora, che dovrà servire a tessere il velo del tempio, che insieme al corpo di Cristo si forma grazie all'opera di Maria, tant'è che quando il Cristo morirà in croce, il velo del tempio si squarcerà.

L'angelo e Maria a colloquio, statici e monumentali, riempiono tutta l'icona. Lo sgabello, la predella e le ricche architetture sono disegnate col procedimento della prospettiva inversa.

In particolare l'architettura non risulta prevalente rispetto ai due personaggi, come nelle raffigurazioni occidentali a partire da Giotto.

Steso tra le architetture un manto, simbolo della protezione della Vergine.

In alto, dal centro della sfera divina, esce e si dirige verso di lei un raggio di luce che si suddivide in forma triadica. Nel rigonfiamento del raggio è disegnata una colomba: lo Spirito che adombra la Vergine.

Natività

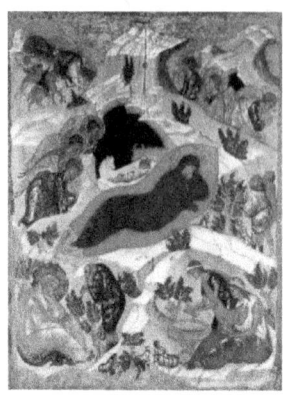

Oltre alla natività di Cristo, l'icona rappresenta i momenti salienti che hanno accompagnato l'avvenimento: i magi, gli angeli, i pastori, Giuseppe tentato dal maligno..., ma vediamo anche le donne che lavano il bambino (la levatrice Salome e l'altra, simbolicamente, Eva). Tutti personaggi apparentemente raffigurati senza un ordine preciso ai lati dell'icona.

In effetti ciò che risulta più significativo è la grotta nera posta al centro, simbolo del male, delle tenebre, in cui la luce del neonato deve risplendere. Cosa però che per essere fatta necessita della resurezione del Cristo: ecco perché le fasce che avvolgono il neonato sono in realtà bende mortuarie. Il Natale insegna che Cristo è venuto al mondo per morire in croce e vincere la morte. Non è semplicemente la nascita di un bambino che deve infondere serenità, speranza, esigenza di pace, come nella versione cattolica.

La greppia diventa una sorta di altare al quale sono invitati a cibarsi ebrei e gentili, rappresentanti, rispettivamente, dall'asino e dal bue.

La scena del bagno vuole indicare che Gesù è veramente figlio dell'uomo e ricorda il rito del battesimo (la vasca ha la forma di un fonte battesimale).

Nella pensosa figura di Giuseppe sta il dramma umano della tentazione: davanti a lui il demonio, nelle vesti di un pastore (Tirso, dal bastone delle Baccanti, in contrasto col tronco di Jesse raffigurato a fianco del pastore), gli va ripetendo: "come questo bastone non può produrre fronde, così un vecchio come te non può generare e, d'altra parte, una vergine non può partorire".

Gli angeli sono rivolti verso l'alto, ove scende un raggio trinitario di luce, mentre l'ultimo a destra si china sui pastori, per avvisarli dell'evento.

Al centro domina maestosa la Vergine, distesa su un drappo di porpora, che non guarda il neonato ma il destino che attende lui e lei come madre (in alcune icone guarda Giuseppe invitandolo a resistere alla tentazione). Tutte le figure la attorniano come un coro o una corona. Per una descrizione più dettagliata di questa icona si veda il capitolo dedicato a Rublëv.

Battesimo di Gesù

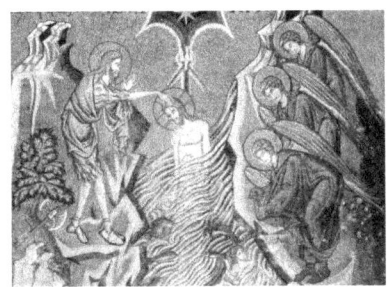

È l'icona dell'Epifania, la festa della manifestazione pubblica del Cristo nelle acque del Giordano. Alla manifestazione di dio si accompagna l'illuminazione dell'uomo: il battesimo infatti è chiamato "santa illuminazione". Non è la festa dell'arrivo dei re Magi, né, tanto meno, quella della befana, come nelle tradizioni pagano-cristiane occidentali.

Dall'alto dell'icona scende un raggio di luce che si divide in tre, simbolo di una presenza trinitaria nella vita del Cristo, che, immerso nelle acque nere del Giordano, incede eretto (perché venga seguito), nudo (perché umano) e benedicente (perché le acque del fiume, da ricettacolo di morte, diventino lavacro di rigenerazione).

Ai piedi del Battista uno dei simboli che lo caratterizza: la scure, che taglia gli alberi secchi (Mt 3,10).

Gli angeli sono pronti a ricevere il corpo di Cristo, con le mani coperte in segno di venerazione, per asciugarlo.

Presentazione al Tempio

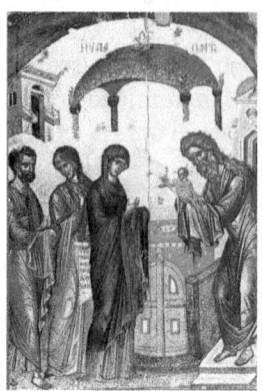

La festa che rappresenta questa icona si chiama "incontro", quello di Gesù infante col suo popolo al tempio di Gerusalemme.

Simeone è rappresentato in piedi, sopra una predella, come un vescovo. Prende fra le braccia Gesù e lo regge con le mani coperte, in segno di devozione, come una persona preziosa, a lungo attesa.

La madre di Cristo, leggermente inchinata in un gesto di offerta, spicca isolata al centro dell'icona, quale personaggio in primo piano. In alto nel cielo si stende un drappo: la protezione della Vergine sul popolo di Dio.

Sul fondo il tempietto centrale indica il luogo dove avviene l'incontro; i due edifici laterali indicano la figura di Giuseppe, che porta in offerta una coppia di tortore, e la figura della profetessa Anna, in atto di benedizione.

La composizione simmetrica ha un carattere solenne nell'incedere di Maria e Giuseppe; la prospettiva inversa pone la scena all'interno dell'architettura, e per lo stesso effetto di convergenza delle linee, anche chi guarda l'immagine si trova partecipe della stessa scena.

Trasfigurazione

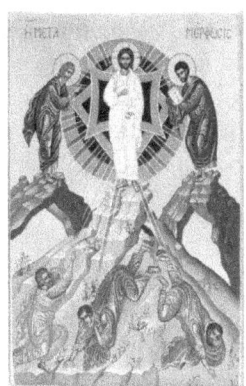

Il monaco, designato dalla propria comunità a essere "scrittore di icone", dipingeva per prima quella della trasfigurazione, poiché il significato di questo episodio era lo stesso della sua attività di artista: vivere e far vivere un'esperienza di luce.

Anche dal punto di vista artistico si parla di "chiarificazione progressiva". P.es. nel trattare un viso, l'iconografo lo ricopre anzitutto con un tono scuro, in seguito passa una tinta più chiara ottenuta con l'aggiunta al *mélange* precedente di una certa quantità di ocra gialla, cioè di luce. La sovrapposizione di toni sempre più illuminati viene ripetuta varie volte: in tal modo l'apparizione di una figura segue una progressione che riproduce la crescita della luce nell'uomo.

Nell'icona della trasfigurazione non può quindi esserci alcuna ombra: la sorgente della luce promana dalla figura stessa del Cristo e, di fronte a tale energia, Giacomo, Pietro e Giovanni, come folgorati, rotolano dalla china del monte Tabor. Attraverso la luce, Cristo manifesta lo splendore della gloria divina prima della prova della croce.

Il monte, bagnato di luce, segna, attraverso la presenza degli alberi, la distanza tra uomo e dio e insieme il cammino da percorrere: è prefigurazione di un mondo destinato ad essere trasfigurato. Le linee delle rocce traducono visivamente il diffondersi dei raggi luminosi in ogni direzione.

Cristo sta al centro di due cerchi concentrici che rappresentano le sfere dell'universo creato. Alle sue spalle il pentacolo che simboleggia la "nube luminosa", sorgente delle energie divine, regno dello spirito, che gli uomini possono percepire senza vedere.

Ai lati del Cristo, Mosè ed Elia, i grandi veggenti dell'Antico Testamento, che rispettivamente sul Sinai e sul Carmelo, ebbero la visione di Dio.

Il racconto evangelico della trasfigurazione richiama, sul piano redazionale, quello dedicato a Mosè mentre discende dal Sinai (Es 34,29-35). Ma anche Buddha scende dalla montagna nella luce, con due personaggi, uno alla sua destra e l'altro alla sinistra.

La teologia della divinizzazione umana (*theosis*) è stata particolarmente trattata da Gregorio Palamas.

Crocifissione

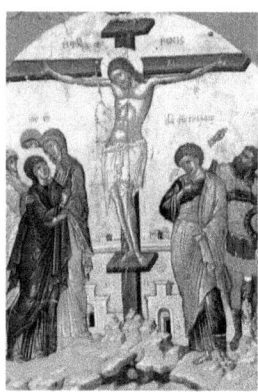

Il Cristo crocifisso spalanca e quasi solleva le braccia, ha il capo serenamente inclinato con gli occhi chiusi dalla morte, il corpo incurvato è privo di peso, la posizione delle gambe come volessero accennare a un passo di danza.

In oriente il crocifisso non presenta mai il realismo dell'agonia, anche perché si pone come trionfo sulla morte, secondo l'interpretazione giovannea.

La predella inferiore della croce, sotto i piedi del Cristo, a volte è inclinata, proseguendo stilisticamente la curvatura del corpo: nel lato rivolto in alto rappresenterebbe il destino del "buon ladrone", nel lato rivolto in basso quello del "ladrone cattivo", i due compagni del Golgota: la croce infatti è bilancia di giustizia.

Il legno affonda nella terra cupa a mo' di sepolcro, ove si trova il teschio di Adamo, che simbolicamente rappresenta l'umanità battezzata con l'acqua uscita dal costato del crocifisso. La croce riunisce le cose che sono sulla terra, sotto terra e nei cieli.

Nel cielo dorato, attorno al Cristo, in disposizione concentrica, si librano gli angeli e sullo sfondo si elevano le allegorie della chiesa e della sinagoga.

La Vergine, racchiusa nel suo mantello, è circondata da donne che pietosamente si stringono a lei. L'apostolo prediletto Giovanni, a capo chino, riflette angosciato sull'accaduto e riceverà dal Cristo crocifisso il compito di tutelare Maria. Il centurione romano si converte alla fede.

Resurrezione

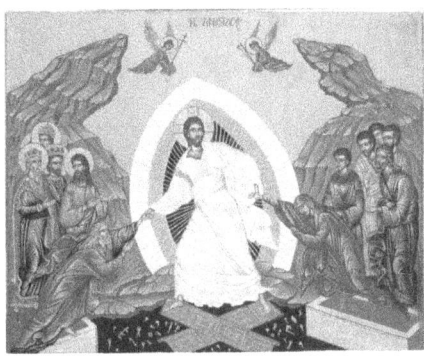

L'icona della resurrezione è quella della "discesa agli inferi".

Gli inferi occupano tutta la parte inferiore dell'icona, raffigurati come un grande atrio oscuro, dove nel punto più profondo due angeli incatenano il maligno, permettendo così al Cristo di liberare Adamo ed Eva.

La densa oscurità del fondo è come quella della grotta della natività e del Golgota, ed è simile alle acque nere del Giordano: rappresenta gli abissi delle potenze del male, dove Cristo, "luce che risplende nelle tenebre", entra per salvare l'umanità, calpestando le porte dell'inferno, sovrapposte in forma di croce, e che a volte si vedono spezzate proprio per liberare le anime.

In abito regale, con dietro il simbolo dello Spirito, Cristo è come sul Tabor vestito di luce, attributo del corpo divino-umano glorificato: egli domina in primo piano al centro dell'icona e attira a sé con potenza i progenitori dell'umanità, dietro ai quali stanno gli uomini giusti.

Dietro Adamo si trovano Davide, Salomone e Giovanni Battista che indica il Cristo. A volte è raffigurato anche Mosé con le tavole della legge.

Al seguito di Eva l'umanità che non ha potuto conoscere il Cristo, essendo vissuta prima della sua nascita terrena.

Tutti riconoscono in Cristo colui che salva dal male, da una dannazione che sembrava eterna e con lui entrano nella gloria pasquale.

Ascensione

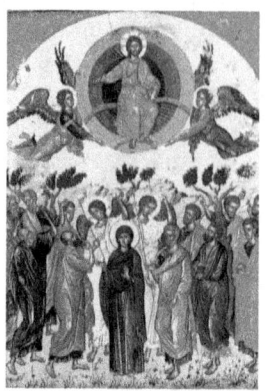

La Vergine qui rappresenta la chiesa, asse centrale di tutta la composizione, con atteggiamento duplice: orante (intercede presso Dio) e purissima (la santità della chiesa di fronte al mondo). La grazia e la leggerezza quasi trasparente della sua figura contrastano con le figure virili in movimento.

Gli apostoli la circondano in due gruppi uguali, formando un cerchio perfetto (la chiesa inscritta nel segno sacro dell'eternità).

Il paesaggio di fondo segna appena col profilo della roccia il confine tra cielo e terra, oltre il quale sta il cosmo divino, rappresentato da un cerchio di luce e di fuoco che avvolge la figura di Gesù coi due serafini che lo servono.

La linea verticale che unisce la testa di Cristo a quella di Maria divide l'insieme esattamente in due parti uguali e si interseca con la linea d'orizzonte, così da formare una croce perfetta.

Il Salvatore tra le potenze

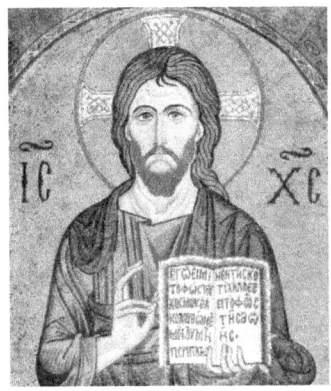

Il titolo dell'icona deriva dagli angeli (le Potenze) che generalmente fanno da sfondo alla figura del Salvatore, rappresentato nella sua gloria come *Pantokrator*, cioè come colui che sostiene nell'essere tutte le creature.

In tal senso l'iconografo bizantino non intendeva semplicemente raffigurare un Cristo benedicente, che cerca con l'osservatore una sorta di "rapporto personale", come nelle pitture occidentali. Questa infatti voleva essere un'icona politica per eccellenza.

Sulle braccia della croce, incise nell'aureola, sono spesso scritte in greco (anche nelle icone russe) le parole che definiscono la divinità: "Colui che è".

Cristo benedice con la destra ponendo le dita della mano in modo da formare il proprio nome, Gesù cioè Salvatore, visibile anche nelle lettere greche che lo fiancheggiano.

Con la sinistra presenta il vangelo in cui è scritto: "Venite a me voi tutti che siete stanchi e affaticati".

Il collo rigonfio più del normale vuol significare la presenza dello Spirito.

Per il volto di Cristo pare che gli iconografi si fossero serviti di quello presente nella Sindone: lo attesterebbero, fra le altre cose, i riccioli di capelli posti sulla fronte, che solo dopo la realizzazione del negativo fotografico si scoprirono essere dei rivoli di sangue.

Trinità

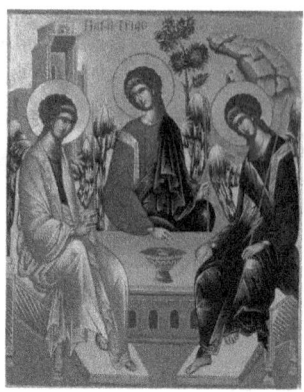

La rappresentazione della Trinità nelle sembianze di tre angeli è suggerita dall'apparizione che Abramo ebbe presso la quercia di Mamre, in cui molti padri della chiesa hanno creduto di vedere una sorta di anticipazione dell'idea di Trinità divina (Gen 18,1-15).

Il mistero del Dio uno e trino viene espresso dalle tre figure distinte e indivise, poiché partecipano in forme e modi diversi a un medesimo evento: l'incarnazione. A questo mistero di unità-diversità partecipa anche la terra, raffigurata dal frontespizio della mensa.

Il fulcro dell'icona è il centro della tavola (altare) ove è posto il calice con l'agnello (eucaristia). Verso il calice convergono le mani dei tre angeli. Sul calice sembra verticalmente scendere ad alimentarsi l'albero posto in alto, sopra la figura centrale: la quercia di Mamre, simbolo dell'albero della vita. Al suo fianco altri due simboli: la chiesa, corpo di Cristo, e la roccia, il monte Tabor.

Delle tre figure il figlio è quello con la mano benedicente: le due dita sono simbolo della sua duplice natura.

Le linee architettoniche dei troni e della casa convergono verso chi guarda, secondo un procedimento di prospettiva inversa che sembra proiettare le immagini dall'infinito. L'icona non intende "definire" ma "aprire" una finestra sull'infinito.

La croce (missione della Trinità sulla Terra), il triangolo (unità-eguaglianza della Trinità) e il cerchio (perfezione infratrinitaria) sono le strutture geometriche più evidenti e significative.

In te si rallegra

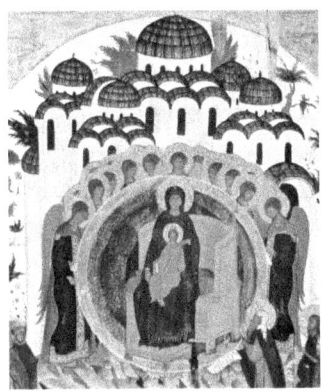

Quest'icona è la rappresentazione dell'inno alla Vergine che si canta nelle domeniche di quaresima dopo la consacrazione: "In te si rallegra, o piena di grazia, ogni creatura". La Vergine ha qui un significato cosmico, gioia di tutto il creato.

Il secondo piano dell'icona è occupato da una cattedrale con le cupole a bulbo, splendenti di luce azzurro-turchina. In primo piano troneggia la gioia di ogni creatura, la Vergine col Figlio e il coro angelico che si dispiega sul capo di lei.

Da tutte le parti, in basso, si protendono a lei santi, profeti, apostoli e vergini. Avviluppa il tempio una vegetazione paradisiaca.

L'impostazione geometrica dell'icona è simmetrica, con un movimento circolare al centro che s'interseca con un ritmo lineare serrato in basso. La Vergine sembra giungere dall'infinito per effetto del trono su cui siede, disegnato con prospettiva inversa.

Dormizione della Vergine

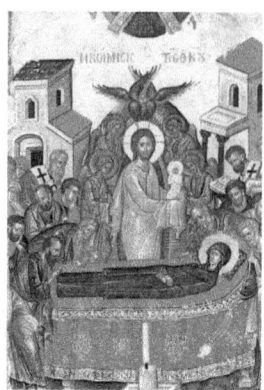

Il giorno della morte di Maria viene celebrato come giorno della nascita a una vita trasfigurata in Cristo: questi infatti porta tra le mani l'anima rinata della Vergine, in veste di lattante in fasce con le braccia incrociate.

La mandorla azzurra, in cui Gesù appare circondato dagli angeli, raduna, come sotto un manto, le figure degli apostoli e dei teologi protesi a venerare il corpo della Vergine, deposto su un catafalco funebre.

L'icona è impostata sul rapporto tra la figura verticale del Cristo che si staglia nell'azzurro e il corpo orizzontale della Vergine: unione tra cielo e terra. La veste splendente del Cristo s'incrocia nelle tenebre della terra rappresentate dal manto scuro di Maria.

Le architetture che lateralmente chiudono la composizione rappresentano la chiesa, disegnate con la consueta prospettiva inversa, a dimostrazione che la scena si svolge all'interno della vita della chiesa. Un cero acceso ai piedi del letto indica la presenza del mistero.

Quest'icona è stata di fatto rifiutata dalla teologia cattolico-romana, che col dogma dell'assunzione ha trasformato la Vergine in una divinità, facendo salire in cielo il suo corpo al momento della morte. Le fonti storiche della Dormizione sono comunque o apocrife o di molto posteriori al Nuovo Testamento.

Le icone della Vergine

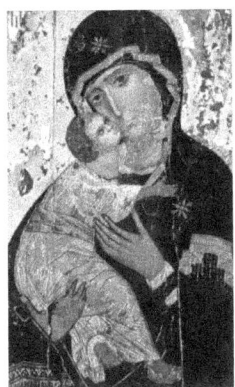

Probabilmente di tutte le icone ortodosse, quelle dedicate alla *Theotókos* (Madre di Dio) sono le più popolari, anche perché di più facile lettura. Per quanto nei vangeli la figura di Maria non appaia tra quelle più significative e le descrizioni sinottiche che la riguardano siano più che altro delle pie leggende, attorno al significato della sua identità umana si sono scatenate sin dall'inizio aspre polemiche teologiche, al punto che ci vorranno due concili (Efeso e Calcedonia) per affermare e ribadire la sua "divina maternità".

Il tipo iconografico della Tenerezza, nato in ambiente bizantino, è stato il modulo più diffuso nella tradizione russa. In effetti il volto della Vergine ha qui un'espressione di raffinata dolcezza, il suo incarnato è trattato con una modalità molto chiara di marrone, sul quale affiora un velo di rosso che aggiunge alla dolcezza la grazia.

Le mani, dalle dita molto lunghe e ben modellate, sorreggono il figlio che indossa una veste dorata. La sua guancia è appoggiata alla guancia del bambino Gesù in atteggiamento d'ineffabile tenerezza e protezione. Il volto del bambino (che è quello di un uomo adulto la cui sapienza è increata) è in profonda contemplazione di quello della madre.

L'artista ha voluto che tutti i gesti e gli atteggiamenti esprimessero l'amore vicendevole, e a ciò sacrifica anche le proporzioni delle figure. Una mano sorprendentemente lunga attornia il capo della Vergine, ricoperto da un mantello rosso scuro, ed è delicatamente posata sul collo in un abbraccio tenero e forte; l'altro braccio è appoggiato con dolce abbandono sul petto di lei. In questa espressione d'amore tutto è serenamente composto e regale.

L'unità della composizione è data dal reciproco protendersi del figlio verso la madre e della madre verso il figlio. L'icona quindi vuole raffigurare l'amore di Cristo per l'umanità qui rappresentata dalla madre e l'amore dell'uomo per Cristo.

Il colore dominante è il rosso cupo, gradatamente sfumato nei panneggi della veste di Cristo, rischiarandosi poi nei toni caldi delle zone più luminose della veste, nei preziosi ornamenti del mantello e delle maniche, ed è ripreso nello sfondo chiaro sovrapposto al colore più scuro, ricevendo in tal modo un riflesso rossastro. Tanta raffinatezza e armonia compositiva rendono questo tipo di icone tra le più belle in assoluto.

Pur nella varietà dei tipi, l'icona della Vergine viene sempre rappresentata con tre elementi caratteristici:
- la porpora della veste di Cristo esprime la divinità, mentre l'azzurro del mantello la sua umanità; la Vergine ha la veste azzurra (discende da Adamo) e il mantello di porpora (fa nascere il nuovo Adamo);
- le stelle che sono sul capo e sulle spalle sono un antico segno siriano che indica la sua verginità;
- la Vergine non è mai rappresentata se non con il Cristo o in una composizione a lui collegata.

A volte vengono dipinti due angeli negli angoli superiori dell'icona: Michele, che cacciò Adamo ed Eva dall'Eden, e Gabriele, che annunciò a Maria il concepimento del "nuovo Adamo", Gesù.

Un'icona della Tenerezza, dipinta da Teofane il Greco, fu portata in processione durante la battaglia di Kulikovo (1380), che segna l'inizio della riscossa russa contro il dominio tartaro.

A differenza della Madonna della Tenerezza, quella cosiddetta "Odigitria" indica con la mano il Cristo, come per indicare che è lui "la via, la verità e la vita".

Giudizio Universale

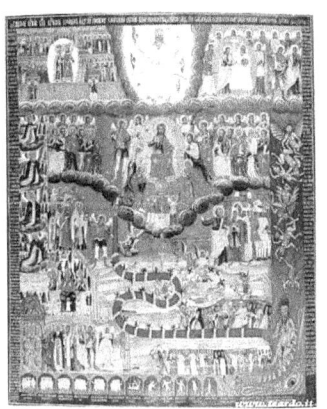 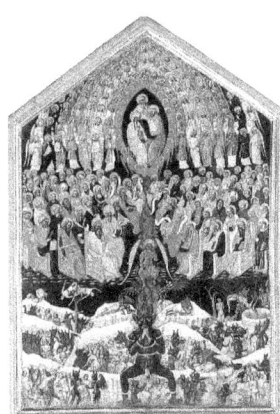

Due raffigurazioni del Giudizio Universale a confronto: quella di sinistra è russa del XVIII secolo, l'altra è italiana del XV. Sono molto diverse da quella michelangiolesca della Cappella Sistina.

In quella russa, vestito di bianco, in alto, appare il Dio-padre (è forse l'unica icona in cui viene raffigurata la divinità). In testa ha una corona che assomiglia a quella degli zar, dietro il simbolo che gli è proprio: il triangolo. È un'icona influenzata dalla teologia latina, poiché in quelle più antiche appariva solo il Cristo fiancheggiato dalla Vergine e dal Battista, in atto di presentargli, come in una corte di giustizia, le domande dei fedeli. Normalmente infatti il vertice della composizione è Cristo in gloria cui tutti i piani convergono.

Anche in quella bolognese vi è, entro la mandorla che rappresenta lo Spirito Santo, il Cristo benedicente la Vergine e, dietro di loro, il Dio-padre, con barba più folta e più bianca di quella del figlio.

Attorno alle figure chiave vi sono angeli, apostoli, santi, padri e dottori della chiesa. In quella russa, oltre a Maria e al Battista, vi sono Adamo ed Eva, cioè l'umanità redenta e salvata, che venerano la croce in virtù della quale sono stati strappati alla morte.

Sotto la croce, vi è la bilancia, su cui vengono pesate le anime: in un piatto le opere buone, nell'altro quelle cattive. Un arcangelo impedisce al demone-serpente di accedere al paradiso. Altri angeli suonano la tromba del giudizio finale.

In quella italiana il cherubino infuocato, con la bilancia e la spada, impedisce ai demoni di oltrepassare le porte del paradiso e lascia i condannati al loro destino.

La differenza principale sta nella raffigurazione di Satana, che nell'una è appunto un enorme serpente-drago (che per i russi ricorda molto il simbolo tataro-mongolo), nell'altra invece un essere mostruoso incatenato che inghiotte i dannati e li espelle dal ventre.

Il colossale serpente è coperto di moltissimi anelli, ognuno dei quali è ricoperto di oscure figure personificanti un'infinita successione di peccati. Questi peccati, sui quali ancora non si è pronunciato il giudizio, sono in attesa di ritirarsi nell'oscura regione dell'inferno: essi così personificano l'inferno non ancora attuato ma in procinto di esserlo.

Tra i dannati si possono scorgere anche i prelati, che in quella russa sono molto di più. Nella parte destra dell'icona russa cadono a testa in giù oscure figure demoniache, legate da una catena ininterrotta che rappresenta tutti i loro vizi, tra loro strettamente collegati: queste anime finiscono nell'abisso senza fondo dell'inferno.

L'aspetto meno comprensibile dell'icona russa è, in basso, l'uomo incatenato al palo, posto tra una fila di santi guidati o scortati da un angelo, e una fila di reprobi frustati da un demone. Pare che l'uomo voglia rappresentare una sorta di "tipo medio", limitato, dominante sulla terra, a cui è estranea sia la profondità celeste che l'abisso demoniaco. Non sapendo che fare di lui e come giudicarlo, l'iconografo lo ha lasciato così, legato al palo di confine tra inferno e paradiso, in una specie di purgatorio temporaneo.

In quella russa le figure sono molto movimentate e più rappresentative della cristianità e della ebraicità; in quella italiana sono tutte sedute come in un senato accademico e il divario tra inferno e paradiso è netto.

Nelle icone bizantine spesso si vedono due angeli recanti una pergamena costellata di stelle, che rappresenta il cielo, che secondo le profezie di Isaia e dell'Apocalisse "si ritirerà come un volume che si arrotola" alla fine del mondo.

Altra raffigurazione nota è quella di Abramo che guida un corteo. Toccando il petto del "padre della fede" le anime dei giusti mettono le ali; col capo cinto di aureole dorate volano in alto, verso gli apostoli che giudicano il mondo.

Iconografia e monachesimo

Come noto la nascita dell'iconografia è strettamente legata a quella del monachesimo. Ancora oggi i migliori iconografi si trovano generalmente entro le mura dei conventi.

Ora, il fatto di praticare l'ascesi, il digiuno, l'astinenza sessuale se ha contribuito enormemente a connotare questo tipo di arte religiosa, ci ha anche fatto capire che l'esperienza della fede veniva vissuta entro un contesto di forti contraddizioni sociali.

Il monaco avvertiva con un certo fastidio il malessere sociale e vi reagiva in maniera individuale o di gruppi, più o meno piccoli, che restavano isolati rispetto ai contesti urbani. Il suo "ritiro dal mondo" era una forma di protesta, a imitazione del Battista, e per dimostrare ch'essa non era affatto vissuta con angoscia o rassegnazione, i monaci potevano avvalersi non solo delle loro straordinarie conoscenze agronaturalistiche e fitoterapiche, ma anche appunto della loro incredibile capacità artistica. Qui si ha a che fare con geni dell'umanità spesso rimasti del tutto sconosciuti.

L'asceta non era molto diverso da quel terrorista che ha voluto rinunciare a tutto pur di realizzare i propri ideali di vita: la differenza stava soltanto nel fatto che mentre l'uno faceva violenza su di sé, l'altro sugli altri, entrambi con un certo estremismo di fondo.

Il cristianesimo primitivo, specie dopo la svolta teodosiana del 380, era pieno di asceti e monaci ritiratisi nei deserti a pregare, digiunare, lavorare la terra, bonificare le paludi, ospitare i pellegrini, sanare gli ammalati, trascrivere e tradurre i testi della classicità e dipingere icone. Pensavano di combattere meglio il male uscendo dai traffici commerciali delle città, abbandonando i rapporti servili della campagna, se e quando potevano.

I monasteri sono stati una fuga dalla realtà, anche se, per molti versi, essi hanno costituito una risposta parziale ai problemi della loro epoca. I monaci infatti non erano dei fannulloni, non vivevano di rendita o sulle spalle di qualcuno, almeno non nella prima fase della loro esistenza come categoria specifica di presenza cristiana.

Il loro punto di forza era costituito dal fatto ch'erano una comunità dotata di una regola di vita, un po' come oggi possiamo constatare tra quelle terapeutiche per i tossicodipendenti. Avevano rinunciato ai piaceri della vita, a un'esistenza normale, regolare, pur con tutti i conflitti tipici dell'epoca.

Questi sacrifici tuttavia col tempo portarono a un inaspettato successo: il mondo monastico era divenuto una potenza economica terriera, grazie soprattutto ai lasciti e alle donazioni dei fedeli che vivevano nelle città e nelle campagne, ma anche in virtù dell'esenzione dal pagamento dei tributi.

Quelle contraddizioni antagonistiche che avevano fuggito dalle città e dalle campagne, le avevano riprodotte al proprio interno: i monasteri erano diventati dei feudi veri e propri, dove i contadini lavoravano come servi della gleba.

È forse un caso che la riforma teocratica di Gregorio VII sia partita dal monastero di Cluny? I monasteri, se vogliamo, non erano meno importanti dei castelli e dei borghi della nobiltà laica ed ecclesiastica. L'esperienza monastica non servì affatto, in ultima istanza, per democratizzare i rapporti sociali, per compiere rivoluzioni o anche soltanto significative riforme a favore della gente comune.

Un'alternativa all'iconografia religiosa

Se il concetto di "dio" potesse essere facilmente sostituito col concetto di "uomo" o di "natura", avremmo trovato da molto tempo un'alternativa all'iconografia bizantina e russa.

Il compito dell'*umanesimo laico* non è soltanto quello di rendere l'umano più credibile o più fattibile del divino, ma anche quello di valorizzare quanto di meglio l'umanità ha già prodotto, utilizzandolo secondo forme, modi e soprattutto finalità peculiari a una cultura che di religioso non può aver nulla.

Non si tratta quindi soltanto di trovare un'alternativa culturale all'ideologia religiosa, che possa esprimersi autonomamente sul piano artistico, ma anche di trovare un'alternativa sociale e politica a tutte le forme di civiltà che hanno bisogno della religione per giustificare la propria esistenza.

Quando il *socialismo democratico* apparirà come alternativa convincente alle società e civiltà basate sullo sfruttamento del lavoro altrui, sarà agevole recuperare in chiave laico-umanistica una figura storica come quella del Cristo, che la chiesa ha voluto trasformare in una divinità, tradendo il suo messaggio.

Qui però si è in presenza di un compito non facile e sicuramente non breve, poiché il superamento di una cultura e insieme di uno stile di vita implica anzitutto un impegno politico e sociale, in cui la sensibilità per i valori umani deve raggiungere i livelli altissimi evidenziati dal cristianesimo, mostrando addirittura d'essere in grado di trasmutarli.

Non dobbiamo infatti dimenticare che il cristianesimo non è soltanto un'ideologia o una cultura, e non è neppure soltanto un fenomeno da studiarsi in maniera "storica", come una sorta di sopravvivenza del passato: è anche un'esperienza di vita per milioni di persone del mondo contemporaneo. È impossibile affrontare in maniera convincente un'organizzazione del genere in forme individuali o usando strumenti inadeguati.

E d'altra parte la storia ha abbondantemente dimostrato che non ha alcun senso utilizzare contro questo fenomeno gli strumenti della coercizione: qualunque forma di persecuzione delle idee cristiane non fa che rafforzarle o comunque non fa che indebolire la credibilità dei governi al potere.

La battaglia contro il cristianesimo e contro la religione in generale non può che essere la battaglia a favore di una società più giusta e democratica.

*

Ora, a titolo esemplificativo, si può qui tentare d'interpretare in maniera laica la filosofia religiosa sottesa al rapporto tra "prototipo" e "rappresentazione" espressa nell'arte bizantina.

Anzitutto pare condivisibile la preoccupazione della chiesa di chiedere agli artisti di rispettare dei canoni stilistici tradizionali. I pittori di icone avevano una particolare missione ecclesiale da compiere: non potevano agire in assoluta autonomia. Il Concilio di Mosca dei 100 capitoli precisa addirittura, oltre alle qualità tecniche dell'iconografo, anche quelle morali.

Tuttavia sarebbe sciocco pensare che tali artisti agissero come degli automi o che non avessero bisogno di alcuna libertà creativa. Essi erano capaci di modificare il ritmo della composizione del modello archetipico che avevano ricevuto, i suoi contorni, le sue linee, la distribuzione dei colori, le sfumature, riuscendo a dare un tocco originale ad ogni opera.

Viceversa, oggi gli artisti del mondo occidentale si muovono in maniera del tutto anarchica, non si sentono tenuti a fare riferimento ad alcuna tradizione e al massimo si confrontano tra loro. Non dipingono per essere capiti e, quando non vengono capiti, di regola non se ne preoccupano, in quanto preferiscono seguire le loro inclinazioni, i loro interessi, la loro interiore sensibilità.

Un'arte così soggettiva e narcisistica, rinvenibile anche nei casi tragici alla van Gogh, che pur hanno dato tanto sul piano artistico, non poteva non giungere a una totale negazione di sé, così come si può constatare nelle espressioni pseudo-artistiche della seconda metà del Novecento, dove, quando non si è in presenza di una mera "provocazione", anche in buona fede, al fare arte, cioè di una sfida disperata al non-senso della vita e delle cose in generale, espressa spesso in forme paradossali o quanto meno imbarazzanti, si finisce col subordinare le esigenze artistiche a quelle commerciali del capitalismo avanzato, che oggi peraltro sembrano aver trovato ampie applicazioni in quella che viene definita "arte digitale".

L'artista bizantino definiva il proprio ruolo pubblico sentendosi parte di una tradizione condivisa, i cui ideali religiosi ambivano a porsi in alternativa al passato politeismo pagano. Questa figura di artista venne sostituita, prima in Italia, poi in tutto l'occidente, da un tipo di artista che non opera più per un'organizzazione sociale avente un ideale da realizzare, ma lavora per i committenti che lo pagano, di estrazione più che altro borghese, tra i quali vi è la stessa chiesa cattolica. E se è sufficientemente famoso, egli può anche pretendere che il committente non interferisca più di tanto nella composizione della sua opera.

L'individualismo delle società borghesi ha creato degli artisti isolati, il cui talento, per imporsi, ha dovuto sottostare a regole umilianti o che comunque ha dovuto convivere con frustrazioni sociali che ne hanno limitato se non impedito la piena espressività. Sono pochi oggi gli artisti che campano "di arte".

Che possibilità ci sono per un artista contemporaneo di sentirsi davvero utile per la collettività? Non essendoci più una tradizione condivisa cui fare riferimento, non resta che crearla in maniera progressiva. E per poterlo fare non c'è altro modo che quello di partire dai bisogni della gente comune.

L'artista contemporaneo non può fare un'operazione di mero recupero nostalgico di un passato che non esiste più. Non può neppure porre i valori religiosi come tema dominante della propria produzione, poiché è diventata opinione comune che sulla base di tali valori non si risponde in maniera adeguata ad alcun bisogno.

Non gli resta che una soluzione: cercare nella realtà quelle situazioni di bisogno in cui l'esigenza di un'alternativa ai valori dominanti s'imponga in maniera laica e sociale.

Se è in grado di fare questo - e qui veniamo al secondo aspetto della questione -, in che misura può utilizzare le tecniche dell'iconografia bizantina, che tanto successo ebbero nella storia della cristianità medievale, senza ricadere nei limiti dell'ideologia religiosa?

Qui non è neppure il caso di affrontare le tematiche connesse all'uso della prospettiva inversa o rovesciata, che sicuramente non era un'ingenuità stilistica, ma una vera e propria scelta teologica, per quanto oggi si sia arrivati a dire che quando i bambini disegnano una casa combinando in un unico insieme la sua parte frontale e laterale, si avvicinano, senza saperlo, alla tecnica degli iconografi. Il loro stesso modo di rappresentare la luce, il bene e il male sembrano essere universali, al punto che alcuni critici sono arrivati alla conclusione che l'iconografia religiosa non è che una rielaborazione consapevole di un modo infantile e inconscio di fare arte.

Esperti del settore dovranno capire se sia ancora il caso di conservare l'ottica di una prospettiva del genere e altri accorgimenti stilistici che l'iconografia mise a punto dopo secoli di prove sperimentali, come p.es. il fondo dorato, le linee esili del corpo, privo di anatomia, i pesi e i volumi ridotti al minimo, la dominanza del volto e soprattutto dello sguardo, con gli occhi molto grandi, le labbra sottili, il naso allungato, la fronte ampia e così via.

Che oggi si avverta il bisogno di riscoprire il valore dei "simboli" è un dato di fatto. Esiste una presenza o una realtà "simbolica" là dove un significante non rinvia ad un significato preciso (come nel caso del "segno" o dell'analogia o dell'allegoria), ma ad un altro significante, che non è esattamente definito ma che ha la proprietà di radicarsi nella natura delle cose, rendendole più complesse, più profonde di quelle che appaiono, al punto che l'interpretazione che se ne dà è costretta a rifuggire da qualunque definizione univoca.

E che questi simboli debbano riguardare non soltanto "parole dette" ma anche e soprattutto gesti, circostanze, immagini è quanto meno pacifico. Sarebbe assurdo sostenere che l'immagine non può trasmettere alcunché di spirituale o che la vera intelligenza delle cose è legata unicamente alla razionalità delle parole.

Qui tuttavia si può soltanto avanzare l'idea che la "profondità interiore", la cosiddetta "esperienza della luce" non è una prerogativa di dio ma dell'uomo, cioè non può essere così profonda da doverla attribuire solo a ciò che va oltre i sensi a nostra disposizione. Una profondità del genere non servirebbe a nulla se non si potesse farne esperienza. E chi riesce a viverla non può non chiedersi se non gli provenga dalla sua stessa sensibilità e non da una fonte eteronoma.

Un'iconografia laica (non borghese) deve necessariamente partire dal presupposto che l'essere umano è più profondo di quanto egli stesso sappia e che qualunque definizione terminologica in senso religioso di tale profondità non è che un condizionamento ereditato da forme di civiltà in cui l'uomo è diventato nemico di se stesso. Se vogliamo ancora considerare il Cristo uno dei prototipi dell'umanità, anche in campo artistico, ebbene che lo si faccia alla condizione di vedere in lui un seguace dell'"umanesimo integrale".

Suggerimenti per l'arte contemporanea

Anche se la pittura occidentale è arrivata a distruggere se stessa, scomponendo la figura umana sino a renderla irriconoscibile (cosa che con la nascita della grafica digitale ha avuto uno sviluppo impetuoso), non è possibile ripristinare, *sic et simpliciter*, la teologia delle icone bizantine (come fa p.es. un movimento integralista come Comunione e Liberazione, che di quell'arte vuol prendere solo i canoni estetici tralasciando del tutto quelli teologici).

Anche se qualcuno, come Pavel Florenskij (nato nel 1882 e fucilato nel 1937, durante le purghe staliniste), ha saputo usare la suddetta teologia per contestare i fondamenti della pittura occidentale, non è possibile oggi negare il primato alla laicità. Alla crisi della concezione non-religiosa dell'esistenza e quindi dell'arte non è possibile rispondere col ripristino della concezione religiosa feudale.

Non è possibile farlo né con la religione cattolico-romana, che è stata la prima a compromettersi con l'ideologia borghese, iniziando, suo malgrado, un percorso verso la laicizzazione dell'arte; né con quella ortodossa, che pur all'ideologia cristiano-borghese ha cercato di resistere maggiormente, restando legata al proprio passato.

Semmai ci si può chiedere se alla pittura laica di tipo cristiano-borghese, inaugurata da Giotto, i cui contenuti laici venivano espressi in una forma religiosa, è possibile cercare un'alternativa laica di tipo più umano, più popolare, più democratico, più proletario..., cioè un'alternativa più coerente con se stessa e che dimostri di avere valori vivibili dall'intera collettività.

Da un punto di vista laico non ha senso sostituire la "corrotta" religione cattolica (che raggiunge il suo apice di corruzione in quella protestante) con la fede ortodossa (slava o greca). L'operazione laicista da fare, in campo artistico, è abbastanza precisa: nel mentre si contesta il nesso di fede e business, occorre considerare la religione in sé (a prescindere dalla sua espressione confessionale) un'alienazione da superare.

Detto questo, in via preliminare, si può ora analizzare se nelle tesi di Florenskij contro l'arte occidentale, vi possano essere elementi da utilizzare in chiave laica. Se troveremo aspetti significativi, vorrà dire che la fede ortodossa, essendo stato lui un arciprete russo, ha conservato un riferimento maggiore ai valori dell'umanesimo, rispetto a quanto non abbiano saputo fare le altre due confessioni cristiane.

Gli storici occidentali e quelli dell'arte in particolare devono imparare a setacciare le confessioni religiose d'ogni specie, cercando di trarre da esse quanto può in qualche maniera risultare utile a uno sviluppo dell'umanesimo laico. Nei confronti dell'arte cristiano-borghese si sono comportati in maniera molto superficiale, dando per scontato che alla crisi dell'arte religiosa feudale non ci potesse essere altra soluzione che quella giottesca.

Ancora oggi, dopo 700 anni, l'interpretazione della nascita dell'arte moderna è rimasta immutata.

*

La prima cosa che Florenskij dice, nel suo testo *Le porte regali* (Adelphi, Milano 1977), è che la pittura andrebbe fatta su una parete (affresco sul muro) oppure su legno, proprio perché se è una cosa che va al di là dell'artista, essa merita di rimanere nel tempo. Ci vuole cioè qualcosa di tecnicamente stabile, come le caverne degli uomini primitivi, qualcosa di immobile. Il legno d'icona, grazie a una particolare lavorazione preliminare, s'è liberato dai condizionamenti materiali dell'affresco, senza perderne la saldezza.

In secondo luogo l'icona non è un'opera d'arte autosufficiente, ma il prodotto di un'esperienza e coscienza collettive (che allora erano religiose).

L'iconografo sentiva d'avere una responsabilità nei confronti d'un collettivo in cui lui stesso si riconosceva. E non lavorava mai sentendosi isolato. L'icona doveva restare fedele a una tradizione.

In terzo luogo il volto umano, essendo espressione della vita interiore, era e ancora oggi è la parte fondamentale dell'icona: tutto il resto va considerato riempitivo. Il volto si chiama "sguardo", "sembianza" e non va mai raffigurato in antitesi alla natura. Il volto non può essere astratto, né può scomparire all'interno di un paesaggio.

In quarto luogo la luce, resa dall'oro, è fondamentale nell'icona, che è totalmente priva di ombre, chiaroscuri e mezzi toni. Si guarda un'immagine per elevarsi, per migliorarsi, per riconoscersi in ciò che meglio esprime quanto di umano vi è in noi. La realtà emerge come rivelazione dell'essere, a partire dallo sguardo: "non si compone di parti, non è formata dalla giustapposizione d'un pezzo all'altro o di una qualità all'altra" (p. 158). L'ombra non è "essere" ma sua assenza. La stessa luce naturale non ha alcun valore.

Nella pittura occidentale gli oggetti appaiono perché illuminati da una fonte di luce che può trovarsi ovunque. Gli oggetti sono autoreferenziali. Devono soltanto essere illuminati per essere visti, e tutto finisce lì. Non c'è gerarchia dell'essere. E quando ci si prova a crearla, con la prospettiva, il risultato è del tutto artificioso, puramente geometrico.

Nelle icone la prospettiva è rovesciata, poiché le linee si dirigono in senso inverso rispetto a chi guarda, cioè non verso un punto di fuga interno alla rappresentazione, ma proprio verso un punto esterno, che avvicina le linee allo spettatore, dando l'impressione che i personaggi gli vadano incontro (i profili infatti non esistono, se non per indicare i peccatori, né la tridimensionalità, in quanto la profondità viene data solo spiritualmente, dall'intensità degli sguardi).

Anche le proporzioni delle figure, la posizione degli oggetti, la loro grandezza non sono naturali (pesi e volumi non esistono), ma è tutto relativo al valore delle persone o delle cose: non esiste naturalismo o realismo (cioè la ritrattistica), ma solo simbolismo.

"La pittura di icone raffigura le cose come prodotti di luce, e non come illuminate da una fonte di luce" (p. 170). È una distinzione sottile, che investe l'ontologia.

Quello che manca alla pittura occidentale è l'ascesi, la spiritualità. Solo con l'ascesi si può capire che la luce, pur producendo le cose, non si esaurisce in queste. Florenskij considerava più significativa la pittura dell'antichità, perché incomparabilmente più simbolica o comunque più lontana dalla somiglianza naturalistica dell'arte occidentale (p. 180).

*

Ora, quali osservazioni si possono fare a questa concezione dell'arte, in modo da valorizzare la critica all'aspetto materialistico della nostra rappresentazione delle cose, senza però finire nelle braccia di un'obsoleta concezione religiosa della realtà?

C'è solo un modo per ricostruire un'arte a misura d'uomo: partire dalle esigenze umane di autenticità, libertà, democrazia... Partire dai bisogni che ci condizionano. La pittura o l'arte in generale non può essere una forma d'illusione che si usa quando non si sanno dare risposte sociali, concrete, ai bisogni umani. La pittura deve servire non per far sognare, non per far evadere, ma per capire il presente, per stimolare un intervento su suoi problemi. Quindi non un richiamo all'Essere con la maiuscola, per ottenere un intervento magico dall'alto, ma semplicemente un invito ad "essere se stessi", in virtù di una decisione esistenziale collettiva.

La pittura non può creare miti (come ha sempre fatto in tutte le civiltà), proprio perché l'oggetto principale che deve rappresentare è il soggetto della storia: il popolo. Il pittore deve soltanto operare delle scelte che aiutino a riflettere, a trovare valori, atteggiamenti adatti alla ricerca dell'essere-quel-che-si-deve-essere, atteggiamenti consoni alla visione umanistica della realtà. Non un "realismo socialista" codificato dall'alto, imposto da un partito-stato, ma un realismo che si può dedurre solo con uno sguardo interessato ai problemi della realtà.

Il pittore deve essere un *umanista*, prima ancora che un uomo politicamente schierato. Che debba comunque schierarsi è inevitabile, poiché non può porsi al servizio di chi lo paga, non può essere un cortigiano di corte.

Ma se è vero che non deve edulcorare la realtà, facendola sembrare più bella di quello che è, né deve rappresentarne un particolare (bello o brutto che sia) facendo credere che sia la totalità, il pittore non è neppure tenuto a rappresentare la realtà per quello che è. Il pittore, in quanto artista, ha diritto di andare oltre lo stretto realismo e di trasfigurare la realtà, anche perché la realtà è rappresentabile, nella sua interezza e nella sua verità, sempre e solo in maniera limitata.

Per evitare di mistificare, in un modo o nell'altro, la realtà, l'artista deve porsi al servizio di una collettività, in grado di testimoniare l'importanza concreta dei valori umani. Usare la pittura in maniera del tutto soggettivistica, semplicemente per esprimere un proprio desiderio, una propria frustrazione, nella vaga speranza d'essere capiti, apprezzati, non è garanzia sufficiente di utilità sociale della pittura. Il pittore deve andare là dove c'è bisogno di lui.

Fonti in lingua italiana

G. Damasceno, *Difesa delle immagini sacre*, Città Nuova, Roma 1983.
Evdokimov P., *La Teologia della Bellezza. Il senso della bellezza e l'icone*, Roma 1971.
Florenskij P., *Le porte regali: saggio sull'icona*, Adelphi, Milano 1977.
E. Trubeckoj, *Contemplazione nel colore. Tre studi sull'icona russa*, La Casa di Matriona, Milano 1977.
Uspenskij L., *La teologia dell'icona. Iconografia e storia*, Milano 1995.
V. Nikol'skij, *Storia dell'arte russa*, "Rassegna sovietica", n. 4,5,6/1980, n. 1/1981, n. 4/1983.
Weidlé W., *Le icone bizantine e russe*, Firenze, Electa, 1950.
Yon E. - Sers Ph., *Le sante icone*, Firenze, Passigli Ed., 1994.
L'anelito del regno: icone del XVI secolo, Milano, La Casa della Matriona, 2002.
Antiche icone dai musei sovietici: la pittura in Russia e in Ucraina dal XV al XVIII secolo, Milano, Electa, 1984.
L'arte della meraviglia: icone russe del XVII secolo, Milano, La Casa della Matriona, 2003.
Icone Russe. Collezione Banca Intesa. Catalogo ragionato in 3 tomi, Milano, Mondadori Electa, 2003.
Icone russe in Vaticano: cento capolavori dai musei della Russia, Roma, F.lli Palombi, 1989.
La Pittura Russa, Milano, Mondadori/Electa, 2001.
I segreti dell'iconografia bizantina. La "Guida della pittura" da un antico manoscritto, Roma, Arkeios, 2003.

Sophia: la Sapienza di Dio, Milano, Electa, 1999.
Storia dell'icona in Russia. 1: Bisanzio e la Rus', Milano, La Casa di Matriona, 1999; *Storia dell'icona in Russia. 2: In Te si rallegra ogni creatura*, Milano, La Casa di Matriona, 2000; *Storia dell'icona in Russia. 3: Le capitali del Nord*, Milano, La Casa di Matriona, 2001; *Storia dell'icona in Russia. 4: Zar e mercanti*, Milano, La Casa di Matriona, 2001; *Storia dell'icona in Russia. 5: Icona e pietà popolare*, Milano, La Casa di Matriona, 2001.
Il viaggio dell'icona dalle origini alla caduta di Bisanzio, Milano, Jaca Book, 2002.
Mille anni di cristianesimo nell'arte russa. Icone dall'XI al XX secolo, Palace Edition - International Service, Aosta 1997.
M. V. Alpatov, *Il Maestro del Cremlino*, Milano, Edizioni per il Club del libro, 1963.
M. V. Alpatov, *Tesori dell'arte russa*, Milano, A. Garzanti, 1966.
M. V. Alpatov, *Le icone russe: problemi di storia e d'interpretazione artistica*, Torino, Einaudi, 1976.
A. Grabar, *Bisanzio, l'arte bizantina del Medioevo dall'VIII al XV secolo*, Milano 1964.
H. Belting, *Il culto delle immagini: storia dell'icona dall'età imperiale al tardo Medioevo*, Roma, Carocci, 2001.
E. Bianchi, J. L. Opie, I. Salina, R. Varese, *Raffigurare il tempo. Le icone dei mesi nella tradizione russa*, Vicenza, Terra Ferma, 2007.
O. Demus, *L'arte bizantina e l'Occidente*, Torino, Einaudi, 2008.
Dionisio da Furnà, *Ermeneutica della Pittura*, Napoli, Fiorentino, 1971.
Menozzi D., *La Chiesa e le immagini. I testi fondamentali sulle arti figurative dalle origini ai nostri giorni*, San Paolo, Cinisello Balsamo 1995.
E. Concina, *Le arti di Bisanzio*, Milano 2002.
Galignani P., *Il mistero e l'immagine. L'icona nella tradizione bizantina*, Milano 1981.
E. Haustein-Bartsch, *Icone*, Milano, Taschen, 2009.
Zibawi M., *Icone, Senso e Storia*, Milano 1993.
V. Ivanov, *Il grande libro delle icone russe*, Roma, Edizioni San Paolo, 1987.
E. Kitzinger, *Il culto delle immagini: l'arte bizantina dal cristianesimo delle origini all'Iconoclastia*, Firenze, La Nuova Italia, 1992.
V. N. Lazarev; O. Demus, *URSS: antiche icone russe*, Milano, A. Pizzi, 1958.
V. N. Lazarev, *Storia della pittura bizantina*, Torino, G. Einaudi, 1967.
V. N. Lazarev, *L'arte russa delle icone. Dalle origini all'inizio del XVI secolo*, Milano, Jaca Book, 1996 (2006).

V. N. Lazarev, *L'arte dell'Antica Russia. Mosaici e affreschi*, Milano, Jaca Book, 2000.
M.-J. Mondzain, *Immagine, icona, economia: le origini bizantine dell'immaginario contemporaneo*, Milano, Jaca Book, 2006.
B. V. Pentcheva, *Icone e potere: la Madre di Dio a Bisanzio*, Milano, Jaca Book; Vicenza, Gallerie di Palazzo Leoni Montanari, 2010.
E. Sendler, *L'icona: immagine dell'invisibile. Elementi di teologia estetica e tecnica*, Cinisello Balsamo, San Paolo, 2007.
T. Velmans, *La visione dell'invisibile: l'immagine bizantina o la trasfigurazione del reale. Lo spazio, il tempo, gli uomini, la morte, le dottrine*, Vicenza, Gallerie di Palazzo Leoni Montanari; Milano, Jaca book, 2009.
K. Weitzmann, *Le icone*, Milano, Mondadori, 2000.
Agnello G., *L'architettura bizantina in Sicilia*, Firenze 1952.
Bacci M., *Il pennello dell'Evangelista. Storia delle immagini sacre attribuite a san Luca*, Ed. ETS, Pisa 1998.
Bakalova E. - Passarelli G. ed altri, *Il viaggio dell'icona dalle origini alla caduta di Bisanzio*, Jaca Book 2002.
Bandera Viani M. C., *Venezia. Museo delle Icone Bizantine e post Bizantine e Chiesa di San Giorgio dei Greci*, Bologna, Calderini, 1988.
Barabanov E., *L'estetica paleocristiana*, in "Russia cristiana", n. 165-166/1979.
Barbagallo S., *Iconografia liturgica del Pantokrator*, (Studia Anselmiana 122; Analecta Liturgica 22), Roma 1996.
Bettini S., *La pittura di icone cretese-veneziana e i madonnari*, Padova 1933.
Bettini S., *Pitture cretesi-veneziane, slave e italiane nel Museo nazionale di Ravenna*, Ravenna 1940.
Bianco Fiorin M., *Icone della Pinacoteca Vaticana*, (Catalogo della Pinacoteca vaticana, IV), Roma 1995.
Chatzidakis M. - Babić G., *Le icone della penisola balcanica e delle isole greche*, in *Le Icone*, Milano, Mondadori, 1981, pp. 129-200, 305-372.
Donadeo M., *Le icone, immagini dell'invisibile*, Brescia, 1980; Id., *Icone della Madre di Dio*, Brescia, 1982; Id., *Icone di Cristo e di santi*, Brescia, 1983.
Gharib G., *Le Icone di Cristo. Storia e culto*, Città Nuova Editrice, Roma 1993; Id., *Le icone festive della chiesa ortodossa*, Milano 1985; Id., *Le icone mariane. Storia e culto*, Città Nuova Editrice, Roma 1987.
De Lotto C., *Arte, Leggende, Miracoli. Leggere l'icona*, Bucceri, Padova 1992.
Dionisio di Furnà, *Ermeneutica della pittura*, Fiorentino, Napoli 1971.
De Maffei F., *Icona, pittore e arte al Concilio Niceno II*, Bulzoni editore,

Roma 1974.
A. Cutler, J. Nesbitt, *L'arte bizantina e il suo pubblico*, Torino 1986.
Passarelli G., *Icone delle dodici grandi feste bizantine*, Milano, Jaca Book, 1998; (ed. econ.) Milano 2000; Id., *Iconostasi. La teologia della bellezza e della luce*, Milano, Mondadori, 2003; Id., *L'icona della Madre di Dio*, La Casa Di Matriona 1988; Id., *L'icona della Trinità*, La Casa Di Matriona 1988; Id., *L'icona di Cristo Salvatore*, La Casa Di Matriona 1988; Id., *Manifestazione delle Luci*, Edizioni Paoline 1984.
Rousseau D., *L'icona splendore del tuo volto*, Cinisello Balsamo 1990.
Schönborn C., *L'icona di Cristo. Fondamenti teologici*, Edizioni Paoline, Cinisello Balsamo 1988.
C. Schug-Wille, *L'arte Bizantina*, Milano 1970.
Sendler E., *Le icone bizantine della Madre di Dio*, San Paolo, Cinisello Balsamo 1995.
Gelsi D., *Le icone, evocatrici dei misteri liturgici*, in "Oriente cristiano", n. 2/1983.
Lindsay Opie J., *L'immagine sacra e l'esoterismo monastico*, in "Nicolaus" n. 2/1977.
P. Gianfriddo, *L'icone*, in "Oriente cristiano" n. 1/1983.
Chevalier J. - Gheerbrant A., *Dizionario dei Simboli*, BUR, I-II, Milano 1986.
Heinz Mohr, *Lessico di iconografia cristiana*, Milano 1984.

Andrej Rublëv

L'Orda d'Oro[5]

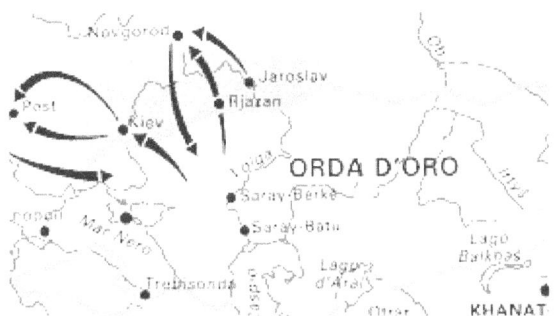

Prima dell'invasione tataro-mongola, la Rus' era a un livello di cultura analogo a quello di altri paesi europei, fatta eccezione dell'Italia e di Bisanzio, eredi della civiltà classica antica. In particolare, sotto l'influenza cristiano-bizantina, si erano notevolmente sviluppate l'architettura, il mosaico, l'affresco, l'iconografia e la miniatura.

La prima sconfitta dei russi contro i mongoli di Gengis khan si ebbe nel 1223: da allora, sino al 1380 (battaglia di Kulikovo), la Rus' conobbe un periodo di totale prostrazione.

L'unico principato che riuscì a salvarsi dai saccheggi e dalle distruzioni fu quello di Novgorod, sulle cui terre passava l'importante via commerciale che collegava il Nord dell'Europa alla Rus' e all'Oriente. Per questa ragione i feudatari svedesi, con due ordini religiosi cavallereschi tedeschi (Portaspada e Teutonici), tentarono di conquistarla, ma furono sconfitti dai russi nella cosiddetta "battaglia dei Ghiacci" del 1242.

I tatari riuscirono a dominare per così tanto tempo la Rus' perché seppero tenerla divisa, favorendo le rivalità tra i principi feudali.

---

[5] Queste pagine le voglio dedicare a due miei compagni universitari di filosofia: Mario Alai e Stefano Salvi, che riuscirono a intuire che con la svolta giottesca si era perduto, in maniera irreparabile, qualcosa di altamente significativo. A dir il vero Comunione e liberazione fu forse la prima a capire in Italia che l'iconografia slava e bizantina non aveva nulla da invidiare a quella occidentale inaugurata da Giotto, ma siccome era una corrente viziata dall'anticomunismo, non fece altro che strumentalizzare quell'arte per contestare il cosiddetto "socialismo reale", senza riuscire a porre le basi per un superamento laico-umanistico di quella stessa arte.

La prima città che manifestò una chiara volontà di riscatto dal dominio mongolo fu Mosca, situata in una posizione geografica strategica e favorita dalle qualità personali dei propri sovrani. Essi infatti riuscirono a frenare l'espansionismo del Regno di Lituania contro la Rus' negli anni 1360-1380.

Il principato di Mosca si sviluppò in due direzioni:
- concentrando la terra nelle mani dei feudatari laici ed ecclesiastici;
- favorendo notevolmente l'artigianato e il commercio.

In tal modo potevano aspirare alla creazione di uno Stato russo unitario, sia la nobiltà feudale, che sperava di accrescere la propria potenza, sia gli strati sociali commerciali, che avevano bisogno di una libera circolazione delle merci.

Nel 1380 i tatari decisero di muovere guerra contro il Gran principato di Mosca, per ristabilire il loro dominio, ma furono duramente sconfitti nella battaglia di Kulikovo.

Tuttavia, questa vittoria non fu sufficiente per cacciare i mongoli dalla Rus'. Per tre ragioni:
- non tutti i grandi principati russi accettavano l'idea di doversi sottomettere a Mosca;
- il principato di Mosca non vedeva altro modo per sconfiggere i tatari che quello di centralizzare tutti i poteri sotto di sé;
- all'interno del suddetto principato alcune forze politiche volevano la centralizzazione dei poteri secondo il modello della monarchia ereditaria; altre invece volevano che si continuasse con l'antico sistema di successione al trono, secondo cui alla morte del principe il potere doveva passare al fratello cadetto.

La situazione cominciò a sbloccarsi verso la metà del sec. XV. Sotto il regno di Vasilj l'Oscuro ("oscuro" perché accecato dal rivale) si verificarono due fatti importanti:
- il Granducato di Mosca riuscì a imporre con la forza il principio della monarchia ereditaria e divenne un unico territorio sottomesso all'autorità del solo Gran Principe Basilio figlio di Demetrio (Dmitrievic') (persino Novgorod dovette riconoscerlo);
- il clero russo e il Gran Principe si rifiutarono di riconoscere l'assenso che il metropolita russo Isidoro aveva dato, assieme al clero greco e all'imperatore bizantino, all'Unione tra le due chiese: cattolica e ortodossa, sancita al Concilio di Firenze nel 1439, nell'imminenza dell'attacco turco a Costantinopoli. Isidoro fu deposto e il concilio dei vescovi russi, nel 1448, elesse il primo me-

tropolita non designato dal patriarca di Costantinopoli, proclamando così l'autonomia della chiesa russa. E il patriarcato di Mosca diverrà erede di quello di Kiev.

Alla fine del XV sec. la Russia era diventata il più grande degli Stati europei. Nel 1477 la repubblica aristocratica di Novgorod fu definitivamente sconfitta sul piano militare dalle forze di Ivan III. Gli altri principati ancora indipendenti subirono la stessa sorte. La definitiva liberazione della Russia dal giogo tataro avvenne dopo il 1480.

Icona e iconografia

La pittura di icone storicamente nasce dalla tecnica dell'affresco, ma si è evoluta in maniera abbastanza complessa, soprattutto per la preparazione della tavola, che non deve incurvarsi e deve essere resistente agli agenti atmosferici.

La stesura dell'oro sul disegno, fatto a matita e poi inciso con un ago, costituisce lo sfondo. Poi l'artista dipinge servendosi di colori fatti con polveri naturali mescolate al giallo d'uovo.

Quando la pittura è terminata, si applica sulla superficie uno strato protettivo, composto del migliore olio di lino e di varie resine, come l'ambra gialla. Questa vernice imbeve i colori e ne fa una massa omogenea, dura e resistente.

Alla sua superficie vengono fissate le polveri, e questo col tempo dà alla massa una tinta scura. Se la si toglie, i colori appaiono al di sotto nel loro splendore originale.

Essendo non soltanto il frutto di un'ispirazione artistica e di una certa libertà nella tecnica, ma anche l'espressione di una tradizione ecclesiale, le icone - stando al 2° Concilio di Nicea - possono essere considerate autentiche solo se vi è un consenso della chiesa.

Il luogo liturgico fondamentale delle icone è il tempio e, nel tempio, anzitutto l'iconostasi, cioè la parete che separa i fedeli dal santuario ove si celebra il sacrificio.

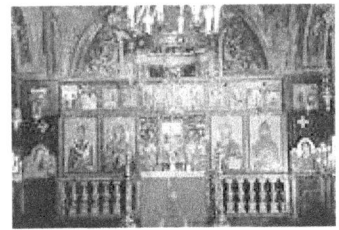

Di regola gli iconografi sono dei monaci cui l'igumeno ha concesso l'autorizzazione a dipingere.

Nel mondo slavo e bizantino la contemplazione delle icone aveva (ed ha) un valore salvifico pari a quello della lettura delle Sacre Scritture. Di qui l'accesa disputa passata alla storia col nome di "iconoclastia".

Tre sono le caratteristiche fondamentali di tutte le icone:
- la *luce* naturale non ha alcun valore, ma sia essa che tutti i colori terreni sono soltanto luce e colori riflessi; nell'icona quindi non c'è ombra o chiaroscuro; il fondo e tutte le linee, le sottolineature d'oro vogliono proprio significare una luce sovrannaturale;
- la *prospettiva* è rovesciata, poiché le linee si dirigono in senso inverso rispetto a chi guarda, cioè non verso un punto di fuga dietro il quadro, ma proprio verso un punto esterno, che avvicina le linee allo spettatore, dando l'impressione che i personaggi gli vadano incontro (i profili infatti non esistono, se non per indicare i peccatori, né la tridimensionalità, in quanto la profondità viene data solo spiritualmente, dall'intensità degli sguardi);
- le *proporzioni* delle figure, la posizione degli oggetti, la loro grandezza non sono naturali (pesi e volumi non esistono), ma relative al valore delle persone o delle cose: non esiste naturalismo o realismo (cioè la ritrattistica), ma solo simbolismo.

Il corpo, sempre slanciato, sottile, con testa e piedi minuscoli, è disegnato a tratti leggeri, e il più delle volte segue le linee delle volte del tempio, in quanto la pittura dipende dall'architettura.

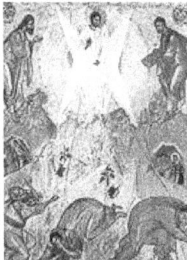 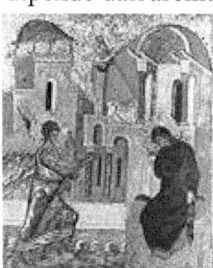 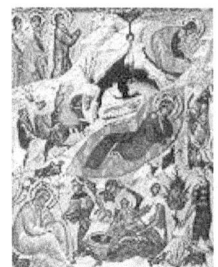

La luce   La prospettiva   Le proporzioni

Tutto comunque è dominato dal volto, perché è da qui che il pittore prende le mosse. Gli occhi sono molto grandi, fissi, a volte malinconici, sotto una fronte larga e alta; il naso è allungato, le labbra sono sottili, il mento è sfuggente, il collo è gonfio. Tutto per indicare ascesi, purezza, interiorità...

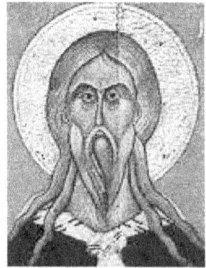

Altro aspetto frequente che si trova nelle icone è la simmetria, che indica un centro ideale al quale tutto converge.

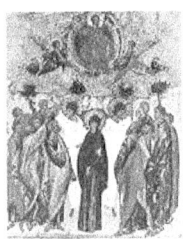

In Europa occidentale l'iconografia è rimasta sostanzialmente di tipo bizantino sino a Duccio di Boninsegna e Giotto, cioè sino al momento in cui si è cominciato a introdurre la prospettiva della profondità, il chiaroscuro naturalistico, il realismo ottico, perdendo così progressivamente il carattere misterico e trascendente delle rappresentazioni sacre.

Storia di Andrej Rublëv (1360/80-1430)

Le testimonianze biografiche su Andrej Rublëv (la prima voce nazionale nella storia della pittura russa) sono eccezionalmente scarse. La data della sua nascita è stata fissata, con approssimazione, al 1360-80. Non si sa dove nacque. Poche delle sue opere si sono conservate fino ai nostri giorni.

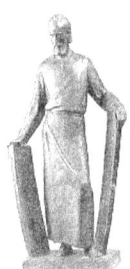

Le fonti storiche lo descrivono come "un uomo buono e pacifico, pieno di serenità e limpidezza, attento studioso delle opere artistiche dei suoi predecessori".

Di regola, gli antichi artisti russi non firmavano le loro opere, e le cronache citano i loro lavori solo in casi straordinari, cioè quando i committenti erano principi o alte autorità ecclesiastiche.

Viceversa, di Rublëv parlano cronache, leggende e il suo nome si è tramandato nei secoli. La sua giovinezza cade nell'epoca in cui la Russia umiliata dai tatari, vede, dopo la famosa battaglia di Kulikovo (1380), il rifiorire delle sue forze morali, politiche e culturali. Rublëv è tra quegli artisti che furono trascinati da questa ondata creativa.

Il primo accenno a Rublëv che troviamo nelle cronache risale al 1405, anno in cui fu invitato a partecipare alla decorazione dell'iconostasi della cattedrale dell'Annunciazione del Cremlino, di cui però oggi non sappiamo nulla. Il suo nome segue quello di due artisti più anziani, il famoso Teofane il Greco e lo starez Prochor di Gorodec.

Durante il suo soggiorno moscovita, Rublëv creò anche un capolavoro d'arte della miniatura: il Vangelo di Chitrovo.

Il 25 maggio 1408 il Gran Principe di Mosca Basilio Dmitrievic' invia a Vladimir-sulla-Klyazma un gruppo di artisti dei migliori scelti fra Novgorod-la-Grande e Mosca, tra cui appunto il giovanissimo Rublëv e ovviamente Teofane il Greco, con l'incarico di ridipingere la cattedrale dell'Assunzione ormai in decadenza a causa dell'abbandono durante la dominazione tatara. Occorreva rimettere in sesto questa chiesa perché sede dell'incoronazione di ogni Gran Principe dopo la concessione del Khan tataro di Sarai, ma anche perché sede nominale dell'importantissimo Metropolita.

Tuttavia l'ultimo scopo di Basilio è l'abbellimento della sua Mosca nell'ascesa di questa città verso la supremazia su tutto il Volga superiore.

A Mosca Andrei Rublëv infatti risiederà per il resto della vita, secondo alcune fonti nel Monastero di Salvatore Andronikovo e secondo altre nel vicinissimo villaggio di Zagorsk, presso il Monastero della Trinità fondato da san Sergio di Radonezh (oggi sede del Patriarcato di tutta la Russia).

Nel terzo decennio del XV sec. egli fu legato, per diversi anni, al monastero della Trinità di S. Sergio di Radonez, che stava risorgendo dopo la distruzione compiuta dai tatari nel 1409.

Sul luogo della chiesa di legno fu eretta, con pietra bianca, la cattedrale della Trinità, conservatasi fino ai giorni nostri nel monastero di s. Sergio. Per le icone e gli affreschi i pittori designati nel 1424-26 furono soprattutto Rublëv e il suo inseparabile amico Danil Cjornyj.

A questo periodo risale la sua famosa Trinità, il cui restauro è del 1904 (essa faceva parte dell'iconostasi della cattedrale; oggi si trova nella Galleria Tetrjakov).

Lunghi anni come monaco Rublëv li trascorse nel monastero di Andronikov, una delle più antiche località di Mosca e grande centro culturale di fine sec. XIV.

Verso la fine del terzo decennio del XV sec., in questo monastero si eresse una cattedrale dedicata al "Salvatore non dipinto da mano umana", ora considerata uno dei monumenti architettonici più antichi di Mosca. La decorazione della cattedrale del Salvatore è l'ultima opera di Rublëv.

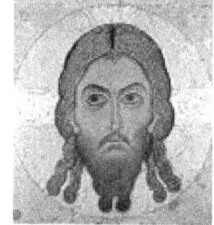

L'artista morì nel 1430, nello stesso monastero. Il luogo dove fu sepolto è ignoto. Nel XVIII sec. esisteva ancora l'epigrafe tombale, che poi scomparve.

Nel 1551, sotto il regno di Ivan il Terribile, allorché i problemi artistici divennero questione di prestigio statale, fu emanata dal Concilio dei Cento Capitoli un'ordinanza che prescriveva l'obbligo di dipingere le icone sul modello di quelle di "Andrej Rublëv e degli altri celebrati pittori".

Il territorio del monastero di Andronikov è stato a lui consacrato e ospita ora il Museo d'arte russa antica che ne reca il nome.

L'icona della Trinità

Intorno agli anni 1420-22 il discepolo di s. Sergio di Radonez, s. Nicone, incaricò i due grandi iconografi Rublëv e Cjornyj, di adornare di icone e di affreschi la cattedrale della s. Trinità, che era stata costruita dopo la distruzione compiuta dai tatari, nel 1409, del famoso monastero.

Gli affreschi della cattedrale non si sono conservati, ma l'iconostasi, giunta fino a noi, costituisce un'assoluta rarità. Unanimemente considerata la più bella icona russa, la Trinità faceva appunto parte di questa iconostasi.

L'icona della Trinità raffigura l'episodio biblico dell'ospitalità di Abramo. In Genesi 18,1-15 apparvero ad Abramo e Sara tre angeli per annunciare loro la nascita di un figlio. I Padri e tutta la tradizione della chiesa hanno sempre visto in questo episodio una prefigurazione della Trinità.

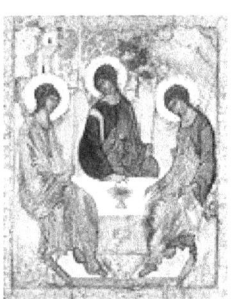

Sul piano artistico l'icona non nasce dal nulla. P.es. in un mosaico del VI sec. della chiesa di S. Vitale di Ravenna viene trattato lo stesso soggetto, anche se non in forma così accentuatamente simbolica e idealizzata.

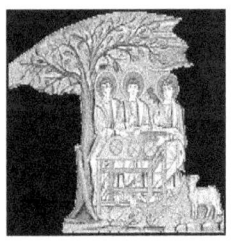

Nonostante la tradizione bizantina sia sempre stata molto restia a dipingere la divinità, a partire dall'XI sec. si comincia a rappresentare la figura del Padre come un'altra figura umana accanto a quella del Cristo.

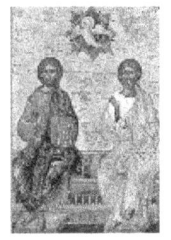

Tuttavia, è solo con la Trinità di Rublëv che l'uguaglianza pittorica delle due figure raggiunge livelli così elevati, e soprattutto è solo con Rublëv che la terza figura, lo Spirito Santo, abbandona il simbolismo della colomba - tipico delle raffigurazioni trinitarie - per assumere esplicitamente una sembianza umana del tutto simile a quelle delle altre due figure.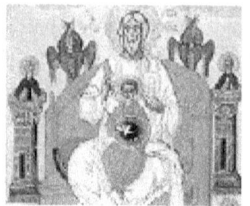

Il Concilio dei Cento Capitoli (1551) dichiarerà tale icona modello universale della rappresentazione della Trinità.

Nel 1904 la commissione di restauro ha tolto gli ornamenti metallici d'oro che la ricoprivano e l'ha ripulita, conservandola nel museo Tretjakov di Mosca.

L'intera produzione artistica di Rublëv, che si è conservata, è tornata ad essere visibile negli affreschi scoperti a Vladimir nel 1918 dalla Sezione per gli affari dei musei.

Per la sua acutezza eccezionale del senso del bello, l'icona della Trinità di Rublëv viene oggi considerata dalla critica un capolavoro dell'arte mondiale di tutti i tempi, in grado di suscitare ammirazione anche in chi è estraneo alla religiosità.

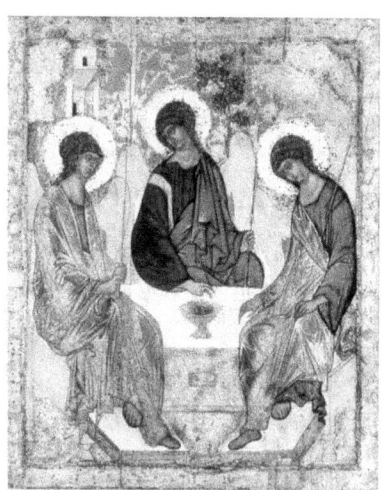

Tutti i mezzi dell'iconografia di Rublëv non superano i limiti dello stile della scuola di Novgorod, e tuttavia, per i contenuti che esprime, essa appare decisamente nuova.

Ad esprimere la perfetta unità delle tre figure contribuiscono i colori dei manti e delle ali, l'uguaglianza degli scettri (segni di potere regale), le stature, lunghissime, dei corpi, l'aspetto e i lineamenti dei volti, così pieni d'interiore serenità.

La diversità dei tre angeli è relativa all'atteggiamento che ognuno di essi assume nei confronti dell'altro. L'oggetto del loro colloquio è evidentemente il calice (che contiene un agnello), posto al centro della tavola.

La tradizione più antica è sempre stata unanime nel vedere nell'angelo di destra (specie per la linea concava del corpo, che designa ricettività) la rappresentazione dello Spirito, e nell'angelo centrale la figura del Padre, che col gesto benedicente della mano indica al Figlio il senso della sua missione.

Si è cercato di spiegare l'attribuzione delle diverse identità anche sulla base dei simboli che sovrastano le tre figure: dietro il Padre l'albero della vita, sorgente da cui tutto nasce; dietro al Figlio la casa-tempio, simbolo di edificazione; dietro allo Spirito la roccia, simbolo di forza interiore.

Inoltre all'inclinazione dei volti dei due angeli (di destra e centrale) si contrappone la lieve inclinazione in senso contrario della testa dell'angelo di sinistra, come se questi volesse raccogliere il movimento di quei volti sommessamente reclinati. L'angelo che rappresenta il Figlio appare incorporeo ed emaciato, ma anche sicuro, pieno di ardire.

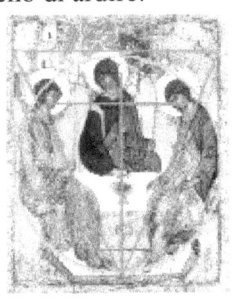

Le forme geometriche della composizione sono ritmiche, perché caratterizzate da molte linee rette e curve che s'intersecano: p.es. il cerchio, simbolo di perfezione o d'infinito, che le stesse figure formano; il triangolo, simbolo di unità e di uguaglianza; la croce, che divide l'icona in due parti simmetriche (pur essendo essa tripartita). In basso la terra è raffigurata da un rettangolo, secondo la concezione del tempo. La pedana su cui gli angeli poggiano i piedi sembra rimandare alla figura dell'ottagono, altro simbolo della terra.

La prospettiva ovviamente è rovesciata e dà un'impressione di grande leggerezza. I contorni esprimono il movimento molto più che i volumi.

Il fatto che le figure non siano esattamente frontali, ma presentate di 3/4, coi volti leggermente obliqui, rende la composizione molto armonica ed elegante.

Le acconciature, sontuose, sottolineano la fragilità e la finezza dei volti una purezza antica, che ricorda il mondo classico.

L'ombra è totalmente assente. Ogni parte dell'icona sembra vivere di luce propria. Il tono di fondo è quello splendente dell'oro pallido o della segale matura.

Riflessioni sull'icona della Trinità

Guardando questa icona due riflessioni s'impongono.

Anzitutto si ha l'impressione che il Figlio (l'angelo di sinistra) accetti il suo destino (o la sua missione) con *rassegnazione*. Non a caso sulla mensa c'è l'agnello sacrificato. È come se il Padre (l'angelo centrale) gli dicesse: "Ogni cosa ha un prezzo da pagare. La nascita dell'uomo era in un certo senso inevitabile, poiché l'amore non ha confini, ma essa ha un costo: la possibilità del male, frutto della libertà. Essendo un ente libero, l'uomo è libero anche di odiare. Ecco il prezzo che l'amore deve pagare".

Quindi, in un certo senso, si dà per scontato che sulla terra non sia possibile alcuna vera liberazione.

In secondo luogo si ha l'impressione che l'artista abbia voluto attribuire alla *bellezza* un'eccessiva funzione catartica di risoluzione delle contraddizioni della vita. L'estremismo, d'altra parte, è tipico dei russi, che non riescono ad avere, anche a causa del loro continuo alternarsi tra individualismo e collettivismo, un rapporto equilibrato con la vita.

Con Rublëv l'iconografia russa raggiunge il suo apice, ma, nel distaccarsi dai canoni bizantini (per quanto il criterio della bellezza lo potesse permettere, senza stravolgere il significato etico dell'iconografia classica), essa inaugura, subito dopo, il suo inesorabile declino.

Restiamo alla questione della bellezza. I volti degli angeli, specie in virtù dell'acconciatura dei capelli, tendono di più verso il genere femminile che maschile. Chiediamoci: perché Rublëv non si è limitato a rendere femminile solo la figura dello Spirito, che proprio nella teologia russa tende a indicare il lato femminile della Trinità? Perché utilizzare tre angeli, senza sesso, per descrivere l'amore assoluto? La perfezione spirituale dei tre angeli è come disincarnata, fortemente idealizzata. Questa icona difficilmente avrebbe potuto inaugurare una scuola artistica.

Rublëv pare abbia avuto la consapevolezza che l'ideale religioso di per sé non avrebbe potuto risolvere le contraddizioni del suo tempo se non si fosse unito a qualcos'altro (nel suo caso questo "altro" fu il senso del *bello*).

Il fatto è che col crollo di Costantinopoli finisce anche l'utopia cristiana di realizzare un mondo migliore in nome della fede. Quel che viene dopo è pura decadenza della chiesa, ortodossa e cattolica, e in Russia vi fu soltanto un breve periodo di esultanza in cui si credette che Mosca potesse diventare la "terza Roma". Fu un fuoco di paglia. L'esperienza russa della fede non ha aggiunto nulla di sostanziale a quella bizantina.

Un'alternativa alla teologia bizantina è sorta nel nascente pensiero *laico*, il quale però, siccome ha avuto una connotazione tipicamente *borghese*, non può essere considerato un'alternativa per tutti praticabile.

Un'altra alternativa al pensiero religioso è stata posta dal pensiero *socialista e comunista*, ma anche questo, avendo misconosciuto il valore della libertà, della persona, dell'umanesimo, ha finito per fare il gioco di una religiosità decadente.

Altre opere di Rublëv

Dmitrij Solunskij (part.). Dipinta nel 1405. La snellezza, la morbida grazia differenziano il giovane Dmitrij dalle severe e grandiose figure di Teofane il Greco. I tratti del volto pensieroso sono fini e gentili. È un tipo russo, non orientale.

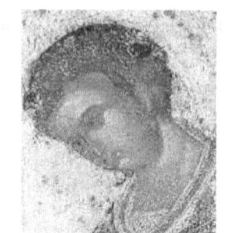

La Vergine (part.). Dipinta nel 1408. L'esile Madonna s'inchina davanti al Cristo. Il suo aspetto è pieno di dolore e di silenzio. La grazia femminile è sottolineata dalle fluenti linee della testa e delle spalle, che conferiscono a tutta la figura leggerezza e raffinata eleganza.

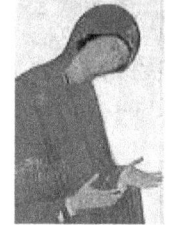

Il Giudizio Universale: il Salvatore in gloria (part.). Dipinta nel 1408. Paludato d'oro, in un atteggiamento pieno di forza e di slancio, il Cristo fluttua libero e leggero in una mandorla azzurra. Sfiorando col piede il cerchio, è come se ne uscisse, rendendo la figurazione satura di movimento.

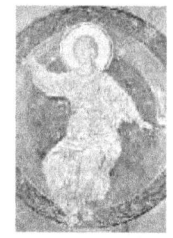

Il Salvatore in gloria (part.). Dipinta nel 1408. Il Cristo figura qui come seconda persona della Trinità. È assiso su un trono invisibile, iscritto in figure geometriche che racchiudono i volti alati delle intelligenze incorporee e i simboli degli evangelisti.

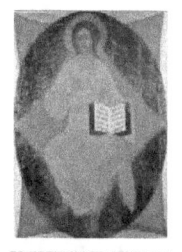

Il Pantocratore (part.). Dipinta tra il 1410 e il 1420. Incarna l'immagine ideale del Cristo russo. La sua bellezza e baldanza sono tipicamente russe e nel suo aspetto tutto è finemente tracciato.

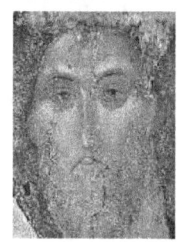

L'arcangelo Michele (part.). Dipinta tra il 1410 e il 1420. Nella lirica pensosità dell'arcangelo s'indovinano una dolce malinconia e la contemplazione del sublime.

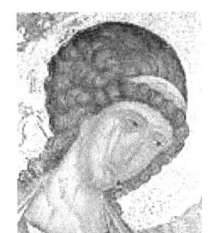

Giovanni Battista (part.). Dipinta tra il 1410 e il 1420. L'immagine è piena di calma e di concentrazione. Le sopracciglia diritte, ravvicinate alludono alla tensione del pensiero. La contemplazione è interpretata da Rublëv come rigida ascesi.

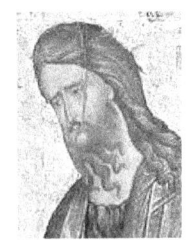

L'apostolo Paolo (part.). Dipinta tra il 1410 e il 1420. Per Rublëv l'apostolo è considerato come "saggio maestro d'amore", come ideale umano universale del pensatore.

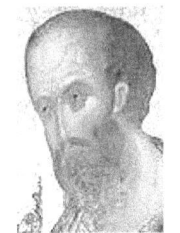

L'icona della natività

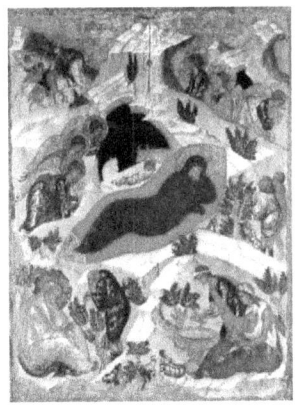

Lo schema della composizione di tale icona russa risale ai secoli III-IV. L'iconografo russo, Andrej Rublëv, che la dipinse a Mosca, intorno al 1420, ha suddiviso le diverse scene in tre fasce orizzontali che si ordinano intorno al centro dell'immagine, costituito dalla figura di Maria e del Cristo neonato.

Il paesaggio che fa da sfondo alla scena della natività, nelle icone bizantine e slave, è roccioso e brullo, quasi tutto occupato da una grande montagna, a significare che il messia è nato in un mondo arido e freddo e quindi ostile. Lo stile a balze della prospettiva bizantina qui è molto evidente.

Dalla montagna, o comunque dalla parte alta dell'icona, un fascio di luce che comprende in sé la stella che guida i Magi, scende come per illuminare l'oscurità della caverna che si apre nel centro della montagna, e si suddivide in tre raggi che intendono manifestare il Dio uno e trino.

Sempre in alto si scorgono i re magi, a cavallo, che rappresentano i giusti che, pur estranei al popolo di Israele, saranno compresi nel nuovo regno messianico. La tradizione iconografica attribuisce loro come caratteristica costante un aspetto giovanile, adulto e senile, riproducendo in una unica sintesi visiva le tre età dell'uomo.

La stessa grotta si staglia scura e buia come fosse un inferno dove splende la luce della salvezza. Dentro la grotta vi è un bambino il cui corpo ha le proporzioni di quello di un adulto, ed è avvolto come se fosse già morto e sepolto in una mangiatoia a forma di tomba. Il neonato ha la testa sull'asse verticale individuato dal raggio della stella.

Dentro la grotta due simboli ricavati dai vangeli apocrifi: il bue e l'asino (in realtà un cavallo, perché l'asino in Russia era sconosciuto). Secondo gli autori cristiani essi raffigurano la parola del profeta Isaia: "*Il bue conosce il suo proprietario e l'asino la greppia del suo padrone; Israele invece, non comprende, il mio popolo non ha senno*" (Is 1,5) e simboleggiano quindi i Gentili.

Maria spicca per le sue proporzioni ed è collocata al centro della scena, distesa nel riposo, come ogni donna che ha dato alla luce il figlio - una posizione che serve a sottolineare il realismo dell'incarnazione - ma ha lo sguardo mesto, preoccupato, rivolto non verso il bambino, ma verso il destino di dolore che attende lei e lo stesso figlio, o comunque rivolto verso i pastori, simbolo dell'umanità non in grado di capire la venuta del messia, a differenza degli angeli, le cui proporzioni sono di molto superiori a quelle dei pastori, pur essendo sullo stesso asse (in altre icone però ha lo sguardo rivolto verso Giuseppe). Maria è distesa su di un manto rosso fuoco, intessuto d'oro, simbolo del sangue e della vita, mentre la forma a mandorla simboleggia lo spirito. Gli altri personaggi sono sistemati a raggiera. Le classiche tre stelle sul suo manto regale rappresentano la verginità prima, durante e dopo il parto, secondo la tradizione cristiana.

Giuseppe è seduto, appare in preda a tristi e angosciosi pensieri, che gli vengono suggeriti da un demone travestito da pastore: sono i pensieri relativi alla legittimità del figlio che gli è appena nato, in quanto lui è convinto di non esserne il padre. I vangeli apocrifi si dilungano dettagliatamente sui dubbi e sulle reazioni incredule di Giuseppe davanti al concepimento di Maria, e anche il vangelo di Matteo lo dipinge mentre è in preda all'incertezza (Mt 1,19).

La tradizione dà al pastore-diavolo il nome di Tirso (*thirsos*), che è anche il nome del bastone di Dioniso, dei satiri e delle baccanti, che non fu capace di germogliare, tant'è che le parole del pastore sarebbero: "Come questo bastone non può produrre fronde, così un vecchio come te non può generare e d'altronde una vergine non può partorire".

Al suo fianco però viene dipinto un alberello germogliato, che rappresenta la profezia di Isaia (11,1s.): "Un rampollo nascerà dal tronco di Jesse, un virgulto spunterà dalle sue radici", la quale, tra l'altro, si rifaceva alla verga secca e scortecciata di Aronne che poté germogliare (le allusioni alla procreazione sono evidenti).

Delle due donne intente a prestare le prime cure al neonato, una - secondo gli apocrifi - fu punita dal cielo che le inaridì la mano, avendo dubitato della castità di Maria; secondo altre tradizioni sarebbe la levatrice Salome.

Secondo il *Libro armeno dell'infanzia* la donna che tiene in braccio il bambino è addirittura Eva la progenitrice, reintegrata nella sua antica dignità per la venuta del messia. Il suo gesto è prefigurazione del battesimo, sacramento in cui il discendere nell'acqua e il risalirne simboleggia la discesa agli inferi e l'uscita da questi (Rm 6,1-4). La piccola vasca ha la forma di un fonte battesimale e l'acqua che cola dalla brocca brilla come l'oro.

Infine in tutta la scena ricorrono elementi vegetali e animali: alberi e arbusti, pecore e agnelli, talvolta un cane. Tutti hanno lo sguardo rivolto verso l'alto come i pastori. Essi esprimono lo stupore del creato in quel momento prodigioso, così come viene descritto in un brano tra i più poetici dei vangeli apocrifi, il protovangelo di Giacomo:

"Io, Giuseppe, cercavo di camminare e non mi muovevo. Guardai verso il cielo e vidi che era immobile e verso l'aria e vidi che era piena di stupore e gli uccelli del cielo fermi nel loro volo. E vidi che sopraggiungevano delle pecore e le pecore restarono immobili. E guardai verso la riva del fiume e vidi dei capretti e la loro bocca piegata sull'acqua e non bevevano. E tutto, in un momento, riprese il suo corso normale."

Viceversa nell'affresco di Giotto, *Natività*, presso la Cappella degli Scrovegni (Padova), sono scomparsi tutti i riferimenti di significato teologico presenti nell'icona classica del mondo slavo-bizantino, e l'avvenimento storico del natale del Cristo è stato ridotto a fenomeno naturale: la nascita di un bambino, in cui l'importanza dei protagonisti umani si confonde con quella degli animali, all'interno di un contesto spaziale il cui significato non va oltre le pareti che lo delimitano.

Fonti

I testi fondamentali cui si è fatto riferimento sono:
M. Alpatov, *Andrej Rublëv*. Istituto Editoriale Italiano, Milano, 1962.
V. N. Lazarev, Andrej *Rublëv*, Milano, Edizioni per il Club del Libro, 1966.
V. N. Lazarev, *L'arte russa delle icone*, ed. Jaca Book, Milano 1996.
V. Ivanov, *Il grande libro delle icone russe*, ed. Paoline, Roma 1987.
P. N. Evdokimov, *Teologia della bellezza*, ed. Paoline, Roma 1981.
E. Trubeckoj, *Contemplazione nel colore. Tre studi sull'icona russa*, ed. La casa di Matriona, Milano 1977.
Contrario all'interpretazione di Evdokimov è N. Greschny, *L'icone de la Trinité de Rubljov*, ed. Lion de Juda, 1986.
A. Vetelev, *La teologia della "Trinità" di Rubljov*, in "Russia cristiana", n. 137/1974.
I F.lli Fabbri ed., nella collana "I maestri del colore", hanno stampato nel 1966 una rassegna delle opere di Rublëv.
Da questo libro: A. Tarkovskij, *Andrej Rubljov*, ed. Garzanti, è stato tratto l'omonimo film. Ma vedi anche, A. Končalovskij - A. Tarkovskij, *Rublëv, il pittore di icone. Romanzo cinematografico*, ed. Maggioli.
La Galleria Tretjakov può essere visionata, in lingua italiana, nel volume di V. Volodarskij, presso le ed. Progress 1977 di Mosca.
Di carattere più generale si consiglia, E. Sendler, *L'icona, immagine dell'invisibile. Elementi di teologia, estetica e tecnica*, ed. Paoline, Roma 1989; H. e M. Schmidt, *Il linguaggio delle immagini. Iconologia cristiana*, ed. Città Nuova, Roma 1988; E. Panofsky, *Il significato delle arti visive*, e *Studi di iconologia*, entrambi dell'ed. Einaudi; E. Gombrich, *Immagini e simboliche*, ed. Einaudi (pp. 3-37); M. G: Muzj, *Trasfigurazione. Introduzione alla contemplazione delle icone*, ed. Paoline, Roma 1988; P. Evdokimov, *L'ortodossia*, ed. Il Mulino, Bologna 1966 (pp. 312-337).
Nella rivista "Rassegna sovietica" (4/1983) si può trovare l'art. di V. Nikol'skij, *Storia dell'arte russa*, in cui si parla di Rublëv.
Nella rivista "Il Corriere dell'Unesco" un importante contributo su *Kiev, 1500 di cultura* (n. 4/1982).
Più in generale, nella rivista "Oriente cristiano" il saggio *Svilup-*

po e prestigio delle icone alla fine del Medioevo, di T. Velmans (n. 1-2/1982), l'intervento di P. Gianfriddo, *L'icone* (n. 1/1983) e quello dell'archim. Daniele (Gelsi), *Le icone, evocatrici dei misteri liturgici* (n. 2/1983).

Un'interessante monografia sulla storia della Russia si può trovare presso la Giunti, J. P. Arrignon - F. Guida, *La Russia ha mille anni* (inserto allegato alla rivista "Storia e Dossier", n. 15/1988).

Sull'argomento specifico della iconografia italiana si rimanda al vol. *L'Altomedioevo* (della serie "Pittura in Italia"), ed. Electa 1995 (in particolare l'intervento di Anthony Cutler).

Tra i classici, G. Damasceno, *Difesa delle immagini sacre*, ed. Città Nuova, Roma 1983.

Si vedano anche:
Shen Dali; Chun Dong, *Andrej Rublëv e Ferdinando Ambrosino*, 2006, Spirali.
Maksimov Vladimir, *Rublëv e Malevič*, 1992, Spirali.
Del Serra Maura, *Andrej Rublëv. Dramma in sei scene*, 2000, Le Lettere.
Iconografia dell'anima. Voci dal grande eremo russo. I grandi monaci di Optina Pustyn', 2007, Paoline Editoriale Libri.
Puppi Lionello, Predbrazenskij Aleksandr, *Il tempio, il palazzo, la città nell'icona russa*, 2006, Terra Ferma.
Storia dell'icona in Russia, 2000-2001, La Casa di Matriona.
Santi nell'icona russa, 2008, Matteo.
Domini Donatino, *Ravenna e la sua immagine. Iconografia urbana e paesaggio naturale dal mondo antico al XX secolo*, Longo Angelo.

Le pretese di Giotto

In Italia, le ultime tracce della cultura bizantina si conservarono soprattutto nella pittura religiosa, che venne rivoluzionata da Giotto di Bondone (1267 ca – 1337). Il maggior centro della cultura bizantina, in tutta l'Europa occidentale, era Venezia, dove si cercava di modificare quella tradizione iconografica restando però fedeli, in linea di massima, a certe regole stilistiche fondamentali. Invece in Toscana il superamento fu netto, sia a livello formale che di contenuto.

Giotto s'inserisce in una tradizione ben precisa, che trova il massimo di compromesso possibile fra la salvaguardia dei canoni bizantini e le esigenze di modernità della borghesia: quella di Cimabue, che aveva esasperato a tal punto la maniera orientale di dipingere da rendere inevitabile, con Giotto, il suo definitivo eclissarsi.

In effetti, la pittura bizantina italiana del XIII sec. rappresentava, agli occhi della borghesia e di quella generazione di artisti sorti in ambito borghese, un passato troppo remoto perché valesse la pena conservarlo limitandosi a modificarlo, riattualizzandolo, in alcune sue parti (come appunto aveva fatto Cimabue). L'esigenza che s'imponeva era quella di una revisione radicale e totale dei canoni iconografici tradizionali.

Il processo di svecchiamento di questi canoni fu in Occidente molto lento, perché la pittura di icone era un'arte molto antica e complessa (alcuni studiosi ritengono che le sue origini risalgano alle maschere funebri egizie): essa implicava non solo una grande perizia tecnica ma anche un'alta spiritualità da parte dell'iconografo (in Oriente il valore di ogni opera pittorica era relativo al modo come essa sapeva conservare la memoria del passato).

Nell'Italia caratterizzata, più di ogni altra nazione europea, dallo sviluppo mercantile dei rapporti di produzione, tale pittura rappresentava la conservazione di rapporti sociali anacronistici, basati sul predominio delle classi possidenti e aristocratiche. Lo stesso potere religioso continuava a servirsi di quella pittura in contrasto con il suo progressivo distacco dalla tradizione e dalla teologia bizantina. Se ne serviva non tanto perché credesse nel suo valore artistico, quanto perché nessun'altra pittura era in grado di reggere il confronto.

Esisteva quindi una duplice antinomia: una fra pittura bizantina e prassi borghese, un'altra fra pittura bizantina e teologia cattolica. La chiesa romana temeva che un mutamento improvviso di genere artistico potesse compromettere la sua stabilità, ma ben presto si renderà conto (grazie appunto all'impresa di Giotto, ideologica e, guarda caso, economica) che un rinnovamento del genere avrebbe potuto contribuire proprio a tale stabilità.

Per superare la tradizione orientale, Giotto recuperò le tradizioni latine naturalistiche dell'Occidente, dando ad esse una significato conforme agli interessi della piccola e media borghesia dell'epoca signorile (affreschi di Assisi). Per poter imporre la sua ricerca, egli approfittò del momento in cui la curia romana commissionò i lavori per la decorazione della basilica superiore di Assisi.

All'inizio i lavori vennero eseguiti da alcuni famosi pittori d'ispirazione bizantina, come Cimabue, Duccio, Torriti e altri pittori romani. In seguito, nonostante l'avversione dei seguaci più intransigenti degli ideali francescani di umiltà e povertà, e con l'appoggio di coloro che volevano l'ordine regolare maggiormente inquadrato nell'azione politico-religiosa della curia, Giotto ebbe il nulla osta definitivo. Addirittura fruì della possibilità di diventare unico protagonista del nuovo ciclo, per la parte inferiore della navata, in virtù dell'iniziativa spregiudicata del nuovo generale dei Francescani.

La serie giottesca delle storie di Francesco non ha carattere biografico o agiografico, ma concettuale e dimostrativo, pur nel rispetto convenzionale delle fonti storiche e leggendarie dell'epoca. La bellezza della sua arte - dirà giustamente il Petrarca - si afferma più coll'intelletto che con gli occhi. Il suo rinnovamento infatti è soprattutto ideologico e, in questo senso, va considerato superiore a quelli avvenuti nell'architettura e nella scultura di quel periodo.

Francesco, nei dipinti di Giotto, non ha l'umiltà disarmante ritratta dal Cimabue, né quel carattere di "unicità" che si riscontra nei pittori della scuola bizantina italiana; egli è piuttosto una persona piena di dignità e autorità morale (la cui azione riformatrice trova un riflesso anche sul terreno politico-istituzionale, in quanto il papato è visto da Giotto come suprema garanzia di ortodossia del movimento francescano). Francesco è in sostanza un riformatore etico-religioso della chiesa, legato a un grande e pacifico movimento, senza quelle pretese politico-eversive che la curia ovviamente non avrebbe mai potuto accettare. Non è un uomo che rifiuta le norme sociali del convivere borghese proponendo una concezione di vita alternativa, ma è un uomo che si sforza di rendere più accettabile, più umana, la stessa vita borghese.

Nella *Rinuncia ai beni paterni* Francesco appare come se fosse già stato accettato dalla chiesa e, in mezzo agli astanti borghesi, solo il padre (appunto in quanto "padre" e non anche in quanto appartenente a una "classe") si scandalizza. La borghesia cioè sembra già essere consapevole, proprio come la chiesa, che Francesco non sarebbe mai stato un rivoluzionario. Essa era già convinta che la sua scelta di povertà sarebbe stata fatta a titolo individuale, solo sul piano morale, per cui non avrebbe implicato alcun mutamento sociale. Le ambiguità dello stesso movimento francescano potevano facilmente indurre a formulare un'interpretazione del genere. Nel *Presepe di Greccio* l'intesa fra chierici e notabili è ancora più evidente.

Nel *Dono del mantello al cavaliere povero* non v'è traccia della povertà. Il gesto è del tutto isolato. Il postulante non sembra affatto povero e neppure Francesco. Il paesaggio, sullo sfondo, è borghese ed ecclesiastico: i due poteri, che convivono in una felice sintesi, convergono entrambi nella figura centrale del santo. Lo spazio, alla sua sinistra, è stato riempito in maniera infelice da un cavallo a grandezza naturale, che sminuisce l'importanza del santo. Il gesto caritatevole di Francesco peraltro è rituale, formale, quasi dovuto o doveroso, non è spontaneo e neppure nasce da esigenze sociali visibili. Francesco è senza discepoli, al centro, a testimonianza che l'esperienza religiosa borghese può essere vissuta anche in modo del tutto individuale.

Giotto infatti ha esaltato l'individuo singolo, legato alla natura, alla storia, alla quotidianità dei rapporti borghesi e, paradossalmente, ha finito col privilegiare il contesto spaziale, la costruzione geometrica, lineare, prospettica. Le parti più importanti e difficili non sono le figure o le teste dei protagonisti ma particolari secondari, decisivi però ai fini della costruzione spaziale.

Tutte le sue innovazioni tecniche e stilistiche volevano essere in funzione anti-bizantina: dalla visione plastica realizzata mediante il chiaroscuro, al rapporto tridimensionale delle forme rispetto allo spazio, dall'equivalenza tra figure e natura, alla subordinazione del colore al disegno... Giotto non concesse nulla ai colori vivaci della tradizione orientale, anzi decise di abolire la "luce" (espressa con l'oro), sostituendola con la profondità dello spazio. La sua visione insomma è plastico-spaziale.

La pittura bizantina esprimeva, in chiave profetica, il distacco dalle cose terrene per un ideale irrealizzabile nel mondo; la pittura giottesca invece aspira a realizzare una riconciliazione tra ideale e reale in nome delle esigenze di rinnovamento della borghesia. In luogo della simbologia Giotto preferisce il realismo, in luogo della mistica spiritualità il materialismo e il razionalismo.

Questo rinnovamento, di per sé, va considerato positivamente, almeno fino a quando lo sviluppo borghese della società presenta dei tratti progressivi. In effetti, non fa problema che Giotto, alla subordinazione dei personaggi religiosi rispetto all'insieme architettonico del tempio, abbia sostituito la subordinazione di tali personaggi alla società del loro tempo: il problema semmai subentra allorché le contraddizioni della società borghese diventano così acute da richiedere un'alternativa reale. Ecco, se in questo senso si può tranquillamente affermare che Giotto ha saputo togliere all'esperienza religiosa la sua presunta alternatività alla prassi borghese; non si può però dire con altrettanta certezza ch'egli abbia anche saputo individuare un'alternativa *laico-umanistica*, veramente credibile, a tale prassi.

Sin dall'inizio egli ha pensato di fare dell'esperienza francescana una proposta di vita meno esigente di quella che in effetti fu, e più alla portata della borghesia. Francesco infatti assume le sembianze, nella sua pittura, non di un portavoce degli oppressi, ma di un mediatore fra masse e potere, ufficialmente riconosciuto sia dal clero che dalla borghesia. Quel "poverello d'Assisi" divenuto tale proprio in seguito a una polemica anti-borghese, che pur mai si radicò in un'opposizione politica esplicita (come ad es. in un Arnaldo da Brescia), si trasforma nella pittura di Giotto in un'istituzione che legittima, seppure dal punto di vista moralistico della piccola borghesia, la società divisa in classi. In pratica la pittura di Giotto poteva benissimo diventare uno strumento utile alla grande borghesia e alle classi egemoni, strettamente legate al potere della chiesa, affinché le classi medio-basse, dopo decenni di dura lotta politico-religiosa condotta dai movimenti ereticali, riconvergessero verso le istituzioni.

La particolare grandezza di Giotto sta quindi nell'aver saputo superare la crisi della pittura bizantina, che in Occidente (e soprattutto nell'Italia del Duecento) non rispecchiava più in modo adeguato le caratteristiche dell'esperienza socio-religiosa della borghesia, divenuta classe egemone in molte città e signorie italiane. Egli ha saputo perfettamente riflettere, a livello artistico, la progressiva laicizzazione della religiosità tardo-medievale, ponendo così le basi di tutta la pittura moderna.

Tuttavia, il suo realismo e il suo naturalismo umanistico non hanno mai raggiunto l'altissima profondità ideale e spirituale della migliore pittura bizantina, né sono mai riusciti a evidenziare una reale alternativa laica alla concezione di vita borghese. Giotto ebbe la pretesa di "umanizzare" o "laicizzare" la religione, adeguandola alle esigenze della borghesia, ma non è riuscito ad essere coerente con questa sua pretesa: non tanto perché si limitò a dipingere unicamente soggetti religiosi (allora era inevitabile), quanto perché non è riuscito ad andare sino in fondo nel suo originale tentativo di modernizzazione.

Lo dimostra il ritorno (seppur limitato) ai moduli bizantini nel soggiorno padovano, ove egli s'accorge che la sua rivoluzione era suscettibile di una strumentalizzazione politica da parte del potere borghese ed ecclesiastico. Egli a Padova (che era influenzata dalla tradizione bizantina di Venezia) mira a superare, ma invano, quella strumentalizzazione accentuando gli aspetti patetici, lirici, sentimentali della propria pittura. In questo periodo fu molto sentito il suo rapporto con Dante, anch'egli profondamente deluso dagli atteggiamenti della classe borghese fiorentina.

A Padova insomma c'è già la sfiducia nei confronti dell'agire borghese; c'è già, in nuce, la crisi del Trecento, ovvero il progressivo rinchiudersi dell'intellettuale e dell'artista borghese nel lirismo soggettivo, aristocratico, lontano dalla storia, dalle vicende concrete del movimento urbano.

L'ottimismo epico espresso ad Assisi, sconfitto dalla prosaicità della prassi borghese, si tramuta, nelle pareti della Cappella degli Scrovegni con le storie della Madonna e del Cristo, in uno sconsolato e tragico pessimismo. Il suo capolavoro è il *Compianto su Cristo morto*, dove disperazione e rassegnazione, pur nella compostezza dei gesti, appaiono totali. Nella *Pentecoste* il fallimento dell'ideale è così evidente che l'edificio ecclesiastico s'impone di prepotenza sugli apostoli, li schiaccia, li comprime, alcuni di loro vengono addirittura nascosti. La Pentecoste avviene all'interno di un'istituzione già ben definita, chiusa.

Nel *Bacio di Giuda* Gesù sembra che "debba" essere tradito e che la sua volontà si realizzi proprio nel rispetto del destino che gli è stato riservato. La sua estrema compostezza e rassegnazione lo indica. Tutto il resto conta poco, è puramente coreografico. La figura centrale non è Cristo ma Giuda, non è il "bene" ma il "male", non è la "speranza" ma la "disperazione", proprio perché il "bene" non può trionfare su questa terra e Pietro che recide l'orecchio di Malco appare come un illuso. Il gruppo di guardie che catturano Gesù è fermo, compatto, tranquillo, sicuro di vincere: ad esso si oppone soltanto l'incredibile imperturbabilità del Cristo.

La riconciliazione di Giotto con la realtà meschina, gretta, della borghesia, si manifesta pienamente a Firenze, negli affreschi di Santa Croce (cappella Peruzzi e Bardi). Il compromesso fra istituzioni e lirismo (vedi anche l'incarico ricevuto da Bonifacio VIII per l'affresco del Giubileo) è cercato da Giotto come una necessità, certo non come un'esigenza.

Questa volta a Francesco viene riservato lo stesso destino che a Padova egli riservò al Cristo. Nelle *Esequie di s. Francesco* appare chiaro che le istituzioni sono interessate solo a servirsi del "fenomeno", del personaggio singolare (un esponente del potere verifica addirittura l'autenticità della stigmata nel costato), mentre i discepoli ne compiangono amaramente la morte (fra gli stessi discepoli si distingue chiaramente il gruppo di quelli che piangono dal gruppo di quelli che accettano con tranquillità la morte del santo). D'altra parte Giotto non ebbe mai nulla a che fare col movimento francescano degli Spirituali ma solo con quello dei Conventuali, il potente ordine di frate Elia.

Che Giotto fosse un artista abilissimo nei suoi affari era noto: "fu forse l'unico artista fiorentino del Trecento che abbia saputo diventare veramente ricco" - ha scritto Antal. Affittava telai a tessitori troppo poveri per procurarsi questi strumenti e ne traeva un profitto annuo del 120%, aggirando così l'accusa d'essere un usuraio. E siccome operava anche come mallevadore di prestiti, procedeva subito per vie legali, se il debitore non era in grado di pagare: nel solo 1314 si valse di sei legali in atti contro debitori morosi o insolventi. Era di continuo occupato nell'esazione di crediti, lui che proveniva dalle ristrettezze del mondo rurale.

*

L'alternativa alla pittura simbolica bizantina non poteva essere quella realistica di Giotto e dei suoi seguaci rinascimentali, non tanto perché "realistica", quanto perché d'un realismo "borghese". Alla profondità dello spirito umano espresso in forma religiosa (e quindi alienata o illusoria) non poteva essere sufficiente opporre la prospettiva, il chiaroscuro, il realismo delle fattezze umane, il gioco dei volumi... e più tardi la tridimensionalità. L'iconografo non intendeva trasporre in colori delle fattezze naturali, né rappresentare in maniera veridica una scena di questo mondo; gli interessava invece una rigorosa bidimensionalità delle figure, in una prospettiva generalmente inversa (dove le figure più importanti sono sempre più grandi), e la luce la faceva piovere appositamente da uno sfondo dorato, per dare ai personaggi un senso di misticismo: l'icona voleva esprimere pittoricamente un'esperienza trasfigurata, ed era quindi su questa esperienza che bisognava cercare di trovare un'alternativa convincente.

Nella pittura moderna l'uomo ha smesso di guardarsi e ha cominciato a guardare la realtà a lui esterna in maniera matematica, geometrica, spaziale, in cui prima si disegnano le linee rette, oblique, perpendicolari, trasversali, parallele del contenitore... e solo dopo le fattezze umane, il contenuto.

L'umano perde di valore, di dignità, non è affrontato più per quello che è. L'umano acquista valore solo nella misura in cui è vestito, anzi travestito, perché incapsulato in una dimensione architettonica, spaziale, che lo sovrasta, lo schiaccia, lo rende una parte nel tutto e non il tutto presente in ogni singola parte.

Prima era il dipinto che guardava lo spettatore e cercava di coinvolgerlo, interrogandolo sommessamente. Ora invece è lo spettatore che guarda il dipinto e solo per cercare una conferma di sé, di quel che già è.

La pittura di Giotto pretendeva rappresentare l'uomo per quello che è, ma quello che è, è borghese, ed è un uomo con ideali umanamente poveri, perché di parte, di una classe sociale, non sono ideali universali, autenticamente popolari.

Prima, nell'iconografia, l'umano veniva rappresentato per quello che avrebbe dovuto essere e che non riusciva ad essere, se non in misura molto limitata. Si rappresentava non l'umano ma *l'idea di umanità*, l'ideale cui tendere, ed era un ideale religioso, sospiro della creatura oppressa, sognatrice.

Gli sguardi profondi delle icone erano un ideale da raggiungere e irraggiungibile, un compito etico e insieme la consapevolezza di un'impotenza. Alla fine, nella realtà, erano un modo illusorio di compensare le frustrazioni della vita sociale, dominata dai conflitti di classe.

Gli sguardi vuoti, ambigui, biechi, ammiccanti, narcisisti dei soggetti borghesi sono di un realismo di basso livello, in cui ci si può riconoscere soltanto pensando che la vita non ha nulla di edificante da trasmettere.

Compianto del Cristo morto

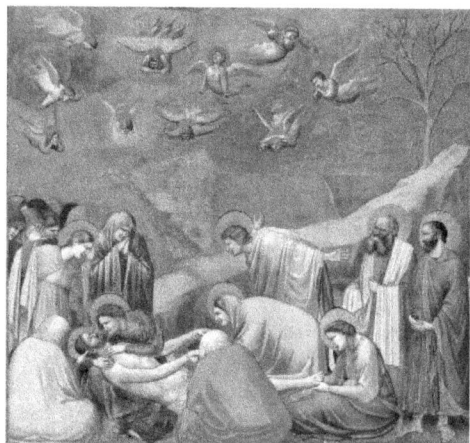

1303-05, Padova, Cappella degli Scrovegni

Il Compianto su Cristo morto, che fa parte di un trittico di Giotto i cui estremi sono la crocifissione e la resurrezione, è sempre stato considerato dai critici d'arte uno dei vertici dell'arte occidentale di ogni tempo, il capolavoro che più di ogni altro giustifica la definitiva rottura degli obsoleti schemi bizantini, che in raffigurazioni analoghe non rappresentavano mai gli aspetti soggettivi del dolore in maniera così drammatica.

Il tema stesso della *deposizione* è, a dir il vero, come d'altra parte tutti quelli di tipo "dolorifico", più tipico della tradizione occidentale che non di quella orientale, in quanto i bizantini preferivano trattare quello della crocifissione visto in chiave giovannea, cioè come trionfo sulla morte, e quello della resurrezione visto come discesa agli inferi per la predicazione del vangelo alle generazioni precedenti quella del Cristo, a partire da Adamo ed Eva.

Non era ignoto tuttavia agli iconografi bizantini il tema della *deposizione*, come documenta p.es. questa icona, che sul piano dell'intensità emotiva non è certo inferiore a quella di Giotto.

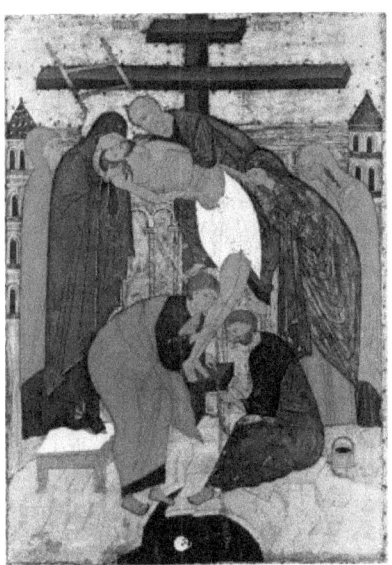

La deposizione dalla croce
Scuola del Nord, sex XV
Mosca, Galleria Tret'jakov

La rivoluzione di Giotto è la conseguenza grafica di quella rivoluzione filosofica compiuta nelle università occidentali passata alla storia come "riscoperta dell'aristotelismo".

A partire da quella riscoperta la teologia cattolico-romana avverte con sempre maggiore urgenza di porsi in maniera "catafatica", mostrando razionalmente ciò in cui crede. La ricerca di prove sull'esistenza di dio pare inversamente proporzionale all'esperienza fattiva di questo dio. L'arte in generale e quella pittorica in particolare seguono lo stesso criterio, anche se in gioco non vi sono tesi da dimostrare ma situazioni emotive da raffigurare, sensazioni da suscitare.

Nel *Compianto* tutti piangono disperatamente, come se in questo modo l'autore volesse suggerire allo spettatore, che vuole partecipare alla rappresentazione scenica, l'atteggiamento di mestizia e afflizione che deve avere nei confronti di un tale affresco.

La morte in generale e ancor più quella del Cristo viene qui colta come un fatto tragico che sconvolge l'esistenza dell'intero creato (anche gli angeli che lo simboleggiano piangono): è un fatto nei cui confronti tutti i soggetti presenti devono assumere un atteggiamento di stoica rassegnazione. Piangono perché ciò fa parte della natura umana, ma sul piano filosofico accettano la sconfitta della morte cruenta come un fatto inevitabile, cui nessuno poteva opporsi.

La pittura umanistica di Giotto vuole mostrare il dolore per rendere lo spettatore più partecipe. È dunque evidente, in questo modo artistico di rappresentare la crocifissione, la rinuncia a credere che la morte sia stata in realtà una vittoria contro la tentazione dell'arbitrio (in cui cadde p.es. Giuda), contro la violazione dell'umanità dell'uomo (in cui caddero p.es. i figli di Zebedeo quando in Mc 10,35 ss. chiesero al Cristo di entrare da dominatori nella capitale o quando volevano radere al suolo un villaggio di samaritani, in Lc 9,54 s., solo perché non li avevano accolti col dovuto rispetto).

Nelle crocifissioni bizantine lo sconfitto non è Cristo ma chi l'ha crocifisso. Il volto del Cristo è sereno non perché morto (come nell'affresco di Giotto), non perché la morte ha posto fine alla sofferenza, ma perché egli è consapevole di non aver violato alcun principio conforme all'umanità dell'uomo. Sulla croce il Cristo trionfa contro ogni evidenza, mentre nella rappresentazione di Giotto occorre che tutti piangano per rendere meno dolorosa la sconfitta della morte.

Se nelle icone bizantine piangono la madre di Cristo o il discepolo prediletto, è perché essi si rendono conto di non essere all'altezza di ciò che hanno perduto; piangono su se stessi, pur essendo evidente nel vangelo di Giovanni che quest'ultimo avrebbe dovuto continuare l'azione iniziata dal Cristo.

In Giotto invece gli astanti piangono un cadavere senza rendersi conto dei loro propri limiti, di ciò che veramente hanno perduto. Hanno bisogno di mostrare, com'è giusto che sia, il loro pianto disperato, ma, così facendo, Cristo viene ridotto a una persona comune e i sentimenti che si provano sono quelli comuni che si possono avere per una persona cara, un parente, un amico...

Una persona è morta e tutti quelli che lo conoscevano e lo amavano naturalmente lo piangono, ma tutto finisce lì: l'umano ha tolto all'umano la sua profondità di pensiero e di azione e, pur nell'esperienza tragica della morte, lo si è banalizzato. Se non sapessimo che il morto è Gesù Cristo avremmo solo i fori nei piedi per immaginare che è stato crocifisso. La croce infatti è stata ridotta a un albero spoglio e il calvario non è che un roccia informe.

La scena peraltro ha degli aspetti incongruenti anche laddove vengono poste due figure del tutto anonime vicinissime al Cristo e alle altre donne piangenti, ben più famose nelle storie dei vangeli. Ma Giotto l'ha fatto apposta: quei due massi o volumi umani sono anonimi perché devono permettere una facile immedesimazione nello spirito della scena da parte di chi guarda: sono due autentici artifici retorici di grande impatto emotivo. Se il Cristo è diventato un morto qualunque, chiunque lo può piangere. L'artista non tenta nemmeno d'ispirarsi ai vangeli, cioè lo fa solo perché non può farne a meno, giacché l'ideologia dominante glielo impone.

Viceversa, l'iconografia bizantina voleva andare oltre il naturale o l'apparente, voleva esprimere una concezione positiva della vita. La morte del Cristo non andava compianta come una sconfitta ma ammirata come una vittoria, contemplata come un mistero di inusitata grandezza umana. L'accettazione della morte voleva essere un messaggio per continuare la strada intrapresa durante la predicazione in terra d'Israele, che poi la mistificazione dei vangeli si guardò bene dal farla coincidere con l'obiettivo della liberazione nazionale.

In Giotto chi piange lo fa per rassegnarsi ancora di più, per giustificare ancora di più la rinuncia a credere in una vita diversa. È un pianto umano senza prospettive, fine a se stesso: dovrebbe far commuovere ma in tale commozione rende passivi.

L'ammirazione che si prova di fronte all'affresco riguarda aspetti estetici e tecnici, ma non vi sono messaggi propositivi da apprendere, non c'è una pedagogia di vita. Il Cristo è già stato virtualmente imbalsamato. I due intellettuali (Giuseppe d'Arimatea e Nicodemo) ai suoi piedi infatti già lo guardano con distacco. L'unico uomo che piange sul Cristo è il discepolo prediletto, qui raffigurato come un giovincello che ancora non sa guardare le cose con sufficiente distacco, perché si commuove al pari delle tante donne attorno alla salma, che ricordano i funerali recitati in certe località dell'Italia meridionale e, se vogliamo, di buona parte della cultura mediterranea.

L'aspetto trascendente di questa morte pare dettato dai dieci putti che piangono a dirotto: una sorta di iconografia puerile che Giotto si vede costretto a concedere alla teologia dominante, ma che in realtà non ha alcun vero rapporto con la scena principale. Anzi, dal punto di vista della composizione scenica, risultano più significativi la roccia, l'albero spoglio, i monti in lontananza... tutte cose che Giotto ha dovuto in qualche modo sviluppare non avendo rinunciato neppure questa volta all'idea di prospettiva, che solo in apparenza dà un qualche significativo aggiuntivo alla disperazione del pianto.

Il vero protagonista dell'affresco è in realtà lo *spazio*, sapientemente misurato, anzi calcolato al punto che i protagonisti possono muoversi solo al suo interno, come ne fossero prigionieri. I soggetti si sovrappongono a vari livelli: dalle due donne anonime agli angeli incorporei con sguardo umano; l'artista ha aumentato questi livelli artificiosamente, dipingendo delle teste di pie donne senza corpo, allargando le braccia di Giovanni, che quasi toccano la roccia: il tutto per dare un certo effetto di tridimensionalità, come se lo spettatore avesse di fronte a sé una rappresentazione teatrale, in cui però il costone di roccia con l'albero rinsecchito pare svolgere una funzione di mera scenografia, a mo' di disegno posticcio incollato nella parete di fondo.

La varietà gestuale degli angeli sembra una sorta di esercitazione accademica, che probabilmente è stata fatta dai discepoli di Giotto. I critici l'hanno considerata, insieme alle due anonime dipinte di spalle, una vera e propria spregiudicatezza narrativa; se per questo si poteva aggiungere anche il fatto che una delle donne, con la sua aureola e la sua mano, copre i volti di altre due donne, che così risultano del tutto irrilevanti, pur in un momento così tragico, dove l'essenzialità dei personaggi avrebbe dovuto essere la regola. Qui è il concetto di *persona* che viene meno, sostituito da quello di "massa", in cui però le differenze di classe sono ben marcate. Non solo, ma sembra di aver a che fare con una sorta di rappresentazione teatrale, in cui ogni personaggio svolge la sua determinata azione, recitandone la parte.

Un'ultima osservazione vogliamo farla sul costone di roccia, che pare una sorta di linea di compromesso tra l'umano e il religioso e non soltanto un elemento compositivo. È troppo dominante per potergli attribuire una funzione decorativa, e sarebbe riduttivo interpretarlo semplicemente da un punto di vista tecnico, come una soluzione spaziale innovativa. Esso in realtà ha una funzione simbolica, in quanto rappresenta la coscienza cristiano-borghese dell'artista Giotto, che da un lato vorrebbe emanciparsi totalmente dal religioso e dall'altro non se la sente di farlo, perché perderebbe la committenza. Di qui l'idea di tenere separati i campi, lasciando ad altri il compito di una maggiore coerenza.

L'umanesimo borghese ha qui avuto il merito di ridimensionare il lato religioso della vita medievale, con incredibile anticipo rispetto ai tempi, ma a quale prezzo? Giotto ha ereditato il tradimento della teologia cattolica nei confronti di quella ortodossa e ha sviluppato tale tradimento in direzione di una progressiva laicizzazione della concezione di vita, ma la laicizzazione è stata avvolta dall'esperienza di vita borghese, la cui dominanza prevalente è il *formalismo*, l'assenza di tensione ideale che vada oltre la nuda realtà della morte.

I protagonisti dell'affresco piangono perché di fronte a un proprio morto non si può che piangere, ma riescono a fare soltanto questo. Non c'è forza emotiva verso un ideale da realizzare. Qui la storia è stata sostituita da una poesia che solo superficialmente riguarda i destini dell'umanità.

San Francesco dona il mantello al povero cavaliere

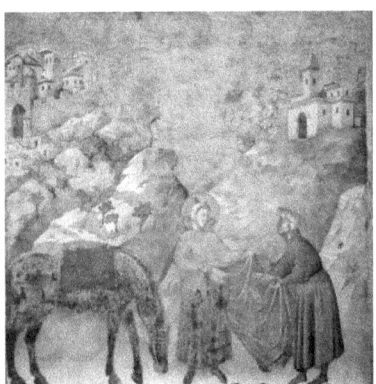

1290-95, Assisi, Basilica superiore di S. Francesco

Il cavaliere non sembra povero (infatti nei *Fioretti* si parla di un "ricco cavaliere", "d'un grande gentile uomo e potente").

Il mantello non viene donato a un "povero" ma a un "povero cavaliere" e, per come la scena è impostata, pare, più che una donazione, una compravendita: è Francesco che porge il mantello al cavaliere o il contrario?

Francesco sta nel mezzo ma risulta meno importante, perché posto dietro, sia rispetto al cavaliere, sia - e questo è curioso - rispetto allo stesso cavallo.

Lo sfondo è esageratamente grande rispetto ai personaggi, come se Giotto volesse farlo apparire più importante dell'azione caritatevole del dono.

Il costone raffigurante la città è molto più elaborato di quello raffigurante la chiesa, che appare statica.

Francesco sembra rappresentare il punto di convergenza di una città borghese, attiva, e di una chiesa sostanzialmente passiva.

Il gesto di Francesco esula completamente dalla religiosità e quindi contraddice il personaggio reale e si pone in una dimensione semplicemente umana, ma riducendo l'umano a un'azione banale (quella appunto del gesto caritatevole). L'unico elemento religioso è l'aureola, che è convenzionale.

Non c'è pathos. Le figure sono schiacciate da una concezione cristiano-borghese dell'evoluzione storica: i poteri istituzionali devono trovare un punto di sintesi o di compromesso nella figura di Francesco che con un gesto caritatevole, umano, esprime il massimo ideale possibile di religiosità borghese.

L'ideale (religioso) francescano non è rivoluzionario e quello umano è *borghese*. I poteri costituiti possono tranquillamente accettarlo.

Questo affresco è intellettualistico, razionale, privo di sentimenti. Le figure sono semplicemente funzionali a una rappresentazione ideologica della realtà, bene espressa dallo sfondo prospettico, in cui il sacro e il profano sono spazialmente divisi e simbolicamente riuniti nella figura di un santo che vuole conciliare gli opposti, accettando la propria strumentalizzazione.

L'eroe di cartapesta chiamato Francesco viene usato da Giotto per affermare un senso borghese della storia: ciò è paradossale, in quanto nella realtà Francesco avrebbe voluto realizzare un ideale anti-borghese.

Rinuncia ai beni paterni

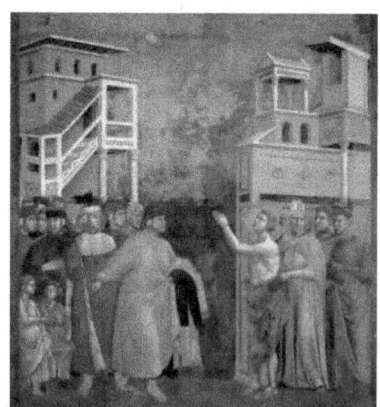

1295-1300, Assisi, Basilica superiore di S. Francesco

Sul piano stilistico-formale la vera novità sta nella parte alta dell'affresco, nettamente divisa da quella bassa dei protagonisti dell'evento, e speculare in senso verticale tra città borghese e chiesa medievale. Giotto rende per la prima volta gli spazi scenici prospettici più importanti dei personaggi, ridimensionati dal peso architettonico dei volumi.

Le figure solo in apparenza contrastano tra loro. Francesco rompe sì con la famiglia d'origine ma non con la concezione borghese di vita cui la propria famiglia appartiene. Infatti dietro di lui lo accompagnano personaggi tutt'altro che umili, anzi, sono rappresentati da un'architettura urbana non meno imponente di quella borghese. Il santo non sembra aver scelto tra una vita borghese e una anti-borghese, ma tra due differenti esperienze di vita borghese.

I membri del clero paiono a disagio: il vescovo non ha neppure il coraggio di guardare il padre e i parenti di Francesco. Sembra cioè che la chiesa, nella sua veste istituzionale, non voglia lasciarsi direttamente coinvolgere nella decisione di rinuncia ai beni paterni presa da Francesco. Teme di perdere i consensi che le offre la borghesia.

Il padre di Francesco è tenuto fermo da un parente, a testimonianza ch'egli rappresenta il materialismo rozzo, volgare, squisitamente affaristico. Egli non si lascia convincere dai motivi religiosi del figlio e neppure dal fatto che la chiesa rappresenti un'autorità istituzionale.

Da notare che nell'affresco a contenuto analogo, dipinto circa nel 1325 nella Cappella Bardi di Santa Croce in Firenze, l'edificio ecclesiastico è del tutto scomparso e i personaggi del mondo religioso appaiono ancora più sconvolti per la scelta operata da Francesco, ancor più preoccupati delle possibili conseguenze che il gesto di questo "folle di Dio" potrebbe provocare da parte del suo parentado borghese.

La rivalità tra una chiesa che vorrebbe conservare i propri poteri e una classe, quella borghese, che vorrebbe averne sempre di più, è persino testimoniato da due bambini che sono lì lì per prendersi a botte.

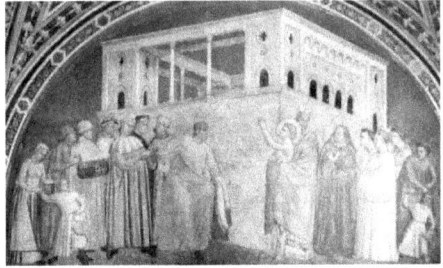

1325, Firenze, Santa Croce, Cappella Bardi

Piero della Francesca

La pictura non è se non dimostrationi de superficie et de corpi degradati o accresciuti nel termine.

Biografia (1416/17 – 92)

Le notizie sulla vita di Piero di Benedetto dei Franceschi, conosciuto come Piero della Francesca, sono molto poche. Suo padre era calzolaio e conciatore, e non si chiamava della Francesca ma de' Franceschi: sono sconosciute le cause del cambiamento del cognome da parte del figlio.

Per anni si è fissata la sua data di nascita, desunta dal Vasari, al 1406, ma un documento del 1439 lo attesta a bottega, come frescante, dell'artista Domenico Veneziano, pertanto Piero non può essere nato prima del 1410: oggi si ritiene tra il 1415 e 1420. Il luogo natio è Borgo Sansepolcro, paesino dell'alta Val Tiberina, non lontano da Arezzo. Nel 1430 Borgo Sansepolcro appartiene al pontefice Martino V.

Proprio a Firenze Piero attende con il maestro Veneziano agli affreschi di Sant'Egidio, raffiguranti le *Storie della Vergine*, di cui restano solo pochi frammenti. Le sue conoscenze degli stilemi artistici fiorentini, delle nozioni prospettiche del Brunelleschi, delle teorizzazioni dell'Alberti, dello studio della luce dell'Angelico e delle geometrizzazioni di Paolo Uccello si formano a Firenze. È anche a contatto con il Beato Angelico, suo mediatore verso Masaccio e Brunelleschi.

Il borgo di Sansepolcro ebbe un ruolo decisivo nelle vicende che portarono alla battaglia di Anghiari. Nel 1438 lo Stato Pontificio ne aveva ripreso possesso, come previsto da un accordo con Niccolò Fortebraccio da Montone, che avrebbe dovuto restituirlo alla sua morte. Tuttavia il borgo venne occupato da Francesco Piccinino, figlio del capitano di ventura Niccolò Piccinino, che, dopo aver servito per un breve periodo sotto la repubblica fiorentina, s'era messo al servizio di Filippo Maria Visconti, duca di Milano (1425). I Piccinino erano parenti di Fortebraccio.

A quel punto Sansepolcro fu presa d'assedio dall'esercito pontificio di papa Eugenio IV, con l'appoggio dei fiorentini. Niccolò corse in aiuto del figlio e Sansepolcro non venne espugnata. Fu per evitare un'ascesa politica e militare di Piccinino e dei Visconti di Milano, che miravano già all'Umbria, che un grande esercito pontificio e fiorentino (con l'appoggio di Venezia) si organizzò e prese posizione nei pressi di Anghiari.

Il 29 giugno 1440, credendo opportuno approfittare della sosta ad Anghiari delle truppe del papa, Piccinino decise di attaccarle prendendole di sorpresa. Fu uno scontro non particolarmente cruento, ma i fiorentini la celebrarono come una vittoria decisiva per impedire al duca di Milano di prendere la bassa Toscana.

La vera battaglia avvenne quando l'esercito milanese puntò decisamente su Anghiari. L'effetto sorpresa fu però rovinato dall'enorme mole delle truppe di Piccinino, che solo a Sansepolcro era riuscito a raccogliere oltre 2.000 uomini, attratti dalle virtù militari del capitano visconteo e desiderosi di fare il sacco ai castellani di Anghiari. Le truppe furono avvistate con largo anticipo sulla via che da Sansepolcro le conduceva alla piccola fortificazione. Lo scontro, durissimo, venne vinto dai fiorentini e Piccinino, richiamato in Lombardia, abbandonò la Toscana quasi immediatamente. Nel 1440 Eugenio IV, riconquistato Borgo Sansepolcro, lo cede a Firenze, dove peraltro, per motivi di sicurezza, s'era dovuto spostare il Concilio ecumenico di Ferrara.

Piero, poco dopo il 1440, lascia per sempre Firenze e nel 1442 a Borgo Sansepolcro si candida alle elezioni come consigliere popolare, facendo così capire di non amare molto le corti né di Firenze né di Roma (ad esse infatti preferirà sempre quelle di Umbria, Romagna e Marche). In particolare alla corte urbinate di Federico da Montefeltro, dove soggiornò a più riprese, a partire dal 1445, Piero con la sua nuova concezione dello spazio, influì notevolmente sulla creazione dello stesso Palazzo Ducale.

Federico da Montefeltro era diventato signore di Urbino nel 1444, succedendo al fratellastro Oddantonio ucciso in una congiura di palazzo, cui probabilmente lo stesso Federico non fu estraneo. Per vent'anni egli combatterà contro Sigismondo Pandolfo dei Malatesti, signore di Rimini e Fano. Nel 1463, appoggiandosi a papa Pio II, fermamente deciso ad eliminare la signoria malatestiana da Marche e Romagna, Federico riuscirà a sconfiggere definitivamente il suo rivale. Da quell'anno fino alla morte Federico conoscerà la stagione del suo massimo splendore.

Nel 1445 la Confraternita della Misericordia commissiona a Piero un polittico da realizzare in tre anni per l'altare maggiore della propria chiesa, che però porterà a termine verso il 1460. Le tavole saranno la *Crocifissione, San Sebastiano, San Giovanni Battista, Sant'Andrea, San Bernardino da Siena, Madonna della misericordia*. Il senso del volume, la plasticità dei corpi mostrano l'influenza di Donatello, mentre la pala maggiore del polittico ricorda il Masaccio.

Contemporaneo ai primi pannelli del polittico è anche il *Battesi-*

mo di Cristo, nella Badia camaldolese di Sansepolcro. In questo dipinto la chiara luminosità del paesaggio rievoca le opere di Domenico Veneziano e del Beato Angelico, la prospettiva rigorosa del perno centrale è costituita dalla figura del Cristo e conferisce all'opera un certo equilibrio e l'armonia tipica delle opere pierfrancescane.

A Ferrara nel 1449 lavora nel Castello degli Este e nella chiesa di Sant'Andrea, ma gli affreschi sono andati perduti.

Nel 1451 è a Rimini, ove lavora al Tempio Malatestiano, realizzando l'affresco di Sigismondo Malatesta. Era stato chiamato da Leon Battista Alberti, che personalmente non aveva mai conosciuto prima. Si reca ad Ancona, Pesaro e Bologna.

L'anno seguente è ad Arezzo, su richiesta della facoltosa famiglia Bacci, per proseguire gli affreschi della cappella maggiore in San Francesco (*La leggenda della vera croce*), la cui realizzazione s'era interrotta con la morte del pittore Bicci di Lorenzo, mediocre artista di scuola fiorentina.

Nel 1453 è di nuovo a Borgo, dove riceve dal Comune una balestra per partecipare a una rassegna militare in previsione della guerra tra Firenze e gli aragonesi.

A Urbino realizza la *Flagellazione di Cristo*. Coevi o di poco posteriore a questa, la *Madonna del parto*, nella cappellina del cimitero di Monterchi, la *Resurrezione di Cristo* nel palazzo dei Conservatori di Sansepolcro, la *Santa Maria Maddalena* nel Duomo di Arezzo. La *Madonna del Parto* è uno degli affreschi più celebri di Piero della Francesca, per la perfezione della costruzione prospettica e l'armonia della forma e del colore ricco di luce.

Nel 1454, chiamato da papa Niccolò V, si reca, verosimilmente, a Roma (Vasari), dove esegue affreschi per la chiesa di Santa Maria Maggiore (dei dipinti restano solamente alcuni frammenti). Vi ritornerà alcuni anni dopo, al servizio di papa Pio II Piccolomini, ma i suoi affreschi che decoravano le stanze vaticane sono andati perduti.

Nel 1460 è nominato a Borgo Sansepolcro tra i dodici probiviri del collegio istituito per la riforma della pubblica amministrazione. Sino al 1467 ricopre cariche pubbliche.

Nel 1462 a Urbino conoscerà il pittore Melozzo da Forlì, il matematico Luca Pacioli e l'architetto Luciano Laurana.

A Perugia affresca una tavola del polittico di Sant'Antonio, l'*Annunciazione*, dove l'artista concepisce soluzioni architettoniche molto ardite e complesse. Ma dal 1475 in poi la sua attività sembra arrestarsi. Ne è probabile causa una malattia agli occhi, che secondo Vasari lo conduce alla cecità totale. La notizia non troverebbe però conferma nel testamento di Piero, datato al 1487, nel quale egli afferma di essere in piena salute.

Agli anni Settanta appartengono una *Madonna di Senigallia*, una *Sacra conversazione* della pinacoteca di Brera, l'ultima grande testimonianza della sua arte.

Dal 1480 al 1482 è a capo dei priori della confraternita di San Bartolomeo.

Negli ultimi anni di vita Piero si dedica alla scrittura, lasciando ai posteri tre libri scientifici: *De corporibus regolaribus*, *Trattato d'abaco* e *De prospectiva pingendi* (nel 1435 Leon Battista Alberti aveva scritto il *De Pictura*).

Nel 1487 redige il proprio testamento. Muore il 12 ottobre del 1492 nel suo paese natio. Chiede di essere sepolto in quello che oggi è il Duomo di Sansepolcro. Alla sua bottega studiarono fra gli altri Luca Signorelli e il Perugino.

Con Seurat, Cézanne, Matisse e altri ancora si sviluppa la rivalutazione di Piero nel corso dei primi due decenni del Novecento.

1. La flagellazione di Cristo

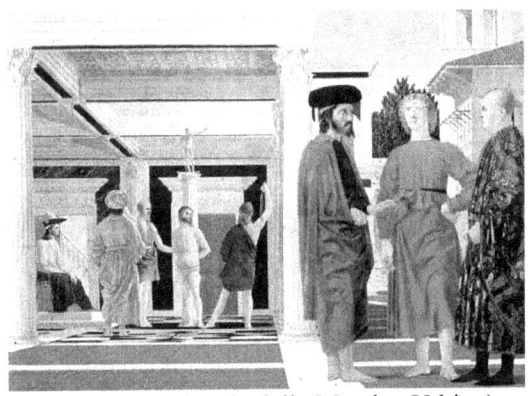

(Galleria Nazionale delle Marche, Urbino)

Contesto storico

L'imperatore bizantino Giovanni VIII, l'unica figura la cui identificazione, acquisita da tempo, non viene messa in discussione dalla ricerca di Silvia Ronchey[6], cui qui si fa riferimento costante, si era recato nel 1437 in occidente per assistere al Concilio di Ferrara (1438), per convertirsi alla fede romana e per chiedere aiuto militare.

---

[6] Silvia Ronchey, *L'enigma di Piero. L'ultimo bizantino e la crociata fantasma nella rivelazione di un grande quadro*, Rizzoli, Milano, 2006.

Nel 1439 l'unione tra le due confessioni venne proclamata a Firenze dal cardinale Cesarini e dall'arcivescovo di Nicea, Bessarione: i greco-ortodossi potevano conservare il loro rito, ma tutte le questioni controverse (dogmatiche e giurisdizionali) vennero definite dal punto di vista di Roma (*filioque*, pane azzimo, purgatorio e soprattutto primato giurisdizionale della sede romana e del papato).

L'imperatore e i massimi esponenti della chiesa bizantina si convertirono alla fede cattolica, ma fu lo stesso popolo ortodosso ad opporsi all'unione, che infatti, al loro ritorno a Bisanzio, non fu attuata. Bessarione restò cattolico e diventò cardinale della chiesa romana. Papa Eugenio IV (1431-47) cercò di arginare l'avanzata ottomana, devolvendo un quinto delle entrate pontificie alla crociata del 1443-44, che però risultò del tutto fallimentare (vi morirono il re polacco-ungherese Ladislao III e il cardinale Giuliano Cesarini).

Al tempo in cui la Flagellazione fu dipinta, si pensava che forse un'altra crociata avrebbe potuto riportare sul trono di Costantinopoli l'ultimo dei Paleologhi: Tommaso, uno dei tre fratelli (gli altri due erano Costantino e Teodoro) dell'imperatore Giovanni VIII (rappresentato da Piero nei panni di Pilato), che insieme governavano la Morea e che combattevano i piccoli Stati latini confinanti.

Invece l'ultimo imperatore fu Costantino XI, anch'egli comunque del tutto favorevole all'unione con Roma. Dall'occidente tuttavia non venne alcun aiuto militare, sia perché Alfonso V d'Aragona, il sovrano più potente, mirava alla creazione di un nuovo impero latino e voleva per sé il titolo imperiale, sia perché i limitati mezzi che papa Niccolò V (1447-55) pensava di destinare a una crociata antiturca venivano in realtà assorbiti dalla politica espansionista del re aragonese e napoletano, cui Roma non poteva dire di no. La Morea meridionale e l'impero di Trebisonda sopravvissero, dopo la caduta di Costantinopoli (1453), fino al 1460, anno in cui l'esule Tommaso giunse in Italia, per cercare aiuto contro il sultano. Ad accoglierlo c'erano il papa Pio II (1458-64) e il cardinal Bessarione (1402-72).

L'uomo alto, biondo e di bell'aspetto, che guarda in lontananza, apparentemente estraneo a quanto si dicono gli altri due personaggi, che Piero della Francesca dipinge scalzo proprio perché non riuscì mai a insediarsi sul trono, e che sarebbe morto senza veder realizzata la crociata che Pio II e Bessarione cercarono di promuovere al sinodo di Mantova nel 1459, sarebbe appunto questo Tommaso.

Sullo sfondo del dipinto il Cristo flagellato sarebbe un'allegoria dell'impero conquistato dai turchi, qui rappresentati dall'uomo di spalle, il sultano, col tipico turbante, a piedi scalzi (ancora privo cioè dei calzari purpurei, simbolo della regalità bizantina). Coi calzari rossi e l'atteggiamento inerte è Giovanni VIII Paleologo, fratello di Tommaso e dell'ultimo imperatore, Costantino XI, morto in combattimento durante la disperata difesa della città.

La tavola di Piero doveva dunque rappresentare un incitamento ad ascoltare il grido di dolore che arrivava da Bisanzio e dall'ultimo erede al suo trono. Rievocava il concilio di Ferrara, al quale Bessarione aveva partecipato come esponente della delegazione orientale, e così ammoniva chiunque contemplasse la scena: guai a ripetere l'errore di Ferrara, in cui s'era deciso di vincolare la concessione dell'aiuto a una preventiva annessione ideologica e politica dell'impero alla volontà di Roma. Bisanzio non doveva essere nuovamente lasciata sola o sottoposta a indegni ricatti nel suo momento più critico.

Bessarione, nel momento in cui si capirà che l'operazione era irrimediabilmente fallita, sarà indotto a non puntare più sui principati italiani, ma sul nuovo principato russo, attraverso le nozze da lui combinate tra Zoe (poi detta Sofia) Paleologhina, figlia di Tommaso, e il Gran Principe di tutta la Russia, Ivan III Valichy (1440-1506), che di conseguenza potrà rivendicare la successione giuridica, l'eredità e il ruolo geopolitico di Bisanzio.

Qui si può aggiungere che non solo Piero della Francesca, ma anche Benozzo Gozzoli, Pisanello, Jacopo Bellini, Andrea Mantegna, lo stesso Carpaccio, facevano in un certo senso parte "del clan filobizantino", favorevole a un salvataggio a tutti i costi di Bisanzio, sponsorizzato dalle massime famiglie, dai massimi intelletti politici dell'epoca, italiani e non solo.

La *Flagellazione* è dunque il ritratto di un senso etico e politico di colpa, che l'occidente latino nutriva nei confronti di quell'oriente bizantino, cui doveva, nonostante le diversità, anche dogmatiche, maturate col tempo, le radici della propria cristianità.

Da notare che i regnanti Paleologhi erano imparentati con i Monferrato di Urbino già dal 1176, da quando cioè Raniero Monferrato ebbe in sposa Maria, figlia di Manuele I Comneno, il che permise a suo fratello Bonifacio, uno dei leader della IV crociata (1204), di rivendicare la sovranità su Tessalonica e di dare vita a un regno crociato latino.

Nel libro di Silvia Ronchey vi sono anche molti riferimenti sull'arrivo a Costantinopoli, nell'estate del 1420, delle due spose occidentali promesse da papa Martino V a due figli dell'allora imperatore Manuele II Paleologo. Le due giovanissime Sofia di Monferrato, destinata al futuro Giovanni VIII, e Cleopa dei Malatesta di Rimini, promessa di Teodoro di Morea, fratello di Tommaso. Cleopa poi venne uccisa perché diventata ortodossa.

Premessa tecnica

La *Flagellazione di Cristo* è una tempera su tavola di 59 x 81,5 cm, realizzata da Piero della Francesca tra il 1444 e il 1469. Si trova presso la Galleria Nazionale delle Marche (ex Palazzo del duca Federico da Montefeltro), a Urbino. Quanto alla data oggi si tende a collocarla, prevalentemente, a ridosso della caduta di Costantinopoli (1459-60), anche perché la struttura corinzia, la trabeazione, i rivestimenti marmorei dell'edificio, risentono fortemente dell'influenza albertiana e ciò non è riscontrabile nell'opera di alcun altro architetto rinascimentale prima del 1451.

L'opera è danneggiata da tre lunghe fenditure orizzontali e da alcune cadute di colore. A sinistra, alla base del trono, sul secondo gradino sotto il faldistorio su cui siede un personaggio con abiti alla "grecanica", si legge, in caratteri epigrafici latini: OPUS PETRI DE BURGO S[AN]C[T]I SEPULCR[I]. Sansepolcro (provincia di Arezzo) era il borgo natale di Piero della Francesca. In pratica è la sua firma (Petri sta per Piero).

A lungo ignorato il dipinto venne riscoperto, all'inizio dall'Ottocento, nella sacrestia del duomo di Urbino, da un tedesco, Johann David Passavant. Grazie alla lettura appassionata che ne fece, nel 1911, il critico Adolfo Venturi, da allora l'opera continua a essere la protagonista di una delle più lunghe e accanite dispute tra studiosi.

A destra, sotto i tre personaggi in primo piano, almeno fino al 1839, secondo il Passavant si leggeva la scritta *Convenerunt in unum* (molto probabilmente il titolo originale della tavola), tratto dal Salmo II, che fa parte del servizio del Venerdì santo, riferito alla Passione di Cristo: *Adstiterunt reges terrae et principes convenerunt in unum adversus Dominum et adversus Christum eius*.

Si può pensare alla tavola come divisa in due aree rettangolari: da sinistra alla colonna a metà piano, l'area in cui è rappresentata la flagellazione e dalla colonna all'estremità destra, l'area occupata dai tre personaggi in primo piano: le due aree stanno fra loro in un rapporto pari al numero aureo 1,618. La sezione aurea (nota anche come rapporto aureo, numero aureo, costante di Fidia e proporzione divina), indicata abitualmente con la lettera greca ϕ (phi), corrisponde al numero:
$$\phi = \frac{1+\sqrt{5}}{2} \approx 1.61803398874989484\ldots$$

La luce proviene da due punti differenti, da sinistra e da destra, e illumina anche il riquadro del soffitto sotto cui è collocato il Cristo.

Per evitare che la colonna, cui è legato il Cristo, si sovrapponesse, per un naturale effetto ottico, alla parete di fondo, il pittore ha posto sul capitello un idolo dorato, che ribadisce la centralità della colonna stessa. L'idolo d'oro è Helios, che nella mitologia greca veniva normalmente rappresentato alla guida del carro del sole, tirato da cavalli che andavano da est a ovest, permettendo così al dio di assistere ad ogni avvenimento del mondo. Helios (Elio) non solo sorvegliava costantemente l'operato degli uomini ma veniva invocato quale garante dei giuramenti. Il culto del dio sole fu importato a Roma dai Sabini, finché finì col confondersi con quello di Apollo, che aveva le stesse attribuzioni. Verso la fine dell'impero romano, il sole (*Sol Invictus*) in quanto tale, fu oggetto di un particolare culto da parte della famiglia degli Aureli, che se ne dicevano discendenti. In mezzo al foro di Costantinopoli si ergeva una colonna di porfido sormontata da una statua di Costantino somigliante proprio a un dio solare (Apollo-Helios).

Il fregio sul fondo della tavola, fra la mano di Tommaso e la veste di Bessarione, sembra essere lo stesso che si ritrova nei codici fatti miniare da Malatesta Novello di Cesena, e altri dettagli sembrano ricordare motivi araldici legati alla famiglia dei Malatesta (di Cesena e di Rimini). Ci si è chiesti infatti se l'opera non stata forse commissionata da Violante, sorella del defunto Oddantonio e del nuovo duca Federico da Montefeltro, nonché moglie di Domenico Novello Malatesta, signore di Cesena, che l'avrebbe poi donata alla cattedrale di Urbino.

Le scale invece sono un riferimento preciso alla "Scala di Pilato del Palazzo Lateranense di Roma. Precisa è anche la corrispondenza fra l'architettura ove è assiso Pilato e quella del Palazzo di Salomone, negli affreschi del ciclo di Arezzo, dove il sovrano riceve la regina di Saba. Straordinaria è la somiglianza tra il giovane biondo della Flagellazione e uno dei profeti del medesimo ciclo. Il portico è molto simile a quello dell'Alberti a San Pancrazio. Lo sfondo ricorderebbe elementi architettonici ferraresi ancora esistenti.

Molto dibattuta è stata l'identità sia delle tre figure in primo piano che di quella posta a sedere sullo sfondo. Fino all'ultima ricerca della Ronchey restavano sufficientemente attendibili due sole identificazioni: l'uomo sulla destra con il vestito di broccato, l'umanista e funzionario della curia romana, Giovanni Bacci, nipote di un mercante di spezie; l'uomo seduto, in secondo piano, invece Giovanni VIII Paleologo (1425-48), penultimo imperatore di Bisanzio, che tentò la via delle trattative per l'unione delle chiese, al fine di procurarsi, a prezzo della sottomissione religiosa a Roma, l'aiuto dell'occidente contro i turchi, tante volte promesso ma mai concesso.

Significativo è il fatto che Pilato assiste indifferente alla flagellazione, come il Paleologo, probabilmente, assiste indifferente alla caduta di Bisanzio (si noti che la posizione dei piedi del Cristo è la stessa di quella dei piedi del Paleologo). Anche i flagellatori non impongono nessun impeto ai loro gesti, come, d'altra parte, non c'è alcuna reazione emotiva da parte del Cristo.

La Ronchey invece sostiene che i tre uomini in primo piano siano Bessarione, l'uomo con la barba (secondo la moda orientale), l'unico con la bocca socchiusa e la mano alzata, che parla per convincere e rassicurare i suoi interlocutori (si noti anche il lungo mantello ad ampie maniche, generalmente indossato da chi è in viaggio, con un copricapo che indica la sua carica di magistrato). Accanto a lui, la figura di giovane biondo è quella, idealizzata, di Tommaso Paleologo, vestito di porpora ma a piedi scalzi (in attesa di riavere i calzari della sovranità bizantina e l'aiuto occidentale). All'estrema destra della tavola, infine, l'uomo dal prezioso vestito di broccato sarebbe Niccolò III d'Este, che accolse a Ferrara il Concilio del 1438-39. Il suo ruolo ufficiale e legale (vestito con una ricca veste di broccato decorata con cardi dorati) è certificato dalla fascia rossa che scende dalla spalla destra, che è attributo cardinalizio o nobiliare.

Giovanni Bacci, il committente dell'opera maggiore di Piero, *Le storie della Croce di Arezzo*, ricevette la carica di podestà di Cesena dal principe della città Malatesta Novello, nel 1461. È molto probabile che proprio Giovanni Bacci sia stato il tramite, come a Rimini nel 1451, tra Piero e il principe cesenate che lo impiegò, forse, in una cappella della chiesa di S. Francesco o, più verosimilmente, nella chiesa che il Novello aveva voluto erigere, in suo onore, all'interno del convento di S. Caterina.

Gli studiosi che hanno esaminato con attenzione le proporzioni matematiche del quadro ritengono che il muro di marmo istoriato di disegni geometrici e incorniciato da fiori stilizzati che sta dietro al giovane biondo sia di inusuale grandezza: se misurato nei termini delle proporzioni relative del contesto architettonico, dovrebbe essere alto più di dodici metri. Il muro quindi è fuori prospettiva, non soggiace ad alcuna legge razionale e l'effetto visivo che produce serve a differenziare dalle due figure del mediatore greco e del signore occidentale il giovane biondo, la cui statura non appartiene ai parametri umani.

Sia il Cristo che il giovane biondo sono enfatizzati da caratteristiche sulle loro teste, la statua sulla colonna sopra di Cristo, un albero e il cielo aperto sopra il giovane. Che il giovane scalzo sia un morto e quindi una figura della resurrezione, non è mai stato messo in discussione (Buonconte da Montefeltro o Oddantonio da Montefeltro o Tommaso Paleologo o altri ancora a sfondo più mistico).

Interpretazioni iconologiche

L'interpretazione più tradizionale vedeva nella figura centrale Oddantonio da Montefeltro, il giovane biondo e scalzo, fratellastro di Federico duca d'Urbino, ch'era successo al padre, Guidantonio da Montefeltro, nel 1443, anno in cui il papa Eugenio IV gli aveva concesso il titolo di Duca di Urbino, dopo che il giovane, che aveva solo 16 anni, si schierò apertamente contro gli Sforza.

Oddantonio aveva messo a dura prova le casse del piccolo Stato con un tenore di vita superiore a quanto consentissero le finanze del ducato. Così nella notte tra il 21 ed il 22 luglio del 1444, un medico, un certo Serafino Serafini, al comando di alcuni congiurati, entrò all'interno del Palazzo Ducale di Urbino e nella sua camera lo uccise. Assieme a lui morirono i suoi due consiglieri, Manfredo dei Pii da Carpi e Tommaso di Guido dell'Agnello.

Stando alla lettura più nota dell'opera, quest'ultimi, posti da Piero ai lati di Oddantonio, sarebbero stati i veri responsabili della politica impopolare del principe, la cui morte invece sarebbe stata assimilata alla *Passio Christi*. Oggi non crede più nessuno a questa lettura, anche perché si sono chiarite le responsabilità di Oddantonio e si è quindi ritenuto sproporzionato un riferimento simbolico alle torture del Cristo. Né il fratellastro illegittimo Federico, che gli successe alla carica ducale, tramando molto probabilmente a favore della congiura, avrebbe potuto avere interesse a mettere in così buona luce il suo predecessore.

Peraltro per un fatto del genere Piero non avrebbe mai scelto un titolo dell'opera così impegnativo, mettendo il Cristo fustigato sullo sfondo, contro ogni tradizione cristiana costituita. Sarebbe fatalmente incappato nei lacci della censura ecclesiastica. Il titolo dell'opera doveva essere un altro: probabilmente quello stesso che per molto tempo si scorgeva sotto i tre personaggi principali (*Convenerunt in unum*) e il riferimento simbolico alla colonna del Cristo doveva apparire gravemente motivato.

Un'altra interpretazione, detta dinastica, vedeva nel dipinto una celebrazione voluta dal duca Federico: i tre personaggi sarebbero i suoi predecessori. In un manoscritto settecentesco del Duomo di Urbino, dove il dipinto si trovava, la tavola è infatti descritta come "La flagellazione di Nostro Signore Gesù Cristo, con le figure e i ritratti dei Duchi Guidobaldo e Oddo d'Antonio".

La lettura più mistica vedeva invece nella figura al centro un angelo con ai lati la chiesa latina e la chiesa ortodossa, la cui divisione sulla questione teologica del *filioque*, avrebbe prodotto l'impossibilità di una riunificazione tra le due confessioni.

Una prima svolta però si ha nel 1951, con l'interpretazione proposta da Kenneth Clark, secondo cui esisteva nella tavola un riferimento esplicito agli avvenimenti che colpirono la cristianità di quell'epoca: la caduta di Costantinopoli nel 1453, il successivo bando della crociata nel 1455 e il concilio di Mantova del 1459, ove si discussero nuovi progetti di crociata, mai realizzati. Lo stesso abbigliamento di Pilato lasciava pensare a un basileus bizantino. La scritta (secondo Clark posta un tempo sulla cornice) *Convenerunt in unum* andava interpretata come un invito all'alleanza contro i selgiuchidi. In tal caso l'uomo barbuto doveva per forza essere un sapiente o un teologo di origine orientale o greca.

Una successiva interpretazione iconologica, quella di Carlo Ginzurg, arrivava infatti a vedere nell'uomo di sinistra il cardinale Bessarione, e in quello di destra l'umanista Giovanni Bacci, in atteggiamento di chiedere al duca d'Urbino, Federico da Montefeltro, di partecipare alla crociata antiturca decisa al sinodo di Mantova del 1459. In tal caso il giovane biondo altri non sarebbe che Buonconte da Montefeltro, figlio illegittimo di Federico, pupillo di Bessarione, che morì di peste nel 1458. Le sofferenze del Cristo verrebbero assimilate sia ai greci oppressi dai turchi, sia al Buonconte.

La svolta definitiva sembra esserci stata nel 2006, con l'interpretazione di Silvia Ronchey, la quale da un lato accetta l'identificazione di Bessarione nell'uomo barbuto, ma ritiene che l'altro sia Niccolò III d'Este (1384-1441), padrone di casa del concilio di Ferrara-Firenze del 1438-39, mentre il giovane biondo sarebbe addirittura Tommaso Paleologo, fratello dell'imperatore bizantino Giovanni VIII Paleologo (rappresentato nel ruolo di Pilato), dipinto scalzo perché ancora non imperatore (egli sarebbe un "doppio" del Cristo, scalzo come lui, perché privo di potere). Tommaso era venuto in Italia nel 1460, esule dalla Morea occupata dai turchi, per chiedere aiuto ai latini.

Quindi quando Piero dipinge la tavola erano passati almeno vent'anni dai fatti del concilio unionista di Ferrara-Firenze (in cui era stato presente il basileus Giovanni VIII). L'occasione deve essere appunto stata quella del successivo concilio di Mantova, in cui si sarebbe dovuta prendere la decisione di una crociata antiturca. Bisanzio era già stata presa dai turchi, però ancora in certi ambienti bizantini (capeggiati da Bessarione) e forse anche in alcuni latini si pensava a una possibile riconquista.

Tutta questa ridda d'interpretazioni è stata causata anche dal fatto che lo stesso Piero non amava contestualizzare le sue opere sulla base di riferimenti storici o cronachistici precisi. Non a caso, pur essendo egli il principale protagonista del clima intellettuale di Urbino e forse il rappresentante più significativo del Rinascimento quattrocentesco, di lui sappiamo ben poco: tutta la sua carriera risulta molto povera di dati collegati alle opere conservate, il cui stile, peraltro, subisce pochissime variazioni.

Significato e valore della prospettiva

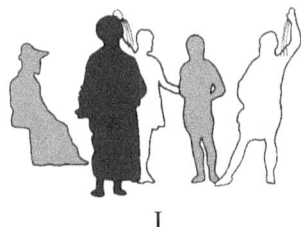

I

Di Piero della Francesca il Vasari scriverà ch'era "il miglior geometra ne' tempi suoi". In che senso "geometra", visto ch'egli si limitò soltanto (o molto prevalentemente) a dipingere? Il motivo lo dirà lo stesso Piero nel suo trattato *De prospectiva pingendi*: la prospettiva non è una premessa dell'operazione pittorica, ma la pittura stessa, è la visione nella sua totalità.

Lo spazio si dà interamente nelle cose e ogni cosa è forma dello spazio. Tutto ciò che si vede "è": non vi sono gradi o modi diversi di essere. Non è tanto l'ontologia che conta quanto piuttosto la geometria. L'importanza dei soggetti non è anzitutto data dalla loro interiorità o qualità etiche, che obbligano, come nella pittura bizantina, a tener conto di certe proporzioni ideali o innaturali (prospettiva inversa), ma è data piuttosto dalla loro collocazione in uno spazio prospettico oggettivo. Le proporzioni sono il prodotto di determinate linee.

La pittura serve per dimostrare il valore pratico di precisi assunti formali di tipo logico-matematico. Essa diviene "scienza" grazie appunto alla prospettiva, la quale non ha lo scopo di rendere "reali" le cose, ma di collocarle in uno spazio predefinito, dove poi possono anche prendere forme diverse dalle proprie.

Cose e persone sono soltanto funzioni dello spazio: è il contenitore che dà senso al contenuto. L'oggettività non è data da una qualità intrinseca della cosa in sé, ma dalla precisione geometrica di un calcolo matematico. L'intelletto non possiede nulla che gli occhi non possano vedere, e gli occhi non vedono nulla che l'intelletto non possa capire. L'identità tra contenuto e forma, tra idea e fenomeno deve essere piena, totale.

Questo, di Piero, non è ovviamente un discorso meramente tecnicistico, qui sintetizzato con linguaggio moderno e conseguente. Una rigorosa prospettiva tridimensionale ha lo scopo di porre lo spazio al centro dell'interesse dell'osservatore, il quale deve avere la percezione che il significato dell'opera sia racchiuso in se stessa, ovvero che l'unico rimando possibile a qualcosa di esterno possa essere soltanto quello di un'oggettività indipendente dalla volontà umana, che sul piano etico o metafisico si traduce nel concetto di "destino". Il destino impone a tutte le cose una necessità storicamente oggettiva, cui non può prescindere l'esercizio di alcuna libertà umana.

Paradossalmente da un lato la prospettiva permette a qualunque osservatore di avere un ruolo preminente rispetto al contenuto del dipinto, rispetto cioè a chi viene visto; dall'altro invece obbliga l'osservatore a sottostare a rigide regole formali e impersonali, in cui il lato spirituale delle cose viene come assorbito dalla loro rappresentazione geometrica.

Le opere di Piero, pur essendo a ridosso della Riforma protestante, non la anticipano in alcun modo, se non appunto in questo concetto di "destino", che però in Piero non è vissuto come esperienza sociale, collettiva, né in senso religioso, in quanto egli era scarsamente credente. La sua stessa laicità non è che una forma di aristocratico stoicismo.

Ecco in questo senso ha ragione il Vasari: Piero avrebbe tranquillamente potuto fare il geometra, o meglio l'architetto, poiché tutte le sue figure vengono viste con l'occhio di un artista abituato a misurare proporzioni e forme, a calcolare distanze e volumi.

La sua pittura è sempre stata considerata come esempio paradigmatico di cosa voglia dire creare armonia di colori e superfici prima ancora di parlare di idee e contenuti.

In lui si ha il trionfo di un'estetica razionale, in cui gli aspetti formali non sono improvvisati ma sapientemente calcolati. La matematica è una delle componenti principali della sua forma mentis. Non si troveranno mai nei suoi dipinti elementi superflui o ripetuti: ogni cosa è collegata ad altre in mutui rapporti logici, quasi a costituire un sistema chiuso in se stesso.

È giusta l'osservazione di quei critici d'arte che parlano di mirabile sintesi tra il plasticismo di Masaccio, il rigore prospettico di Brunelleschi e di Alberti con la fresca e aperta luminosità cromatica del Beato Angelico e di Domenico Veneziano. Nelle sue opere infatti la luce forma i volumi. La prospettiva della luce viene fusa e confusa con quella del colore e, in questo, solo Leonardo da Vinci gli sarà superiore.

A tali risultati - va notato - egli giungerà utilizzando una tavolozza di pochi colori, spesso freddi, ma molto sfumati e contrastati, in grado di produrre dei giochi di luce così particolari che sia le figure sia gli elementi architettonici vengono creati e modellati dalla stessa luce, che è appunto *fisica* non interiore, non viene fuori dai soggetti ma li *penetra*. Lo spazio di Piero è un mix molto sofisticato di linee, colori e luce.

Guardando *La Flagellazione di Cristo* si nota che persone ed oggetti formano tante altre figure geometriche, come se la sua pittura fosse un sogno matematico, fatto di linee ed angoli che vengono fuori dalla sua mente per diventare una storia dipinta. Anche le vesti cadono in pieghe rigide e parallele, come scanalature di colonna che si confondono con le scanalature delle vere colonne. La figura di Pilato fa infatti di se stesso un triangolo perfetto. Anche le tre figure all'estrema destra sembrano essere prodotte da regole geometriche: i piedi, le pieghe dei vestiti e il cappello, che è geometrico, sono incorporati geometricamente nel tutto.

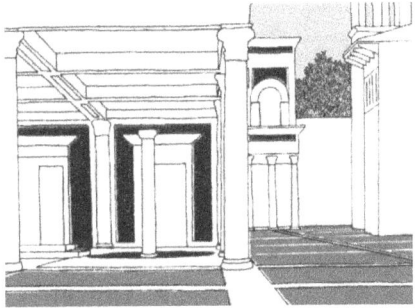

II

È stato detto che la *Flagellazione di Cristo* è come se fosse impaginata con la precisione di un teorema. I due gruppi di figure, apparentemente estranei l'uno all'altro, sono tenuti insieme dalle linee prospettiche dell'architettura, che è la vera protagonista della tavola.

Ma, neanche a farlo apposta, se c'è un dipinto che, nonostante le pretese di chiarezza cristallina, esibite dal suo autore, sia stato considerato uno dei più enigmatici di tutta la storia della pittura italiana, è proprio questo.

L'ambiguità non sta tanto nell'identificazione dei personaggi in primo piano, che ora forse è stata definitivamente risolta dagli studi della Ronchey, quanto piuttosto nella rappresentazione di una sorta di *dramatis personae*, in cui le sofferenze del giusto innocente (Tommaso Paleologo e il suo rimando simbolico, il Cristo alla colonna) sembrano essere viste all'interno di una filosofia esistenziale che pone *in primis* il serafico distacco dalle cose.

La pretesa cioè è quella di conciliare una verità oggettiva, di tipo matematico, frutto di una mera speculazione intellettuale, con una sorta di filosofia stoica della vita, in cui il dramma (storico e/o personale) trova il suo significato ultimo solo nella concezione di un destino ineluttabile.

Tutto infatti sembra avvenire nel dipinto seguendo la trama di un copione prestabilito da un oscuro fato. La categoria della necessità riguarda l'esito sia di un calcolo matematico che di un percorso storico. Piero della Francesca anticipa, in pittura, non solo il razionalismo cartesiano, ma anche l'idealismo storicistico hegeliano.

Tutti i personaggi della tavola sono come senz'anima, automi meccanici obbligati a una funzione storica, decisa da una ignota autorità superiore, che è appunto il destino. È così forte il distacco dalla realtà che i tre attori in primo piano non osservano neppure il tragico momento della fustigazione.

Sembrano due scene sovrapposte, tenute insieme non tanto dal significato della tortura o di chissà quale simbolismo-analogia, quanto piuttosto dall'ambientazione prospettica che si dipana per tutto il dipinto e che non è certo incidentale rispetto al dramma rappresentato.

Qui non c'è una scansione cronologica degli eventi ma una loro giustapposizione. Lo sfondo è il passato, cui la cultura dominante impone il riferimento evocativo; il primo piano è il presente, ma senza legami storici espliciti, anche perché non sarebbe stato possibile.

Infatti l'identità enigmatica delle tre figure è stata resa necessaria dal fatto che il titolo dell'opera non li riguarda direttamente. Il soggetto sullo sfondo è puramente simbolico e contraddice il titolo dell'opera. Quanto in questa confusione nell'attribuzione delle identità abbia contribuito la critica, che, incapace di capire i riferimenti storici alle vicende bizantine, ha elaborato le teorie interpretative più fantasiose o, al contrario, più convenzionali, è facile capirlo.

E comunque, a prescindere da questo, esiste una certa forzatura tra ciò che l'artista voleva fare e ciò che ha potuto fare. Il carattere profano dell'opera poteva solo essere mitigato dal fatto che i tre personaggi in primo piano rappresentavano anch'essi un notevole dramma.

Se l'artista avesse esplicitato la loro identità, sarebbe apparso ancora più blasfemo, poiché nel paragonare due drammi storici non avrebbe certo potuto mettere quello di Cristo sullo sfondo. Prima di lui nessuno aveva mai fatto una cosa del genere e, a questi livelli, non verrà fatto neppure dopo. Viceversa, in questa maniera si è potuta dare l'impressione, grazie anche al gioco prospettico, che la scena fosse coerente col titolo. Nulla infatti può impedire che nella prospettiva si possa usare sia l'illusione che l'allusione. Piero non aveva solo una mentalità razionalistica ma anche laica, e non solo laica ma anche molto diplomatica.

La *Flagellazione di Cristo* è in sostanza un dipinto di compromesso, in cui l'autore ha camminato sul filo del rasoio, in quanto da un lato ha dovuto tener conto di valori religiosi desueti, sostenuti ancora da una certa forza politico-istituzionale, mentre dall'altro, non volendo rifarsi a una tradizione specifica di rappresentazione del Cristo alla colonna, si è sentito libero di avvalersi delle nuove tendenze razionalistiche in campo artistico (architettonico e pittorico). Tendenze squisitamente *borghesi*, che in Europa occidentale han cominciato a emergere, sul piano economico, con la nascita dei Comuni, e sul piano artistico con la rivoluzione giottesca, e che al tempo di Piero s'andavano nettamente imponendo, sul piano culturale, su quelle feudali del cattolicesimo-romano.

L'artista si fa qui portavoce di valori borghesi vissuti presso le corti signorili dell'Italia centrale, le quali però dovevano ancora misurarsi con un potere politico ecclesiastico molto forte, che mezzo secolo dopo la realizzazione di questo dipinto sarà in grado di scatenare non solo in Italia ma in tutta Europa la potente Controriforma tridentina.

Ciò che in questa tavola risulta pacifica è la morte del cristianesimo feudale, sconfitto da un nuovo cristianesimo, molto più laico, quello appunto borghese, che qui reinterpreta il passato incorniciandolo in una visione intellettualistica delle cose, che di mistico o spirituale, in senso religioso, non ha quasi più nulla.

In oriente il cristianesimo ortodosso era crollato sotto i colpi dell'islam, cioè di una civiltà che in quel momento risultava culturalmente meno avanzata, ma anche molto meno oppressa dai conflitti di classe in ambito agrario.

In occidente invece il cattolicesimo romano era già caduto o stava sempre più cadendo sotto i colpi del mercantilismo borghese, anche se quest'ultimo non era ancora riuscito a compiere quella rivoluzione politica che gli avrebbe permesso di proseguire la strada intrapresa in maniera più spedita, senza timore di rigurgiti clericali.

Piero della Francesca sta in questa via di mezzo: deve saper conciliare esigenze opposte, ma in quale direzione vadano le sue preferenze lo si vede abbastanza bene nel dipinto.

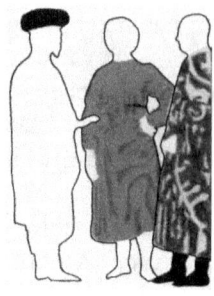

III

Per dimostrare che la soluzione artistica escogitata da Piero della Francesca è significativa non tanto dal punto di vista dell'umanesimo laico quanto da quello del razionalismo astratto, occorre che qui vengano esaminati due aspetti fondamentali della sua pittura: la *prospettiva delle cose* e l'*impassibilità dei personaggi*.

Anzitutto bisogna dire che il quadro non va visto da sinistra a destra, pensando a qualche scansione temporale o a qualche precedenza ideale, ma da destra a sinistra, considerando che il titolo dell'opera, quale conosciamo oggi, è certamente fuorviante e che la flagellazione ha più che altro un valore simbolico-evocativo di un fatto storico più o meno contemporaneo alla vita dell'artista.

Le tre figure in fondo, più i due fustigatori, sono un "doppio", una replica delle tre figure in avanti e non il contrario, poiché qui non c'è una priorità teologica dei personaggi, ma una priorità *storica*. Tommaso Paleologo coincide col Cristo, Bessarione con Pilato (che rappresenta il basileus Giovanni VIII Paleologo, convertitosi al cattolicesimo nella speranza di salvare il trono e l'impero) e il sultano rappresenta in un certo senso la conseguenza del fallito tentativo unionistico di Ferrara-Firenze del 1438-39, di cui il dignitario latino, Niccolò III d'Este, morto nel 1441, con fama di uomo crudele e dissoluto, fu uno degli organizzatori e intermediari.

Cristo alla colonna è un riferimento simbolico-culturale astratto di eventi coevi all'artista, in cui i poteri dominanti sono quelli ecclesiastici e laici dei due imperi: greco-ortodosso e cattolico-latino, di cui il primo ridotto a brandelli a causa dei nemici esterni (l'islam turco) che sanno sfruttare le sue interne contraddizioni, e il secondo ridimensionato nelle sue pretese politico-integralistiche dai nemici interni (borghesia e intellettuali umanisti).

Nella tavola la storicità degli eventi non viene rappresentata in maniera realistica ma *simbolica*, proprio a motivo dell'ambiguità dei personaggi in primo piano, non adeguatamente identificabili.

Tale indeterminatezza la si nota anche semplicemente sul piano tecnico. Se esistesse una quarta figura, in piedi, accanto alle altre tre, che guardasse sullo sfondo, non potrebbe osservare gli altri cinque personaggi nelle proporzioni che vediamo: essi cioè dovrebbero essere molto più grandi. La prospettiva che rende i personaggi sullo sfondo di una statura che è la metà di quella degli altri, è geometricamente impossibile.

L'aspetto intellettuale del quadro prevale nettamente su quello realistico. Se Piero avesse voluto fare qualcosa di realistico avrebbe dovuto produrre qualcosa del genere:

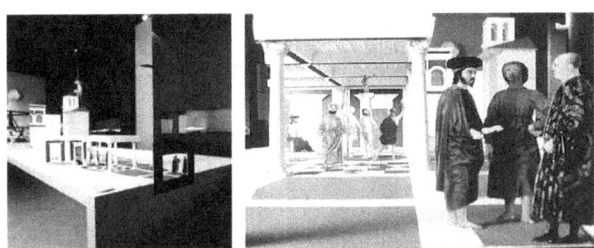

Modello delle architetture rappresentate nella *Flagellazione di Cristo* di Piero della Francesca (realizzazione in legno di Philip Steadman)

Non solo, ma se ci si mette in posizione frontale, rispetto alle figure di fondo, quelle in primo piano appaiono un'evidente forzatura, una meccanica giustapposizione, al punto che devono essere viste dal basso verso l'alto.

Se invece ci si pone di fronte alle tre figure centrali, quelle del fondo devono essere viste dall'alto in basso.

E se si guardano tutte le figure contemporaneamente si ha subito un'impressione di inadeguatezza: l'occhio è costretto a vedere due cose su piani diversi e si trova disorientato. Questo perché esiste una diversa illuminazione (proveniente da fonti diverse) e una diversa costruzione spaziale che separa figurativamente i due gruppi.

Insomma l'occhio è costretto a una prospettiva che viene negata proprio dalle tre figure in primo piano, che dovrebbero invece contribuire a garantirla, senza distogliere l'attenzione dello spettatore.

Il dipinto dunque è sì una rievocazione politica di un evento storico, ma dal punto di vista stilistico è soltanto una forma di sperimentazione del significato della prospettiva.

Il vero protagonista in realtà non è il dramma storico-ideale e men che meno quello storico-teologico, ma è piuttosto la *geometria dello spazio*, attraverso cui si tentano soluzioni inedite, ardite, in cui l'intersezione delle linee e delle diverse tonalità di colore con cui quelle stesse linee vengono riempite, appare come un gioco meramente intellettuale, razionalistico.

Sotto questo aspetto formale bisogna comunque ammettere che è semplicemente incredibile la luminosità che permea le tinte accostate ed esaltate per similitudine o per contrasto (basta vedere la ricchissima varietà di bianchi usati nelle strutture architettoniche, oppure il risalto della testa bionda del giovane scalzo contro le fronde).

In questa ricercata illusione ottica, prodotta artificialmente, Piero si serve senza scrupolo di un soggetto religioso altamente drammatico e di un altro soggetto, questa volta storico, non meno drammatico (la caduta di Costantinopoli), e di entrambi presume di conservare il pathos interiore rendendo gli sguardi impassibili, in maniera analoga all'iconografia bizantina.

Qui però l'impassibilità (o atarassia) non solo non ha alcun contenuto religioso, ma anche dal punto di vista laico non esprime valori umanamente significativi, in quanto la spiritualità che caratterizza gli sguardi è troppo aristocratica, troppo distaccata dalla realtà.

Le figure sembrano più che altro un elemento architettonico da collocare in uno spazio geometrico: le teste non sono che sfere, i colli e i corpi meri fusti di colonne. La fusione tra figure e spazio vuole essere totale, ma lo è dal punto di vista astratto dello spazio.

La persona viene semplicemente usata per rappresentare un'idea razionalistica. A questo *escamotage* l'artista in un certo senso è stato costretto dal fatto che, avendo perduto la società borghese un riferimento tradizionale al valore delle cose, e non avendo saputo sostituirlo con un altro di pari intensità emotiva e socialmente condivisibile, l'artista s'è per così dire trovato isolato, chiuso nel proprio genio artistico.

Il pittore ha qui cercato di ricostruire autonomamente un valore alternativo a quello obsoleto della religione dominante, e il fatto che vi sia riuscito solo in maniera artificiosa, con un procedimento che è oggettivo semplicemente nella speculazione della scienza più astratta di tutte: la *matematica*, è indicativo del limite sociologico della classe sociale cui egli appartiene, quella per cui ha dovuto negare le origini umili del proprio passato.

La prospettiva, che doveva rendere dinamica la scena, introducendo il concetto di profondità geometrica, in realtà la rende statica, poiché non lascia spazio all'emotività, ma solo a una curiosità intellettuale frutto di un dinamismo manierato, concettuale.

Lo sguardo dello spettatore viene guidato dalla tridimensionalità e in questa è come ingabbiato, in quanto è costretto a procedere continuamente a destra e a sinistra, avanti e indietro e viceversa, senza poter trovare un punto di pace, di rassicurazione.

È come stare dentro una stanza piena di specchi in cui l'immaginazione subisce continui stimoli artificiali che impediscono l'identificazione e la serena contemplazione di ciò che può dare un senso alla vita. Non c'è profondità spirituale in questo dipinto, ma solo intellettuale.

Non può ovviamente esserci in chiave religiosa, poiché i personaggi che dovrebbero rappresentarla sono posti sullo sfondo, ma non c'è neppure in chiave laica, poiché la pretesa di inserire una visione storica delle cose in una di tipo logico-matematico, in cui l'architettura prevale nettamente sulla pittura, in cui si vorrebbero personificare le cose e cosificare le persone, è una pretesa povera di valori umanistici, è una pretesa povera di tensione emotiva, e la flagellazione è soltanto un "oggetto di discussione" tra i poteri forti, come lo fu il destino di Costantinopoli nei concili unionisti, dove le pretese strumentali prevalevano su quelle ideali.

Non c'è modo di assicurare una vera profondità spirituale con l'impassibilità dei volti, quando questi volti non rimandano a qualcosa di veramente significativo ed esprimono in ultima istanza solo se stessi. Lo spettatore non può essere costretto a cercare nell'opera dei simbolismi, delle allegorie che vadano oltre il suo contenuto rappresentativo, al fine di dare a questo contenuto un valore ontologico che non ha.

Non possono essere dei simbolismi misteriosi a dare un senso etico al dipinto, sia perché non era questa l'intenzione dell'artista, che presumeva di far coincidere contenuto e forma, sia perché anche questa sarebbe comunque un'operazione intellettualistica, una forzatura.

Qui non si discute il fatto che l'artista abbia voluto togliere alle figure una drammaticità descrittiva, palese, ma il fatto che il prezzo della sdrammatizzazione sia stato fatto pagare al senso di umanità dei personaggi, alla possibilità di esprimere dei sentimenti positivi.

Peraltro, anche nel caso in cui si fosse voluta affrontare la flagellazione in chiave meramente laica, la sdrammatizzazione degli sguardi e delle posture dei corpi non avrebbe potuto essere così accentuata da rappresentare quelle torture come una sconfitta inevitabile dell'umanità o del lato umano della storia.

Riprodurre il classicismo greco-romano in presenza della flagellazione è stato possibile a Piero solo a condizione di mettere quest'ultima sullo sfondo, incapsulata in un'architettura che la sovrasta nettamente come significato. Persino i carnefici si adeguano ai partiti architettonici di tipo albertiano, come qualche critico ha detto.

Se Piero avesse fatto l'architetto, probabilmente avrebbe costruito edifici in cui l'abitabilità sarebbe stata idonea solo per gli intellettuali, come in quella *Città ideale* che probabilmente proviene dalla sua scuola.

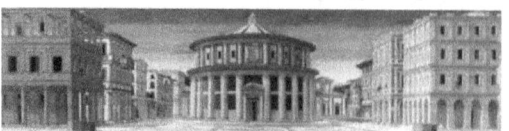

Città ideale, Galleria Nazionale, Urbino

Nel migliore dei casi potremmo dire, dando per scontato che l'artista (filo-bizantino) si identifichi, in qualche maniera, col dramma del giovane biondo (la figura più controversa di tutte), ch'egli è solo in grado di rappresentare dei soggetti in cui il coinvolgimento personale nelle diatribe del loro tempo (nella fattispecie teologiche e politiche) si pone in maniera più che altro esteriore, associato a uno sguardo filosofico, in lontananza, rivolto verso altrove, verso un punto esterno allo stesso dipinto.

Piero, quale intellettuale laico e umanista, può giustamente aver considerato vetuste le polemiche teologiche sul *filioque,* sul pane azzimo e sul purgatorio, ma sta di fatto ch'egli non ha neppure permesso a quelle più propriamente politiche (p.es. le pretese universaliste di un papato integralista) di coinvolgerlo in maniera significativa.

In tal senso resta ambigua l'identificazione di Pilato con Giovanni VIII Paleologo: il basileus sta guardando impotente la fine del suo impero, schiacciato da un nemico esterno troppo forte, oppure l'artista ha voluto identificarlo col carnefice di Cristo in quanto proprio quell'imperatore tradì la causa dell'ortodossia religiosa cercando di trovare con Roma un'intesa politica che gli salvasse il trono?

Si è detto che il dolore, in questa tavola, non viene rivelato dall'espressione dei volti, essendo tutto interiore. In realtà non è un dolore che lo spettatore può condividere. È un dolore che deve restare nei meandri dell'inconscio, perché così vuole l'artista: un po' per timore di ritorsioni, un po' perché, a forza di tenerlo represso o frenato, nessuno sa più come poterlo esprimere.

2. Il battesimo di Cristo

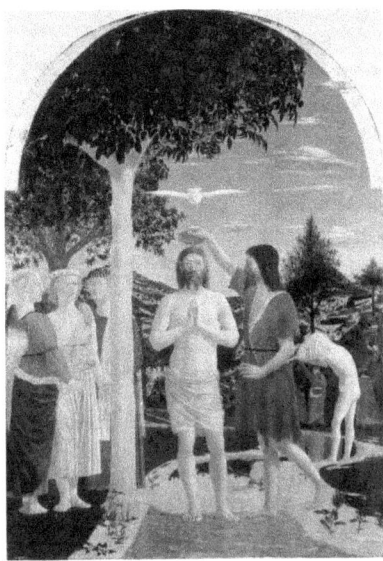

1445, Londra, National Gallery

Committente

Opera giovanile di Piero della Francesca, *Il Battesimo di Cristo*, una tempera su tavola, gli venne commissionata nel 1445 per la cattedrale di Borgo San Sepolcro (Umbria), paese natale di Piero, ma la tavola (167x116 cm) non si sa con esattezza quando fu compiuta: i critici vanno dal 1448-50 al 1459-60.

In origine era parte centrale di un trittico, posto sull'altare dedicato a Giovanni Battista, nella Badia Camaldolese di Borgo San Sepolcro. Sullo sfondo della tavola s'intravede appunto il Borgo.

Il quadro sarebbe stato commissionato da un mercante, probabilmente della famiglia Graziani, desideroso di espiare con un gesto di generosità i propri peccati di usura.

Il dipinto, rimasto fino al 1859 nella cattedrale del Borgo, fu venduto a un antiquario inglese, il quale lo cedette nel 1861 alla National Gallery di Londra, ove risiede tuttora.

Tale vendita (nonostante la somma, considerevole per quei tempi, di 23.000 lire) testimonia la scarsa considerazione che veniva riservata all'opera.

Caratteristiche tecniche

Il dipinto è geometricamente formato da due quadrati sovrapposti, sormontati da un semicerchio, il cui centro geometrico è la colomba. Il cerchio in alto viene tagliato a metà dal lato del quadrato.

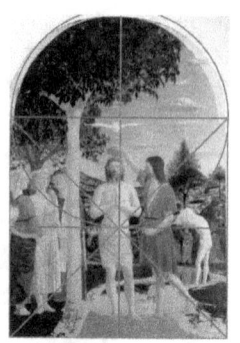

Il quadrato è stato costruito con il lato uguale alla massima larghezza del dipinto. Le diagonali e gli assi del quadrato convergono nell'ombelico di Cristo e sono parzialmente tangenti alle figure in primo e in secondo piano.

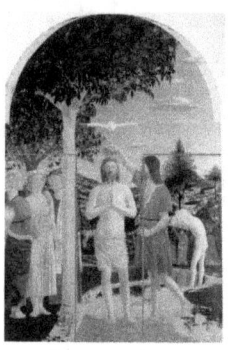

Il Cristo è inscritto in due triangoli equilateri ribaltati; l'intersezione dei loro lati individua i punti estremi di un segmento, determinando anche il raggio di un cerchio la cui semicirconferenza superiore corrisponde appunto alla curvatura della tavola.

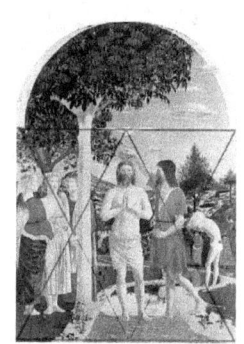

Anche la circonferenza passa per l'ombelico di Cristo e quindi è tangente all'asse orizzontale del quadrato.

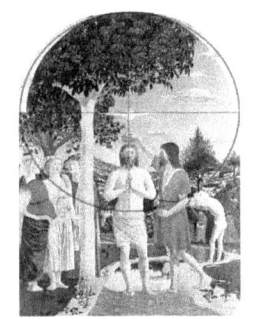

La composizione è stata divisa in tre parti uguali (rettangoli in verticale): il primo di questi coincide con uno dei suoi lati maggiori, con la parte destra del tronco dell'albero. L'asse verticale corrisponde alla figura di Cristo e della colomba sopra di lui.

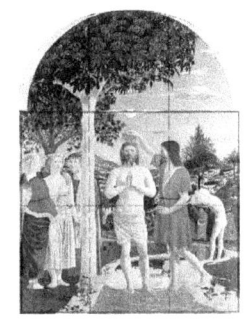

La geometria fondamentale è quella piana non quella tridimensionale. In essa si conferma:
1. la solidità plastica di Masaccio;
2. il colore luminoso dell'Angelico;
3. i toni luministici tipici della Pala dei Magnoli di Domenico Veneziano;
4. le delicate modellazioni del busto di Cristo rievocano Masolino.

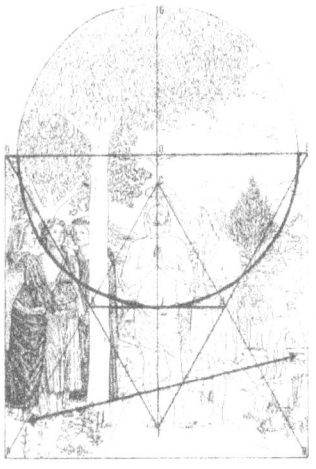

I particolari sullo sfondo attestano influenze di tipo fiammingo, che però si fermano qui, in quanto per il resto il percorso artistico di Piero della Francesca è del tutto diverso da quello dei pittori fiamminghi, che partono sempre dall'analisi della visione, quindi dai dati forniti dai nostri sensi, mentre Piero, come tutti gli artisti rinascimentali di formazione fiorentina, costruisce l'immagine partendo sempre da una costruzione razionale della stessa, ossia dalla geometria dei corpi e dello spazio, così come la nostra ragione li comprende e li trasforma in immagine mentale.

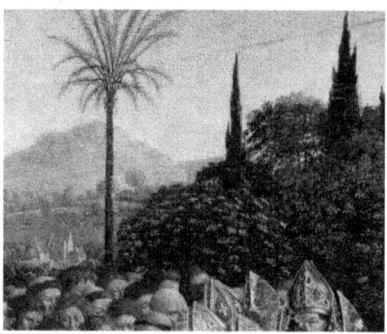

Vengono considerati di notevole spessore la delicatezza dei colori, le molteplici sfumature su pochi temi dominanti, il fatto che le tinte si riprendano continuamente, bilanciandosi. La luce zenitale annulla ombre e contorni, saldando in eguale nitidezza le figure colonnari e il paesaggio. Non ci sono dubbi, incertezze: la soluzione artistica scelta è di tipo fortemente razionale.

Lo spazio infatti è un paesaggio collinare umbro (il fiume, la vegetazione), aperto fino all'orizzonte (identificabile con la valle del Tevere), pieno di luce chiara e trasparente. Non c'è trasmissione o propagazione ma fissazione della luce: quella che scende è quella che sale.

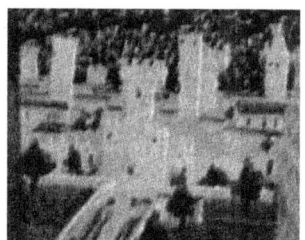

L'artista è talmente interessato alla geometria che ignora completamente i valori costruttivi della luce per definire l'immagine. Infatti non ci sono ombre e il colore è talmente omogeneo per tono che l'intera immagine sembra quasi godere di luce propria. Il che equivale a dire che ci troviamo in una condizione d'illuminazione della scena del tutto concettuale e per nulla attenta ai dati sensibili.

Prospettiva

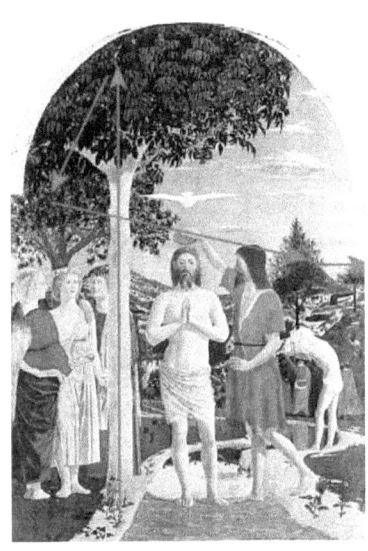

Il carattere prospettico è dato dall'intersecarsi delle linee, non da una esplicita architettura (come nella *Flagellazione di Cristo*). La linea mediana che suddivide verticalmente il dipinto e che attraversa il corpo di Cristo, non ha lo scopo di operare una precisa simmetria.

Anzi il fatto che il Cristo sia in primo piano è del tutto incidentale rispetto alla volontà di creare una prospettiva. La prospettiva infatti viene data da quattro alberi: davanti e dietro gli angeli, a sinistra, e gli altri due, in decrescendo, a destra. Sono quattro alberi diversi, di cui il primo è un noce, il secondo è da frutto, sullo sfondo invece delle conifere.

Oltre al fiume, alla strada e alle colline in lontananza, è soprattutto l'albero in primo piano, che divide la tavola in parti che stanno in rapporto aureo, a dare il senso della profondità prospettica e che per questa ragione risulta avere un valore di cesura più importante del Cristo stesso.

La prospettiva di questo dipinto è decisamente più importante della simmetria, che invece dominava nell'iconografia classica. Anche perché se si può parlare di una qualche simmetria verticale, una qualunque simmetria viene decisamente negata sul piano orizzontale, dove la sovrapposizione esatta dei quadrati ha invece lo scopo di produrre una prospettiva.

Anche la figura curva che si sta spogliando (o rivestendo) serve per mettere in rapporto le figure diritte con l'ansa del fiume e la curva dell'orizzonte.

Nella sua fase più matura l'artista si affiderà a soluzioni prospettiche più evolute, in quanto saranno le stesse strutture architettoniche, spaziali, volumetriche, a fungere da "personalizzazione" del contenuto tematico delle opere.[7]

In tal senso il primitivismo del dipinto, rispetto alla *Flagellazione*, sta nel fatto che Piero ha dovuto cercare, in maniera artificiosa, un punto intorno a cui costruire l'idea di prospettiva, che lo assillava sin dal suo soggiorno fiorentino, e questo punto altro non è che il noce in primo piano.

Viceversa nella *Flagellazione* lo spettatore è completamente immerso nella prospettiva, e lo è da subito, prima ancora che si metta ad osservare l'opera: non ha bisogno di cercarla, di individuarla e analizzarla. È l'ambientazione in sé, fortemente architettonica, che dà il senso della prospettiva.

Il gesto del battezzare

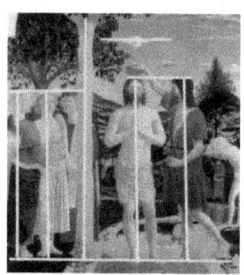

La scena rievoca un episodio spurio dei Sinottici, non confermato, anzi contraddetto dal IV vangelo, che vede invece un contrasto insanabile tra i due movimenti, nazareno e battista, in occasione della cacciata dei mercanti dal tempio, cui i battisti non parteciparono.

Il gesto del battezzare è quanto mai irreale anche perché il Cristo

---

[7] In particolare Piero studiò i cinque solidi platonici, troncando i quali inventò praticamente la prospettiva, disegnandoli senza schiacciarli. Le sue sono le prime rappresentazioni piane di una stanza, di una persona, di un panorama secondo una geometria di tipo proiettivo.

si trova non dentro il fiume ma fuori. Il motivo di ciò è che l'artista ha voluto porre un asse orizzontale su cui far poggiare i piedi di tutti i principali protagonisti della scena (incluso l'albero), che quindi appaiono tutti allo stesso livello, senza distinzione di valore ontologico, di significati gerarchici (al punto che persino l'albero diventa un personaggio di rilievo).

Tutto ciò che si vede è. E dal momento che tutto è "rivelato" e matematicamente certo, non vi è nel dipinto fede interiore, sentimento religioso. Piero è religioso solo esteriormente, come la società borghese ch'egli rappresenta.

Il battesimo avviene per aspersione (alla maniera cattolica) e non, come nell'iconografia tradizionale, per immersione. Le acque del Giordano non hanno qui alcun significato simbolico.

Non ci sono testimoni significativi dell'evento: gli stessi angeli, separati dall'albero, non sembrano esserlo, e i farisei-sadducei sono troppo lontani dalla scena in primo piano. Il battesimo si pone come fatto "personale" tra Gesù e Giovanni, non costituisce un fatto "pubblico", come nell'iconografia classica, che lo qualifica con termini quali "teofania" ed "epifania", cioè manifestazione esplicita (divina) del Cristo.

La figura di Cristo

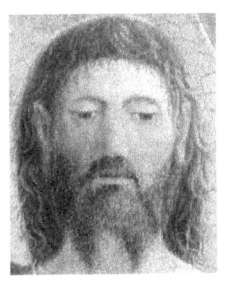 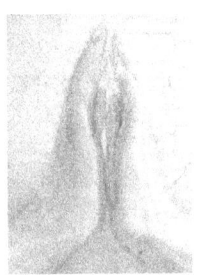

Apparentemente, sul piano verticale, la figura di Cristo sembra essere centrale, anche se dipinta in maniera diciamo "catechistica" o "stereotipata" (di cui le mani giunte sono l'indizio più evidente); in realtà la vera figura centrale è l'albero, da cui si delinea la visione prospettica del dipinto.

Il Cristo mostra una certa docilità nei confronti del Battista, come se fosse costretto a fare una cosa necessaria, inevitabile, e pare assorto nei suoi pensieri, con lo sguardo, leggermente strabico, rivolto non si sa dove.

Non c'è partecipazione emotiva, in lui, all'evento. In ciò si contraddice l'iconografia tradizionale, che mostra invece un Cristo rivolto al Battista, il quale lo guarda con umiltà, essendo consapevole della superiorità di chi gli sta di fronte.

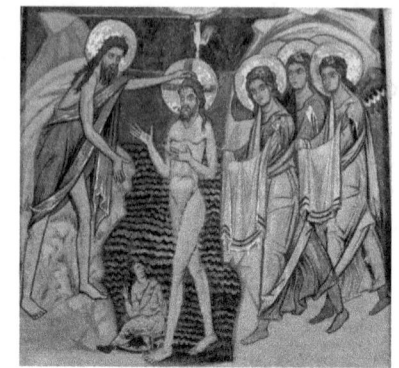

Essendo quasi totalmente sommerso dalle acque, nell'iconografia antica il Cristo era completamente nudo, come un novello Adamo. Qui invece, essendo posto fuori dalle acque (come se da esse fosse appena uscito, il che però renderebbe incomprensibile l'aspersione), deve necessariamente essere coperto: l'artista sceglie la soluzione dell'asciugamano o perizoma, lasciando quella delle mutande per il neofita sullo sfondo.

Giovanni Battista

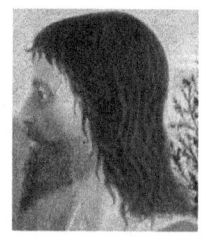

Qui il Precursore sembra compiere un'azione convenzionale, burocratica, del tutto formale. Non vi è riconoscimento significativo, da parte sua, della superiorità del Cristo. La sua altezza e quella di Cristo sono esattamente identiche, mentre nell'iconografia classica il Battista, anche se in posizione più elevata, è sempre più piccolo di Cristo, che resta figura centrale.

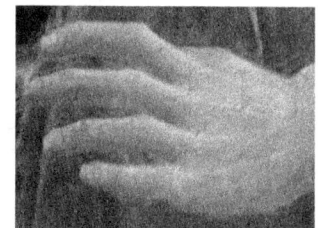

Mal fatta la mano sinistra, che nell'antichità stringeva per lo più un rotolo, segno della predicazione del Battista e del suo vangelo di penitenza (a volte in luogo del rotolo vi era la croce). Qui sembra che voglia toccare il Cristo, come per sincerarsi dell'identità dell'uomo che sta battezzando. Sono dita dal significato opposto a quelle dell'altra mano.

Mal riuscita la prospettiva della gamba sinistra, che posizionata così all'indietro sembra reggerlo in un equilibrio precario. Questo inconveniente forse dipende dal fatto che l'artista ha voluto far sì che il braccio destro e la gamba sinistra formassero due angoli della stessa ampiezza.

Alcuni critici hanno visto nel ginocchio piegato una parziale genuflessione in segno di sottomissione.

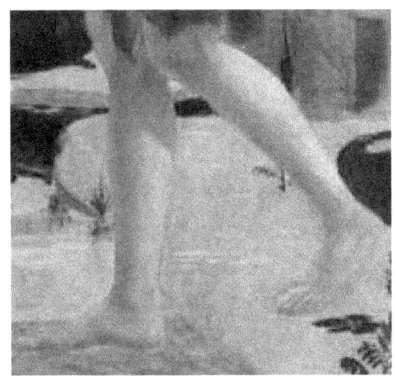

Simbologia

La colomba è segno dello Spirito Santo, che però non scende dal cielo come nell'iconografia classica. Diventa quindi un simbolo fine a se stesso o, al massimo, un segno di pace. Qui è fatta talmente bene, nella sua aerodinamicità, da sembrare un aeroplano *ante litteram*, che proviene non dall'alto, ma da lontano, come suggerisce le notevole presenza delle nuvole.

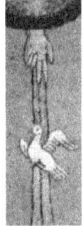

Né Cristo, né il Battista, né gli angeli hanno aureole. Qui è tutto umanizzato. È assente la figura, minimizzata, del demonio (o del serpente), ai piedi del Cristo, simbolo del male che viene vinto nel battesimo, sacramento di rigenerazione spirituale.

A volte questa figura è lo stesso Adamo, in attesa d'essere rigenerato. Altre volte si possono distinguere due piccole figure antropomorfe di origine pagana: quella maschile simbolizza il fiume Giordano, quella femminile il mare, secondo le parole del Salmo 114,3: "Il mare vide e si ritrasse, il Giordano si volse indietro".

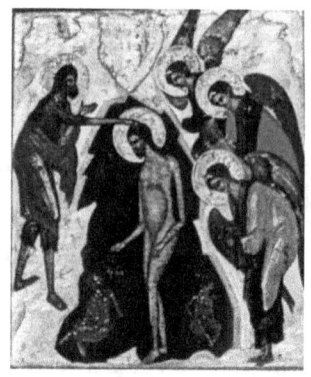

Nell'iconografia bizantina il battesimo di Cristo veniva concepito come una sorta di morte e resurrezione: le acque infatti erano dipinte di nero (una caverna scura), come una sorta di inferno, che andava purificato dall'immersione totale del Cristo (il Giordano come "tomba liquida").

Nel dipinto di Piero vi è un solo catecumeno, il quale si sta spogliando per entrare in acqua o forse si sta rivestendo dopo esserne uscito. Sono invece almeno quattro i farisei e sadducei (il potere politico-religioso) che discutono sullo sfondo, significativamente, ovvero polemicamente, semicoperti dal corpo quasi nudo del neofita. Alcuni critici presumono di vedere in questi personaggi vestiti alla maniera orientale i delegati bizantini al concilio unionista di Ferrara-Firenze (1439).

Esiste un'analogia tra il tronco dell'albero e il corpo seminudo, bianchissimo, del Cristo: entrambi tendono alla forma ideale del cilindro della colonna.

Il centro del dipinto non è Cristo - come a prima vista può sembrare -, ma l'albero che lo separa dagli angeli. È un centro meramente "fisico", oggettivato, usato in maniera geometrica, non è un centro simbolico o metafisico o teologico.

L'artista ha avuto bisogno di porre in primo piano un albero per far capire la sua presenza innovativa, di artista non conformista, che nel mentre tratta soggetti religiosi ambisce a svuotarli di contenuto.

L'albero infatti ha il duplice scopo di laicizzare la coscienza religiosa sia in senso *etico* che in senso *tecnico*. In senso *etico* perché fa dell'uomo-dio un semplice uomo e lo pone sullo stesso piano della natura; in senso *tecnico* perché a partire dall'albero si dipana una linea prospettica che porta lo sguardo dell'osservatore ben oltre l'evento religioso, il quale, in sostanza, viene posto solo in maniera incidentale, in quanto ciò che più conta è l'osservazione globale del dipinto, che non si sofferma sull'evento, quasi totalmente privo della passata simbologia bizantina, ma ripercorre le linee e le diagonali prospettiche tracciate dall'artista.

(Si noti che nel *Battesimo di Cristo* di Cima da Conegliano l'albero, posto dietro le figure in primo piano, dà ugualmente il senso della prospettiva.)

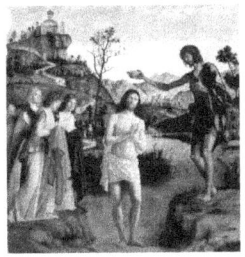

Il noce in primo piano - stando ad alcuni critici - rinvia a una simbologia cristologica secondo cui il mallo rappresenta la natura umana, il gheriglio quella divina e il guscio il legno della croce.

Non è rappresentato il simbolo, tipico di Giovanni, dell'albero tagliato da un'ascia, come nelle icone bizantine, i cui pittori ricordavano bene l'episodio in cui il Battista profetizzava che il messia sarebbe venuto con un'ascia in una mano e una ventola nell'altra (nelle traduzioni italiane la parola ventola è tradotta come "ventilabro").

La pericope evangelica riguardante ciò e di cui qui non v'è alcuna traccia è la seguente: "Ormai la scure è posta alla radice degli alberi; ogni albero dunque che non fa buon frutto, viene tagliato e gettato nel fuoco... Egli ha il suo ventilabro in mano, ripulirà interamente la sua aia e raccoglierà il suo grano nel granaio, ma brucerà la pula con fuoco inestinguibile" (Mt 3,10 ss.).

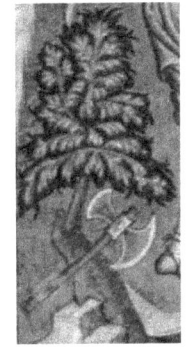

Gli angeli

Gli angeli sono l'aspetto più problematico del dipinto. Non sono in atteggiamento di adorazione e non hanno le mani coperte in segno di venerazione, e neppure si preoccupano, in qualità di "padrini", di coprire il Cristo nudo che sta per uscire dalle acque.

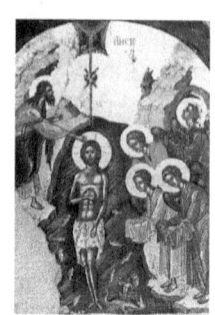

Non c'è serenità o compiacimento nei loro sguardi, ma ansia mista a indifferenza, come se l'azione cui assistono, pur essendo svolta in maniera asettica, formale, appaia del tutto desueta, fuori del suo tempo. Si ha insomma l'impressione che l'artista abbia dipinto questa tavola controvoglia o che sia stato indotto ad autocensurarsi.

Molti critici hanno pensato che l'estraniazione degli angeli sia dovuta a una sorta di personificazione astratta, mitica, dello spazio, da essi rivelato nella pienezza della forma, non del simbolo. Gli angeli cioè sarebbero stati usati per scopi tutt'altro che religiosi.

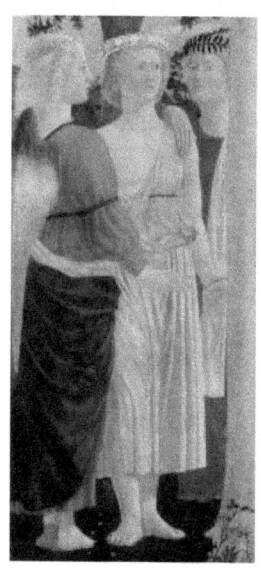

Altri hanno ritenuto che la loro collocazione e postura, seppur anomale, vadano viste in maniera coreografica, come una sorta di tributo devozionale dovuto alla tradizione iconografica, la quale peraltro ricorda tre angeli, prefigurazione della Trinità, apparsi ad Abramo, come nella *Trinità* di Rublëv.[8]

Il rosso, il bianco e il blu in campo artistico simboleggiano quasi sempre la Trinità (il rosso spesso allude all'umanità di Gesù, mentre il blu alla sua divinità). Anche gli angeli qui dipinti, pur indossando indumenti di foggia differente, sono tutti giocati sulla stessa triade cromatica.

---

[8] C'è da dire che nelle icone dell'Epifania il numero degli angeli variava da tre a quattro.

I tre giovani stanno ritti, impalati, immersi in un'atmosfera senza tempo, dove l'oggi e l'eternità sembrano avere la medesima misura: non li scuote un gesto né un fremito che li strappi alla loro enigmatica esistenza.

Tra i due angeli che rappresentano il Padre e il Figlio (o la divinoumanità del Cristo), si trova quello al centro, vestito di una tunica bianca dai forti accenti classici, che sottolinea ancor più il suo distacco emotivo, intellettuale dall'epifania del messia.

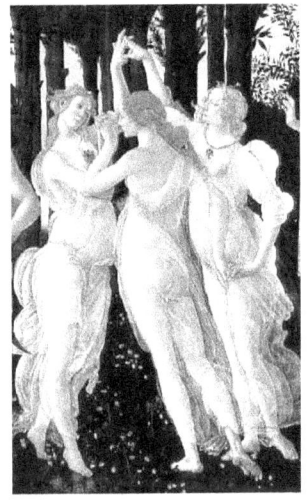

Secondo un'altra interpretazione, i tre angeli che si tengono per mano, disposti in semicerchio, come nella rappresentazione delle *Grazie*, che richiama il valore della bellezza, ma soprattutto dell'armonia, sarebbero simbolo di concordia tra la chiesa romana e la chiesa greca, rappresentate dal catecumeno e dai personaggi in abiti orientali sul fondo: unità sostenuta dall'attività di Ambrogio Traversari, che fu generale dell'abbazia camaldolese di San Sepolcro, ai tempi di Piero, e dove venne anche sepolto nel 1439.

Egli partecipò ai Concili di Ferrara e Firenze con una funzione preminente, ed ebbe un ruolo molto significativo nella conciliazione tra le due confessioni. L'opera di Piero pertanto, oltre a celebrare questa riconciliazione, sarebbe un'esaltazione del Traversari e dell'ordine camaldolese.

Il Concilio di Ferrara-Firenze diventa un atto politico di alleanza tra Oriente ortodosso e Occidente cattolico, alle condizioni imposte dal papato. Dunque un risvolto politico di fondamentale importanza che non traspare immediatamente, ma è sottinteso nella raffigurazione.

Resta il fatto che gli angeli rappresentano la parte più ambigua del dipinto: essi esprimono una presenza che va interpretata anche in chiave *psicologica*, poiché se è vero che qui non partecipano al rito religioso, è anche vero che ciò dipende dal fatto che lo vedono in maniera del tutto convenzionale.

In tal senso esiste sì un loro coinvolgimento, ma è negativo, di dubbio o di perplessità. Essi sembrano spettatori passivi di un film non particolarmente interessante. Nel migliore dei casi appaiono come passanti capitati lì per caso, che quasi si nascondono dietro l'albero, per non essere visti, per non voler essere coinvolti. Di sicuro non appaiono in posizione simmetrica rispetto al Battista, come nelle icone bizantine, che, per tale ragione, sono fortemente tassonomiche.

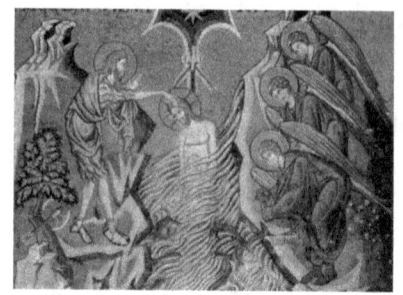

L'angelo di sinistra infatti, con la mano alzata, sembra voler dire qualcosa. Quello di destra è come se volesse rincuorare o calmare quello di centro, il cui sguardo indagatore sembra essere preoccupato o comunque intenzionato a porre qualcosa in discussione. La mano appoggiata sulla sua spalla sembra indicare l'esigenza di accettare qualcosa di inevitabile

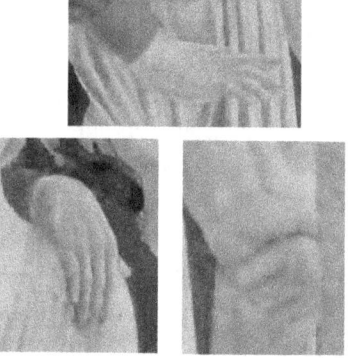

Si è detto che i tre angeli rappresentano la Trinità, ma quello in centro è il più importante, il ponte tra il divino che fissa la scena e l'umano che osserva lo spettatore, il nesso tra essere e dover essere. La coscienza del Cristo non è rappresentata dal Cristo stesso, il cui sguardo è fisso nel vuoto: è invece rappresentata da questo angelo di mezzo, lacerato dal dubbio, testimone di una inadeguatezza, di una discrasia tra contenuto e forma. È la coscienza dello stesso artista.

Tra la coscienza infelice, inquieta, dell'angelo di centro e la rassegnazione del Cristo a un ruolo prestabilito, si pongono due cose: la valorizzazione della *natura* e lo studio razionale degli *spazi*, degli ambienti, in cui collocare i personaggi. Entrambi usati in chiave antireligiosa.

Nella sostanza i tre angeli rappresentano la prevalenza di un'interpretazione soggettiva di un rito sacramentale, oggettivo, quello del

Battesimo, che l'artista non sente più come appartenente alla propria tradizione.

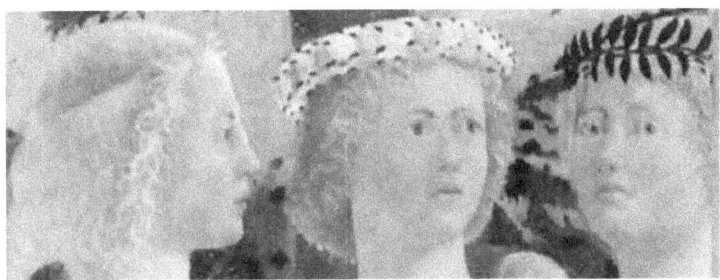

Piero ha voluto conservare dell'iconografia classica la ieraticità degli sguardi e delle posture, privandole di riferimenti significativi alla tradizione religiosa, svuotandoli del loro significato originario, che viene sostituito con un significato di tipo laico-borghese.

Questa religiosità vuota di contenuto è prigioniera di una scatola geometrica, i cui valori dominanti sono quelli razionali della borghesia. Qui non si discute l'esigenza di superare in maniera laico-umanistica la religione cristiana, sia essa cattolica o ortodossa: semplicemente si vuol far notare che rispetto alle rappresentazioni bizantine dei contenuti religiosi, questa di Piero rappresenta una soluzione poco convincente, in quanto troppo legata a formule di compromesso tra fede e ragione, tra religione e laicità.

L'agnosticismo di Piero è astratto e intellettualistico, troppo razionale per essere pienamente umano, non paragonabile alla profondità interiore, al *pathos* delle rappresentazioni bizantine dello stesso soggetto.

Giorgione da Castelfranco

Una "tempesta" che minaccia ma in lontananza

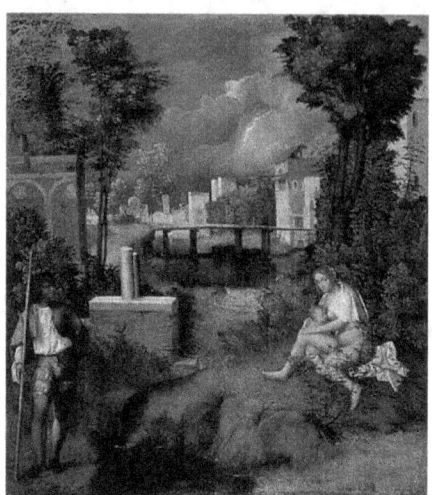

1505-1508 ca, Gallerie dell'Accademia, Venezia

La *Tempesta* di Giorgione da Castelfranco (1477?-1510) è un dipinto che sembra rappresentare il conflitto tra due etiche, quella *pubblica* (religiosa), simbolizzata in alto dal cielo tempestoso (che giudica) e dallo sfondo urbano (che vi si adegua supino), e quella *privata* (laica) rappresentata in basso dalla coppia, che rivendica libertà in uno stretto rapporto con la natura.

Lei è nuda ma allatta (ecco la riserva morale), lui la guarda ma scostato e vestito. Si vorrebbe libertà nella naturalezza ma il risultato è l'ambiguità, l'indeterminatezza, proprio perché il giudizio incombe dall'alto, minaccioso, ineludibile. E di questo si è perfettamente consapevoli.

L'arbusto che in parte copre la nudità della donna, deve essere stato realizzato successivamente, come forma di scrupolo, di ripensamento morale al fatto che si era scelto di alzare la gamba destra della donna invece che la sinistra.

La donna è ambigua perché da un lato risente delle immagini stereotipate della Vergine che allatta il Gesù neonato, dall'altro vuole rappresentare l'innovazione della donna moderna, che posa nuda per il pittore e che guarda con sfida, con sicurezza lo spettatore.

Non ha senso una puerpera che nuda allatta il proprio figlio in un contesto spazio-temporale come quello dipinto, ma ne ha molto se la si osserva in maniera simbolica, come appunto fa l'uomo di fronte a lei, che è poi l'artista stesso.

Tutto quindi ruota attorno alla figura della donna, tutto trae significato dal rapporto con essa: è lei il vero centro focale e spirituale del dipinto.

L'uomo guarda la donna con la consapevolezza che il superamento della morale religiosa si gioca sull'interpretazione della sessualità in generale e di quella femminile in particolare, oggetto di grandi tabù da parte della chiesa romana.

Non c'è nel quadro nessuna forma di volgarità, proprio perché il tentativo è quello di superare il pregiudizio religioso non in maniera superficiale, ma nella convinzione che solo una robusta morale laica può costituire una valida alternativa.

Il Giorgione anticipa qui fortemente alcuni temi dell'umanesimo laico secondo una modalità indubbiamente metaforica ma efficace.

Viceversa, la sua capacità artistica la si nota soprattutto nel tratteggio con cui sono stati dipinti gli alberi e la vegetazione nel suo complesso - un artista che doveva amare la natura come se stesso.

Tra laicità e religione sta una concezione della natura che oggi si ritrova solo nelle coscienze ambientaliste. Le colonne spezzate in primo piano, nonché il ponte o l'acquedotto romano in disuso, indicano proprio la volontà della natura di riprendersi ciò che le appartiene: la natura in se stessa, nei confronti della storia, e la natura nell'essere umano, nei confronti delle ideologie dominanti, dei poteri costituiti.

Si noti che sullo sfondo la città è indistinta e strettamente legata, anzi prona, al pregiudizio religioso in vigore, mentre in primo piano sta il tentativo, intellettuale, artistico, di trovare un'alternativa credibile. Un tentativo individuale e quindi, inevitabilmente, sofferto.

Tiziano tra sacro e profano

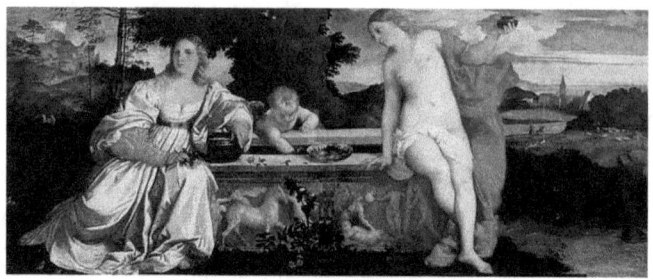

1514, Roma, Galleria Borghese

Premessa

L'opera *Amor sacro e Amor profano*, di cui non si ebbe alcuna notizia sino alla metà del Seicento e per la quale alla fine dell'Ottocento i banchieri Rotschild offrirono invano un prezzo enorme per poterla avere, è la più significativa del percorso giovanile di Tiziano Vecellio (1480/85 – 1576, qui venticinquenne), sicuramente una delle più studiate dell'intera storia dell'arte e ancora oggi non del tutto chiarita nei suoi significati simbolici.

Qui ogni elemento, anche il più minuto e almeno apparentemente marginale, diventa il segnale di un nuovo modo di pensare e di riproporre il tema figurativo, quale mai prima di allora si era visto nella pittura italiana.

Solo il restauro effettuato nel 1990-93 ha permesso di scoprire la complessa genesi della composizione: i numerosi pentimenti emersi dalle radiografie indicano i dubbi che attanagliarono il pittore sia riguardo alla concezione generale sia a proposito dell'esecuzione dell'opera.

Contesto storico

Il dipinto fu realizzato in un periodo in cui la repubblica di Venezia, dopo l'occupazione di Bisanzio da parte dei turchi e la conquista dell'America da parte degli spagnoli, che spostarono i traffici dal Mediterraneo all'Atlantico, s'era vista costretta, al fine di conservare l'alto livello di benessere raggiunto alla fine del Quattrocento, a espandersi verso l'entroterra, ampliando il suo raggio d'azione commerciale a spese delle terre romagnole dello Stato della chiesa e di quasi l'intero Lombardo-Veneto, spingendosi fino ai possedimenti imperiali, come il Friuli, Gorizia, Trieste e Fiume.

Contro di essa la chiesa organizzò la Lega di Cambrai, al fine di spartirsi, con l'appoggio dei francesi (che non volevano cedere a Venezia il ducato milanese), degli spagnoli (imparentati con gli imperiali di Massimiliano I d'Austria) e delle signorie di Ferrara e di Mantova, tutti i territori della Serenissima. Fu il maggior conflitto delle guerre italiane del Rinascimento, in quanto ai contendenti presto si unirono inglesi, scozzesi, ungheresi, svizzeri, fiorentini e urbinati, in guerra tra loro o contro Venezia o contro i francesi.

Grazie alla sua abilità diplomatica e con uno sforzo immane, in termini di uomini e di finanze, Venezia riuscì a rovesciare le alleanze più volte, vincere la guerra (1509-1516) e ritornare quasi agli originali confini. Questo anche perché il papato, ormai sempre più filo-spagnolo, aveva capito che nel caso in cui avessero vinto gli anticlericali francesi, intenzionati a espandersi nella penisola, questi sarebbero stati un nemico assai peggiore di Venezia, la quale, pur avendo occupato alcuni territori della Romagna e pretendendo di nominare il clero nei propri territori, era sicuramente meno potente della Francia.

Conclusa la guerra, si apre per Venezia, una delle città più importanti d'Europa (la più popolosa d'Italia dopo Napoli), un periodo di nuovi entusiasmi e di ambiziosi progetti di rinnovamento architettonico e artistico. E Tiziano, il maggior discepolo del Giorgione, si accingeva a diventare il pittore ufficiale della Repubblica.

Il committente

Il committente del dipinto è stato desunto da un fregio della fontana-sarcofago, identificato dal Gnoli nel 1902 e confermato dal Mayer nel 1939, come lo stemma araldico del gran cancelliere di Venezia, Niccolò Aurelio, dotto umanista e collezionista, che lo commissionò per le sue nozze con Laura Bagarotto nel 1514. L'Aurelio era divenuto gran cancelliere nel 1523, ma poi, caduto in disgrazia, fu condannato all'esilio perenne. Il blasone della famiglia della sposa, nella decorazione del piatto d'argento sul bordo della fontana, è stato invece identificato nel 1975 dal Wethey.

Il significato dell'opera

Niccolò Aurelio, già segretario del Consiglio dei Dieci sin dal 1507, aveva contribuito a condannare a morte, durante la guerra della

Lega di Cambrai, il padre della sposa, Bertuccio Bagarotto, giurista padovano, in quanto, dopo la disfatta di Venezia nella battaglia di Agnadello del 1509 e in seguito alla caduta di Padova sotto gli imperiali, egli aveva accettato da quest'ultimi la carica di "Deputato ad Impiria", pensando di riuscire in qualche maniera a tutelare gli interessi della repubblica veneziana.

Quella mossa però fu interpretata dal Consiglio dei Dieci come un tradimento e quando Venezia riconquisterà Padova, il doge Andrea Gritti fece arrestare il Bagarotto, impiccandolo a Venezia nel 1511. Pare dunque che il matrimonio fosse stato in un certo senso "riparatore", in quanto, appurata la falsità dell'accusa, Venezia voleva rappacificarsi con Padova.

L'opera comunque doveva essere non solo un importante dono di nozze e di riconciliazione col casato della moglie, ma anche un atto politico da cui derivasse un simbolo dello splendore degli Aurelii presso i veneziani.

Il titolo

Il titolo attuale, *Amor Sacro e Amor Profano*, dato nel corso di un inventario del 1693 presso la Galleria Borghese, è castigato, in quanto nel dipinto non vi è nulla di "religioso", nel senso "cristiano" del termine.

In verità nel catalogo della Galleria è indicato con differenti diciture, di cui la prima, del 1613, è probabilmente quella più vicina alle intenzioni dell'autore: "Beltà disornata e Beltà ornata", che probabilmente non metteva in forma nettamente oppositiva le due figure, essendo peraltro incredibilmente somiglianti.

La composizione artistica

L'*Amore libero* della donna seminuda, ammantato di rosso, è raffigurato in piena luce, poiché non è condizionato da interessi di sorta, mentre l'*Amore convenzionale* della donna sposata è fasciato da ricche vesti e si staglia contro uno sfondo ombroso: il bilanciamento luministico, cromatico e compositivo assume quindi anche un preciso significato simbolico.

L'opera è di grande importanza per quanto riguarda la poetica di Tiziano: si tratta infatti dell'unica tela interpretabile in chiave neoplatonica (corrente caratteristica dell'ambiente toscano, cui si contrapponeva l'aristotelismo tipico di Venezia). Il raffinato classicismo, ricco di sottili allusioni simboliche, è una conquista tutta personale del giovane Tiziano, che si recherà a Roma solo nel 1545.

Vi è inoltre un altro livello di lettura dell'opera, oggi considerato piuttosto superato, alludente al comportamento che una buona moglie deve tenere in privato e in società, all'immagine irreprensibile che deve dare di sé la moglie di un personaggio politico come Niccolò Aurelio, peraltro anche amico ed estimatore del Bembo, il maggior sostenitore del ritorno al Petrarca e all'uso della lingua italiana.

Notevoli restano le proporzioni del dipinto, decisamente inconsuete per un tema allegorico e per il nudo femminile.

Lo sfondo

Lo sfondo su cui sono collocate le due figure sembra rappresentare il tentativo di mettere in opposizione il *piacere* (la "Felicità Eterna" che disprezza le corruttibili cose terrene) col *dovere* (la "Felicità Breve", adorna di gemme e soddisfatta da una effimera felicità mondana, terrena), in quanto il paesaggio non ha una continuità vera e propria; anzi, viene in un certo senso diviso da una folta vegetazione (dietro il putto), così come i bassorilievi del sarcofago sono separati visivamente da un arbusto.

Tuttavia le due differenti orografie possono anche essere viste come complementari, in quanto la donna nuda pare guardare Cupido (l'eros) come possibile mediazione in grado di collegare l'etica con l'estetica. È probabile che il giovane Tiziano pensasse ancora all'amore come ideale perseguibile da una classe borghese che vuole affermare la propria umanizzazione o laicizzazione, pur in un contesto formalmente religioso.

A sinistra, dietro l'Amore etico, convenzionale, istituzionale, codificato, si nota un paesaggio oscuro, con una vegetazione lussureggiante, una città fortificata su un colle e due lepri o conigli (simbolo di fertilità animale), con un sentiero in salita percorso da un cavaliere diretto al castello, metafora di una vita faticosa per giungere alla realizzazione di sé sul piano secolare, civile, politico, economico. L'alba indica appunto un inizio.

A destra il paesaggio più rustico e pianeggiante, al tramonto, punteggiato da greggi al pascolo che evocano le utopie bucoliche; in lontananza si scorgono dei cavalieri che si godono una battuta di caccia, una lepre inseguita da un altro animale, una coppia di pastori e una chiesetta di campagna con tanto di campanile (la religione qui è vista in maniera popolare, non istituzionale).

Alcuni critici hanno ipotizzato che il Tiziano si sia ispirato al paesaggio della Val Lapisina, presso Serravalle, per alcuni anni residenza del pittore: così il castello di sinistra corrisponderebbe alla torre di San Floriano e lo specchio d'acqua al lago Morto.

Le due donne

Secondo E. Panofsky il dipinto rappresenta le "Due Veneri gemelle" nel senso di Ficino. La figura nuda è la "Venere celeste", che simboleggia il principio della bellezza eterna e universale, puramente intelligibile, priva di aspetti esteriori (e l'Amorino che gioca con l'acqua sarebbe suo figlio).

La seconda è la "Venere terrena", che simboleggia la "forza generatrice" che crea le immagini periture ma visibili e tangibili della bellezza sulla terra. Ambedue sono pertanto, secondo l'espressione ficiniana, "onorevoli e degne di lode, ciascuna a modo suo".

Il tema delle due Veneri può derivare anche dal *Simposio* di Platone. Nella visione neoplatonica, condivisa da Tiziano e dalla cerchia degli umanisti veneziani, la contemplazione della bellezza del creato era finalizzata a percepire la perfezione dell'ordine del cosmo, che non necessariamente doveva avere un contenuto religioso. Anzi se nel dipinto vi fosse, apparirebbe alquanto blasfemo, poiché il simbolo religioso per eccellenza, il campanile della chiesa sullo sfondo, non è stato posto dietro la donna vestita ma dietro quella nuda. In ogni caso Stato e chiesa appaiono qui separati.

Venere/Urania rappresenta la felicità eterna, celestiale e l'amore spirituale; il manto rosso e la fiaccola che arde nella sua mano sono il simbolo della sua natura passionale (il mantello rosso e il lenzuolo bianco sono invertiti nei ruoli delle due donne). Sullo sfondo, alle sue spalle, si vede una chiesa per sottolineare il carattere sacro della Venere celeste; il paesaggio è montuoso e per un sentiero si inerpica un cavaliere: questo per significare che il cammino per raggiungere la virtù suprema è lungo e faticoso.

La donna che indossa un sontuoso abito nuziale bianco e rosso, stretto da una cintura, e che reca nei biondi capelli sciolti una coroncina di mirto, pianta sacra a Venere e simbolo dell'amore coniugale, allegoricamente rappresenta l'iniziazione ai misteri dell'amore, aiutata, in questo, dalla Venere nuda e dal suo pupillo, Cupido, che smuove le acque in superficie nella fontana, giocando con il destino dell'uomo. Alla condizione di sposa alludono anche il mazzetto di rose nella mano destra e i guanti.

Essa appare come una gran dama formosa, in atteggiamento di estraneità e aristocratico distacco rispetto all'altra e a Cupido, come fosse assorta nello svolgimento di un ruolo prestabilito, che le dà un certo prestigio sociale. È stabilmente seduta, più "incassata" rispetto all'altra, come bloccata nell'azione, una sorta di innaturale fermo-immagine volto a mostrare la sua sicura materialità nei confronti dell'aerea spiritualità della sua compagna, che invece è più sciolta, disinvolta, slanciata, armoniosa, mobile, il cui sfondo luminoso le dà maggiore serenità. Paradossalmente, nonostante la propria nudità, sembra esibirsi meno lei dell'altra.

La donna sposata può guardare l'osservatore proprio perché esprime l'etica, mentre l'altra, se l'avesse fatto, sarebbe parsa eccessivamente seducente, provocante, ammiccante. È stata sicuramente indovinata l'idea di farle guardare l'altra come davanti a uno specchio, con lo stesso colore degli abiti ma in forma speculare.

Un ruolo fondamentale nell'identificazione delle due donne in Venere e Proserpina è stato rivestito dalla fontana-sarcofago, connotata da simboli di morte e vita. Nella parte destra, infatti, il sarcofago presenta una raffigurazione di Venere in riferimento al romanzo allegorico e pagano *Hypnerotomachia Poliphili* di Francesco Colonna (stampato nella permissiva Venezia nel 1499), nel quale si narra di un sogno erotico-spirituale di Polifilo e di un episodio in cui Venere si punge un piede nel soccorrere Adone aggredito da Marte. Nella parte sinistra è riconoscibile il ratto di Proserpina.

Molto interessante è la versione di Gentili (1990), secondo cui Venere deve persuadere Laura ad accettare le nozze d'interesse (politico), e l'amorino che miscela l'acqua nel sarcofago-fontana trasforma la morte (scene scolpite) in vita.

L'ambiguità del dipinto sta comunque nel fatto che le due donne (etica ed estetica) vengono poste sullo stesso piano (sono entrambe sedute sullo stesso bordo della vasca, anche se quella di destra risulta più elevata, a indicare che non solo non c'è una superiorità dell'etica sull'estetica, ma è addirittura questa che dovrebbe prevalere su quella per darle un senso di umanità). La donna nuda indica a quella vestita la via da seguire (verso il cielo). Cupido, colto nell'atto di mescere l'acqua, rappresenterebbe, quindi, l'amore come intermediario tra il cielo (l'ideale puro) e la terra (la cruda realtà).

Secondo alcune fonti la donna che interpreta Venere è riconducibile ad Angela del Moro, nota ai tempi come Zanfetta, famosa prostituta dell'epoca, di nascita nobile. Donna di grande cultura, era amica di letterati illustri come il Bembo e l'Aretino. Venne chiamata come modella da pittori famosi, fra i quali appunto Tiziano. Ma non è da escludere che entrambe siano soltanto immagini tipizzate, standardizzate, di una bellezza e di una sensualità femminili ideali: dipinti destinati a essere venduti a uomini facoltosi in procinto di sposarsi.

Di sicuro nessuno dei due volti raffigura Laura Bagarotto: sarebbe stato sconveniente ritrarla nuda o con una donna nuda a fianco. Secondo una versione, il volto riprenderebbe le fattezze del primo amore del Tiziano, quella Violante Palma il cui padre l'aveva pregato di ritrarla.

Altre simbologie pagane

Le scene che si vedono al centro del sarcofago, per alcuni critici sono spiegate come scene di castigo, quel castigo con cui si deve punire e frenare la passione sensuale (rappresentata dal cavallo senza sella, che va domato e legato).

Per altri invece esse servono a capire che la donna vestita è Proserpina, dato che dalla parte sinistra del sarcofago si vedrebbe il suo rapimento, mentre dall'altro lato Venere, soccorrendo Adone ferito da Marte, si punge un piede.

I simboli del matrimonio e della fertilità sono ben visibili: la sposa vestita di bianco, simbolo di purezza; il mirto, nella mano appoggiata sul grembo, simboleggia l'amore lecito e onesto, sempre profano; la cintura con la fibbia chiusa, simbolo dell'attaccamento e della fedeltà; la fertile coppia di conigli; lo scrigno chiuso da una mano posata sopra, come atto di possesso e d'impedimento ad altri di aprirlo; la rosa, che ricorda l'effimero, poiché dura un solo giorno ed è piena di spine.

Anche i simboli dell'amore sono evidenti: la bellezza nuda, l'abito discinto, Cupido, la coppa infuocata dell'amore, cioè il nettare degli dèi, simbolo dell'amore elevato, celeste, spirituale, inestinguibile. Il bacile a lei vicino è sprovvisto di coperchio, aperto a tutti, in quanto indica l'altruismo infinito, illimitato. Molta di questa simbologia può essere stata desunta dall'iconografia bizantina, con cui Venezia fu a contatto per un millennio.

Vaghi accenni all'iconografia cristiana medievale si possono scorgere nel pozzo, che appariva sempre nell'episodio del Cristo con la samaritana (fatta passare dal vangelo giovanneo per una prostituta), mentre il sarcofago simboleggiava ovviamente la resurrezione (e là dove è presente la Maddalena, altra prostituta, secondo i vangeli, il vestito è sempre di colore rosso). In ogni caso qui il sarcofago non diventa simbolo di vita in senso religioso, ma in senso pagano o umanistico, in quanto trasformato in pozzo dell'amore, pieno d'acqua.

Le influenze del Giorgione

L'opera risente profondamente dell'influenza di Giorgione (che Tiziano aveva incontrato nel 1508), soprattutto nello sfondo e nell'uso di tonalismi: si può quindi considerare un'opera di transizione nella maturazione artistica del pittore.

Tuttavia in pochi anni non soltanto Tiziano poté eguagliare il maestro, ma di gran lunga superarlo, dominando per oltre settant'anni il mondo artistico della Repubblica di Venezia ed anticipando di tre secoli Renoir e gli Impressionisti con l'uso rivoluzionario del colore e l'amore per il paesaggio.

La donna seminuda era già stata anticipata da quella del suo *Concerto campestre* del 1509, influenzato nettamente, come tema, dallo stesso Giorgione.

L'interpretazione

La cultura è un *background* che chiunque si porta con sé, tutta la vita. Quel che si vede, in un pittore, non è solo quel che di *artistico* si percepisce (forme, colori ecc.), ma anche quel che di *culturale* si può soltanto intravedere, in quanto non espressamente manifestato. La cultura, che nel caso di questo capolavoro, vuole essere *post-cristiana* (benché si avvalga di riferimenti *pre-cristiani*), non sta solo in quel che si vuol rappresentare sulla base della richiesta della committenza (p.es. le allegorie dell'amore carnale e spirituale), ma sta anche nel messaggio implicito che si vuole trasmettere.

Tale recondito messaggio, che non poteva essere apertamente esplicitato proprio in quanto la cultura dominante non lo permetteva (la Repubblica veneta era comunque aperta alle innovazioni rinascimentali), sta nel passaggio da una concezione religiosa dell'esistenza a una ateistica di tipo borghese, in cui gli aspetti della sensualità, del piacere fisico, carnale, terreno, cominciano ad acquistare un certo peso nella vita dei nuovi ceti dominanti, per quanto questi si sforzino, secondo le contraddizioni tipiche del loro ceto, di mascherarli dietro una rappresentazione formale dell'etica, che nel quadro è simboleggiata dal matrimonio.

Tiziano esprime la doppiezza della borghesia, l'antinomia tra forma retorica e sostanza trasgressiva, tra apparenza e realtà all'interno della stessa persona, tra dover essere convenzionale e piacere individualistico. La mistificazione sta nel rendere più piacevole la trasgressione, facendola passare per una maggiore spiritualità, secondo l'equazione nudità=verità, che l'autore vuole contrapporre alla coscienza cristiana del peccato, senza rendersi conto che in una società divisa in classi opposte una qualunque rappresentazione del nudo femminile non può mai uscire da una visione strumentale della donna, per quanto nei ceti elevati della Venezia d'allora le donne si sentissero molto più emancipate che nel resto d'Europa (non a caso Venezia era la capitale mondiale della moda), anche se le sole prostitute censite erano oltre undicimila!

Raffaello e la *Liberazione di san Pietro dal carcere*

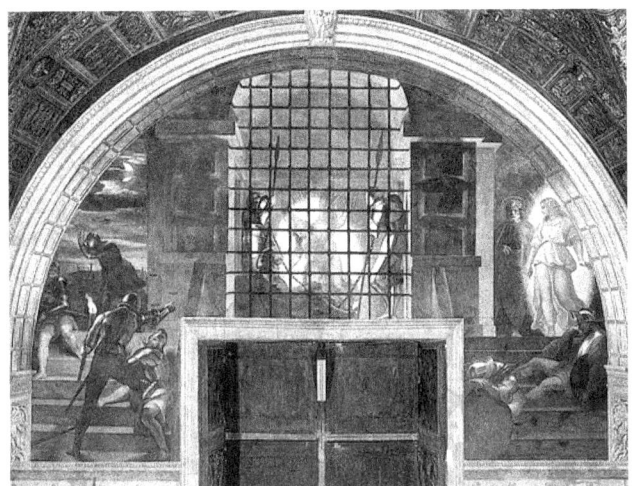

Liberazione di san Pietro, 1513-14, Musei Vaticani

Contesto storico

Il timore di vedere i francesi di Luigi XII, già padroni della Lombardia e del genovese, dilagare nelle terre di Romagna, su parte delle quali nel frattempo aveva messo mano la repubblica veneziana, aveva indotto la chiesa del papa-militare Giulio II, a intraprendere dure battaglie per riconquistare i territori perduti e, se possibile, allargarli: di qui la conquista di Perugia, di Bologna, la guerra contro Venezia con l'aiuto dei francesi e contro i francesi con l'aiuto degli svizzeri e di altri Stati italiani ed esteri, in nome di una "lega santa" contro lo straniero.

Oltre che militare l'offensiva fu anche ideologica, con l'inaugurazione del V Concilio lateranense (1506) che toglieva, con la minaccia di scomunica, ogni speranza di negoziato ai fautori del primato del concilio sul papato e a chi metteva in discussione il potere temporale della chiesa.

Ottenuto quanto sperava sul piano politico-militare, ora la chiesa aveva bisogno di dimostrare la propria superiorità anche su quello culturale, come da tempo faceva perorando la causa dei grandi artisti nazionali. La smania del lusso e della modernità stava portando alla Riforma ipercritica di Lutero, benché la chiesa avesse cercato di guadagnarsi le simpatie proprio di quella classe che invece le si rivolterà contro: la borghesia, anche se a livello nazionale s'imporrà il quieto vivere e quindi l'assenso indiretto alla Controriforma. La paura di perdere potere politico aveva fatto improvvisamente fare alla curia romana marcia indietro, costringendola a ribadire un passato che non poteva più esistere, pur con l'aiuto di mezzi tutt'altro che superati, quali appunto erano quelli dell'arte rinascimentale italiana, allora la più avanzata nel mondo.

L'affresco

In questo contesto si colloca uno degli affreschi peggio riusciti di Raffaello, *La liberazione di san Pietro dal carcere*. È noto che Giulio II affidò la decorazione della Stanza detta "della Segnatura" (1508-11) a Raffaello dopo aver licenziato in tronco artisti del calibro del Perugino, Lotto, Bramantino... Gli affreschi della Stanza di Eliodoro, in cui l'affresco in oggetto si trova, furono realizzati subito dopo (1511-14).

L'affresco è del 1513 e fa *pendant* ad altri due voluti allo scopo di dimostrare il primato spirituale e temporale della chiesa romana, testimoniato dallo speciale intervento divino: la Cacciata di Eliodoro dal tempio di Gerusalemme, dove era entrato per rubare i vasi sacri, e l'incontro di Leone Magno - che ha gli stessi lineamenti di Leone X (1513-21), succeduto a Giulio II (1503-13) - col terribile Attila.

In questa seconda Stanza Raffaello, con una disinvoltura che ha dell'incredibile, abbandona lo stile armonico e i toni tenui della Stanza precedente e si avventura in un pathos drammatico, a tinte anche cupe, in cui sembra volersi misurare di più con l'opera di Michelangelo.

Dei tre affreschi sicuramente quello della *Liberazione di san Pietro* appare il meno riuscito, per quanto la critica abbia qui ravvisato, nel gioco di ombre e luci, una certa originalità di stile: praticamente è uno dei primi notturni dell'arte italiana. La luce infatti emana da vari punti: la luna, le torce, l'angelo, l'alba... e si riflette mirabilmente sulle armature dei militari, i quali non sono certo delle figure di contorno nel complesso della scena.

L'affresco sembra essere stato dipinto sulla base di un disegno che doveva prevedere tre colonne verticali, di cui due laterali strette, che avrebbero interessato prevalentemente i militari appoggiati sulle scale, e uno centrale, caratterizzato da un'imponente e quanto mai geometrica grata della cella del carcere, dove dietro, poco significative si

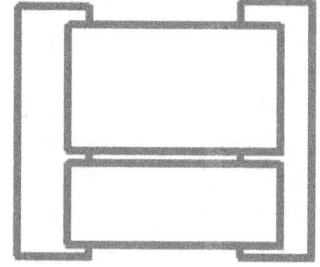

stagliano le figure dormienti di Pietro e delle guardie e quella, stereotipata, dell'angelo liberatore.

Le fasce orizzontali invece sono soltanto due: una, imponente, in alto, che attraversa scale e cella, l'altra, tagliata dal portone reale, in basso, che rende simmetriche le due scale.

Oltre a ciò esistono tre linee curve, una ben visibile, ed è costituita dalla volta che racchiude a mo' di cornice l'affresco, le altre due sono invisibili e circondano l'intera scena, dipanandosi in direzioni opposte: dalla cella verso le scale, seguendo il percorso della liberazione del detenuto Pietro, e dalle scale di destra, con le guardie addormentate, verso le scale di sinistra, con le guardie sveglie.

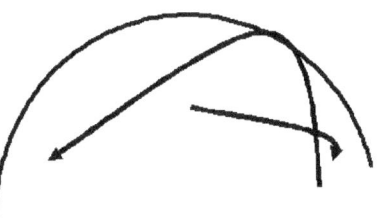

Queste linee dritte e curve e la scacchiera perfetta della grata di ferro, che danno un effetto tridimensionale alla scena, stanno a indicare lo stile per nulla spontaneo e anzi studiatissimo di Raffaello, che in tal senso appare più architetto che pittore e che non a caso, appena finito l'affresco, inizierà a sovrintendere alla ricostruzione di San Pietro, dopo la morte di Bramante (1514)

Nei personaggi rappresentati, se si escludono alcuni militari, non vi è alcuna vera espressione che tocchi i sentimenti, non c'è poesia. Pietro svolge un ruolo del tutto passivo per essere convincente e l'angelo è troppo fittizio per suscitare qualcosa di umano. Se non avessimo costatato la ricerca ossessiva della perfezione prospettica e geometrica, saremmo stati indotti dall'affermare che i veri protagonisti di questo affresco sono in realtà i militari, soprattutto quelli della scala di sinistra.

È modernissimo quello che si nasconde, in lontananza, il volto, quasi fosse colto dal terrore di doverci rimettere la vita a causa dell'evasione di Pietro (come poi, stando agli Atti degli apostoli, in effetti avvenne). I militari sono talmente ridondanti (ben otto) che quasi vien da pensare che i quattro di sinistra siano in realtà solo

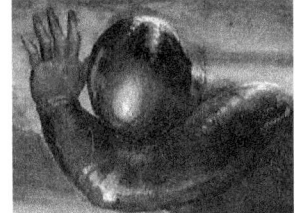

due, di cui uno ritratto in tre pose diverse: il terrore (la guardia più in alto che si nasconde il volto), la paura (quella che si nasconde dietro la colonna), il timore (quella che guarda ammutolita il commilitone che inveisce pesantemente).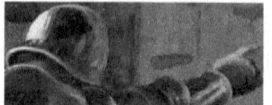

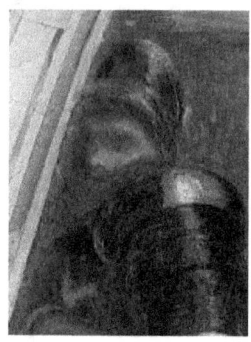 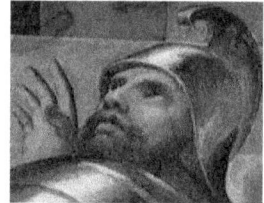

    Lo sguardo del militare intimorito lascia immaginare, come in uno specchio, quello nascosto del militare adirato. Tutto ciò è molto moderno e ricorda quella che si può definire la sceneggiatura cinematografica di un film giallo o d'avventura, qui condensata in un unico scorcio spazio-temporale.

    Forse ci si potrebbe spingere ancora più in là, azzardando l'ipotesi che il militare più in alto si copre il volto perché Raffaello lo ha voluto rendere occulto complice della liberazione di Pietro, misconoscendo così la versione romanzata di At 12,5-19, la quale ovviamente attribuisce a una figura irreale un'identità che non poteva essere svelata.

È comunque fuor di dubbio che l'elemento di disturbo in questa fiction è proprio l'angelo, che, come in quei film dove il finale è scontato, non solo non aggiunge nulla alla drammaticità di certe scene, ma addirittura la toglie. Peraltro le sue fattezze così femminili, il fatto stesso che prenda per mano un leader politico-religioso che non sa neppure se stia sognando o se sia desto, fanno pensare a una fuoriuscita dalla prigione della misoginia, in cui da sempre si dibatte la chiesa romana.

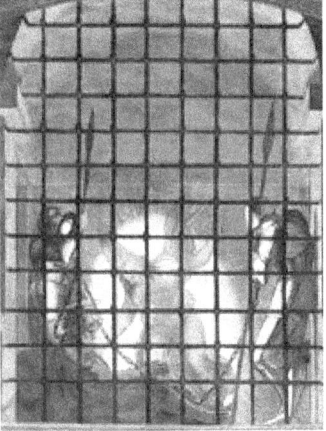

Insomma qui la novità sta unicamente nel fatto che Raffaello ha realizzato qualcosa per uno spettatore che doveva semplicemente assistere a un racconto d'avventura, in cui ogni personaggio ha il proprio ruolo da svolgere e dove la chiave interpretativa non sta tanto nel contenuto del "film" quanto piuttosto nell'intreccio delle storie, nella ricercata costruzione scenografica in cui le storie si dipanano. Ciò che deve eccitare la curiosità dello spettatore è anzitutto quella gigantesca grata di ferro che sta a simboleggiare una sofferenza astratta, convenzionale, da cui si deve necessariamente uscire. Siamo ai limiti della fiction di maniera.

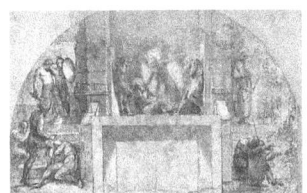

Modello originale
(Galleria Uffizi, Firenze)

Michelangelo Buonarroti, l'anticonformista

> Desti a me quest'anima divina e poi la imprigionasti in un corpo debole e fragile, com'è triste viverci dentro.

Biografia (1475 – 1564)

A Michelangelo la madre morì che aveva solo sei anni. L'infanzia era stata grigia e fredda. Il suo temperamento era d'indole taciturna. Era stato mandato a balia, da bambino, in una famiglia di scalpellini.

Tornato in città frequentò, contro la volontà del padre, il pittore Francesco Granacci, che lo invogliò alla pittura presso il Ghirlandaio. Strangamente il tredicenne Michelangelo, invece di lavorare gratuitamente, poté fruire di un contratto triennale di apprendistato. Col Ghirlandaio opera agli affreschi in Santa Maria Novella, ma il sodalizio dura molto poco.

Tuttavia Lorenzo il Magnifico, accortosi del suo talento, lo accoglie alla corte come un figlio adottivo. A Palazzo Medici frequenta, appena quindicenne, Poliziano, Marsilio Ficino e Pico della Mirandola e altri umanisti neoplatonici. Studia le opere d'arte antica riunite nel Giardino di via Larga (giardini medicei di San Marco), sotto la guida di Bertoldo di Giovanni. Scolpisce la *Madonna della Scala* e la *Centauromachia*. Studia anatomia sezionando cadaveri.

Alla morte di Lorenzo, durante la predicazione del Savonarola e mentre si sta avvicinando il re francese Carlo VIII, fugge da Firenze (ottobre 1494), recandosi a Bologna, ma già nel 1496 parte per Roma, dove resta sino al 1501. Aveva ottenuto l'incarico della *Pietà* in San Pietro, che suscitò non poche critiche, in quanto aveva rappresentato Maria troppo giovane rispetto al Cristo. Prima della Sistina aveva realizzato, in pittura, solo qualche tavola e il cartone per la *Battaglia di Cascina* per Palazzo Vecchio.

Tornato a Firenze fino al 1504, nel marzo 1515 viene chiamato da Giulio II per realizzare un monumento funebre, ma abbandona la città nell'aprile 1506 perché il papa è preso per la nuova basilica di San Pietro con l'architetto Bramante. Nel novembre dello stesso anno deve però raggiungere Giulio II a Bologna, appena conquistata dalle truppe pontificie, allo scopo di realizzare una grande statua in bronzo del pontefice (febbraio 1508), distrutta poi, tre anni dopo, dai seguaci del Bentivoglio.

Nel maggio 1508 sottoscrive il contratto per la decorazione della volta della Sistina. Committente è lo stesso Giulio II, che lo incarica di sostituire le stelline del soffitto della Cappella con un affresco dedicato ai Dodici Apostoli, che poi diventerà quello della *Storia della Creazione*. Gli ci vogliono quattro anni per terminare il progetto.

Dopo la morte di Giulio II, nel maggio 1513, firma un secondo contratto per il monumento destinato alla sepoltura del pontefice, ma il progetto non si realizzerà mai in maniera compiuta, nonostante vi abbia lavorato per oltre trent'anni (più volte dirà di sentirsi invidiato da Bramante e Raffaello). I lavori vengono sospesi una prima volta nel 1520 perché gli era stata commissionata la facciata di San Lorenzo, anch'essa rimasta incompiuta, come altre opere dell'artista, per problemi tecnici e finanziari.

A Firenze intanto costruisce la Sagrestia Nuova di San Lorenzo (1519-33) e la Libreria Mediceo-Laurenziana.

Dopo il sacco di Roma da parte dei Lanzichenecchi (1527) e la cacciata dei Medici da Firenze, ha una parte rilevante nel governo repubblicano, in quanto governatore delle fortificazioni murarie. Partecipa attivamente alla difesa della città assediata dalle truppe pontificie e imperiali.

La Repubblica cade il 12 agosto 1530. È questo il periodo più angoscioso della sua vita. È infatti repubblicano convinto, ma fugge a Ferrara e a Venezia (1529) e vorrebbe andare in Francia. Firenze lo bandisce come disertore e ribelle, poi lo perdona e lo richiama, grazie all'intercessione di Clemente VII, che lo salva dalle vendette dei seguaci dei Medici (il papa aveva vissuto, insieme a Michelangelo, alla corte dei Medici: erano entrambi profondamente borghesi e sostanzialmente atei).

Tuttavia nel 1534 decide di abbandonare definitivamente Firenze per trasferirsi a Roma, dove accetta l'incarico di Clemente VII di dipingere una Resurrezione dietro l'altare della Sistina, idea che venne poi sostituita con quella del *Giudizio Universale* (1536-41). A Roma rimane molto impressionato dalle conseguenze del saccheggio, che ha dissipato il mito dell'immunità storica della città santa: il sogno della restaurazione classica di Leone X pare concluso.

Paolo III confermerà a Michelangelo l'incarico ottenuto da Clemente VII e non farà nulla per impedire a Michelangelo di dipingere come gli pareva. Tuttavia proprio questo papa stava per diventare il campione della Controriforma. Le divergenze teologiche col protestantesimo sono destinate a trasformarsi in politiche, con risvolti di tipo militare e Michelangelo col suo *Giudizio Universale* sembra anticiparne i tempi.

Partecipa al gruppo di Viterbo che si riunisce attorno al cardinale

Reginald Pole e a Vittoria Colonna, capofila degli ambienti cripto-protestanti italiani. L'influenza di questo clima spirituale è visibile nel *Giudizio Universale* e negli affreschi della Cappella Paolina, dove nella *Conversione di san Paolo* e nel *Martirio di san Pietro* i nudi sono ridotti al minimo, ma è evidente che: 1. il Cristo odia tutti meno san Paolo, che in quel momento era anti-cristiano; 2. Michelangelo s'identifica in san Pietro e, pur di non cedere dalla propria posizione, si fa crocifiggere capovolto, guardando con disprezzo persino l'osservatore, il committente.

Nei suoi diari e nelle poesie spesso si lamenta delle condizioni grame della sua esistenza, ma egli non era affatto povero, anzi aveva accumulato una fortuna equivalente a molte decine di milioni di euro (p.es. una cifra equivalente a 46 milioni di euro decise di lasciarla al suo amante Pierfrancesco Borgherini). Nel periodo in cui lavorò alla Biblioteca Laurenziana riuscì a ottenere da Clemente VII uno stipendio mensile equivalente a 600 mila euro. Il suo reddito abituale era di almeno cinque volte superiore a quello di Leonardo o Tiziano o Raffaello. Non si godè tutto questo patrimonio solo perché era incredibilmente avaro e viveva molto modestamente, pensando soltanto ad accumulare i suoi guadagni presso le banche e acquistando terreni.[9]

Negli ultimi vent'anni della sua vita s'interessa solo di architettura. L'unica scultura scolpita è la *Pietà*, simbolo del crollo di tutti i miti rinascimentali.

Autorizza Ascanio Condivi a scrivergli la biografia.

Il Tondo Doni

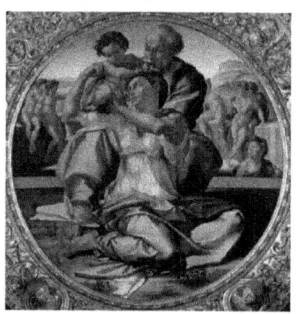

Il cosiddetto "Tondo Doni" (1503-1504, Firenze, Uffizi) rappresenta la Sacra Famiglia con san Giovannino, realizzato per le nozze di Angelo Doni con Maddalena Strozzi o per la nascita della loro primogenita.

---

[9] Cfr Rab Hatfield, *The Wealth of Michelangelo*, Storia e Letteratura 2002.

Michelangelo organizza la composizione, soprattutto i volumi e i contorni, come se dovesse avere il risalto di un'opera scultorea. Inevitabilmente quindi le forme si distaccano dalla compostezza e dall'equilibrio del classicismo. Notevole è anche, e molto artificiosa, la presenza del cangiantismo nelle vesti.

Il linguaggio iconografico è inedito, poiché non vi è nulla di religioso. La Madonna non ha il velo, le sue braccia sono nude e muscolose, è avvitata su se stessa, a spirale, come se il bambino le venisse dato da dietro, quasi a sua insaputa: infatti è costretta a girarsi, per cui è impossibile spiegarsi il motivo della sua presenza in quel luogo. D'altra parte a Michelangelo non interessa lo storicismo (il contesto spazio-temporale) del tema che vuole raffigurare.

Lo schema di questa triade era già in voga nella Firenze del Quattrocento (vedi p.es. la *Sacra famiglia* del Signorelli), ma qui sono assolutamente originali il movimento serpentinato delle figure, la tipologia idealizzata e anti-tradizionalistica della Vergine e la cromia smaltata e anti-naturalistica.

Il bambino non sembra figlio di quei genitori: non vi è in lui trasporto filiale. La sua testa è discostata, poggia le mani sulla testa della madre come per volersene allontanare, il suo sguardo s'incrocia a malapena con quello di quest'ultima.

I nudi sono prototipi degli *Ignudi* della Sistina e dei *Prigioni* per la Tomba di Giulio II. La loro presenza sullo sfondo, del tutto fuori luogo rispetto al tema in oggetto, permette forse una lettura psicologica del dipinto.

La madre ha la mano sul pube del figlio, come se volesse iniziarlo alla sessualità, ponendoselo in grembo, e lui la guarda perplesso, senza particolare trasporto, anche perché viene osservato con sguardo indagatore da un padre serio e molto più anziano della madre, che però non è in grado di proteggerlo. Sullo sfondo si profila il destino di un bambino avviato troppo presto alla sessualità: quello appunto dell'omosessualità.

Il bambino dunque è intenzionato a diventare adulto per conto proprio e a raggiungere i giovanetti che gli sono alle spalle: non vuole farsi manipolare dagli adulti. Si sente prigioniero della "sacra famiglia", invidia la libertà che ha un suo amichetto (san Giovannino), meno costretto in un ruolo istituzionale ed ecclesiastico.[10]

Le quattro Pietà e la crisi del maschio dominante

Michelangelo Buonarroti visse in un periodo che va dall'esplo-

---
[10] Cfr Fossi Gloria, *Michelangelo. Il Tondo Doni*, 1998, Giunti Editore.

sione dell'Umanesimo letterario e filosofico e del Rinascimento artistico, entrambi laico-borghesi e nettamente anti-medievali, alla crisi irreversibile di queste straordinarie correnti culturali, che sfocerà negli anni bui della Controriforma cattolica. Un periodo che vedrà il papato uscire indenne dai due scismi occidentali che precederanno la Riforma protestante, caratterizzati da due importanti concili, quello di Costanza (1414-18) e quello di Basilea (1431-49), con cui si cercò, vanamente, di sottomettere la monarchia pontificia all'istanza conciliare. Il papato ebbe l'insperata fortuna di ottenere la sottomissione, peraltro temporanea, della chiesa ortodossa di Bisanzio, in occasione del Concilio di Ferrara-Firenze (1438-39), cui, col basileus, aveva partecipato per chiedere, invano, aiuti militari contro l'ondata ottomana che stava per travolgerli. La chiesa romana, in un colpo solo, non soltanto aveva ottenuto l'obbedienza della grande rivale bizantina, ma anche un rinnovato consenso da parte di tutta la chiesa cattolica euro-occidentale. In cambio era stata disposta a concedere carta bianca alla classe mercantile emergente, anzi, a diventare essa stessa un'espressione matura dell'ideologia borghese che s'andava affermando in varie parti d'Europa (soprattutto in Italia), rinunciando definitivamente alle pretese teocratico-medievali, peraltro già esaurite al tempo della cattività avignonese (1309-77). Non poteva immaginarsi né che di lì a poco sarebbe scoppiato lo scisma luterano (1517), né che la classe borghese sarebbe diventata sempre più culturalmente "pagana".

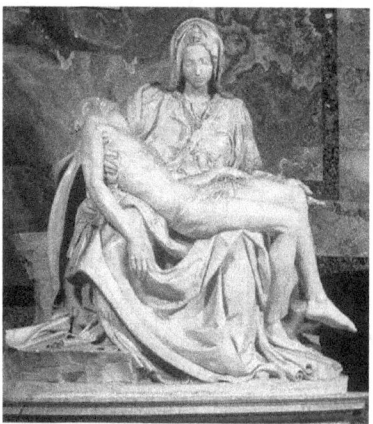

La **Pietà cosiddetta "Vaticana"** fu realizzata, con marmo di Carrara, fra il 1498 e il 1499 da un Michelangelo appena ventitreenne, su commissione del cardinale francese Jean Bilhères de Lagraulas (ambasciatore del re Carlo VIII presso papa Alessandro VI), che la volle per la Chiesa di Santa Petronilla a Roma. Dopo la demolizione di quest'ultima, avvenuta circa nel 1535, essa venne trasferita nella nuova Basilica di S. Pietro in Vaticano nel 1749.

È l'unica ch'egli abbia firmato (sulla fascia che attraversa il petto della Vergine è scritto: Michael Angelus Bonarotus Florent Faciebat, riecheggiando le firme di artisti greci quali Apelle e Policleto), forse perché rappresenta la prima creazione assolutamente personale, non legata all'imitazione o contraffazione dell'antico (da notare che è anche la più rifinita di tutte le sue sculture).

Il dinamismo e la morbidezza delle linee, la resa plastica delle forme corporee e delle pieghe del panneggio, fanno della scultura uno dei capolavori del suo genio indiscusso.

La figura rappresenta la Madonna che, col capo chino, tiene sulle ginocchia il figlio appena deposto dalla croce, sorreggendolo con la mano destra sotto il braccio di lui lasciato andare; nelle mani di Gesù sono visibili i fori della crocifissione.

La Pietà non narra il dolore di una madre, non mostra lo strazio del corpo martoriato di Cristo: l'una e l'altro, la vita e la morte, sembrano uniti insieme per andare oltre il significato del classico tema della deposizione.

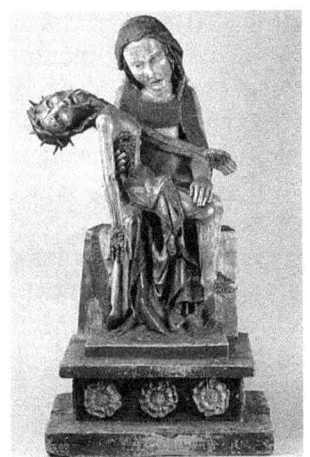

È lecito supporre che nella trattazione di questo tema incidano non solo le esperienze del soggiorno bolognese di Michelangelo, in occasione dell'esecuzione di alcune sculture per l'Arca di S. Domenico, ma anche talune suggestioni provenienti dal nord Europa di stile gotico, specie quelle riguardanti la Vergine che raccoglie in grembo il corpo del figlio deposto dalla croce: si pensi ai gruppi lignei detti in Germania *Vesperbilder* (immagini del Vespro), collegati alla liturgia del Venerdì Santo. Tali modelli nordici si erano diffusi nel 1300 dalla Germania alla Francia e dalla metà del Quattrocento erano stati trapiantati in Italia.

Tuttavia nelle sculture gotiche (prevalentemente lignee) il volto della madre di Gesù è quello di una donna anziana, sofferente, piangente. Qui invece il volto è impassibile: il gesto della mano non indica tanto il dolore, la disperazione, quanto piuttosto la *rassegnazione*. L'interpretazione michelangiolesca, nell'insieme, non ha nulla in comune con le disarmoniche e tragiche versioni degli scultori d'oltralpe, per quanto le misure del gruppo siano poco proporzionate, probabilmente per la difficoltà di ritrarre un uomo adulto steso completamente sulle gambe di una donna.

Il complesso marmoreo ha una forma piramidale che, dalla larghezza della base, salendo a spirale, conduce al capo della Vergine. Lo spettatore è come costretto a percepire il gruppo statuario come un rilievo addossato a un piano ideale di fondo. Il punto di vista di Michelangelo è sempre, perciò, uno solo: quello frontale. L'estrema levigatezza della superficie marmorea conferisce un effetto mimetico straordinario, paragonato dal Vasari a un miracolo.

Le pieghe sovrabbondanti della veste di lei hanno lo scopo di far risaltare maggiormente, per contrasto, la bellezza, la ricercatezza alessandrina del corpo seminudo e molto ben levigato del Cristo, e di dare un senso avvolgente a tutta la composizione. La sublime perfezione di questo corpo e il volto atarassico della Vergine esprimono il superamento delle fattezze terrene e il raggiungimento di una bellezza ideale. A chi gli faceva osservare l'estrema giovinezza della madre, in confronto al figlio, Michelangelo replicava d'aver voluto rendere al meglio la castità di lei, sperando così di poter sfuggire alla censura, magari avvalendosi del celebre verso dantesco che considerava Maria Vergine "figlia del suo figlio".

Tale Pietà infatti urtò subito la sensibilità dei critici d'arte e dei teologi cattolici (ma anche luterani), che la ritenevano eversiva in taluni suoi tratti iconografici, tant'è ch'essa, non a caso, fu più volte spostata e collocata in S. Pietro nei luoghi dove meno frequente era l'afflusso dei fedeli, trovando infine una collocazione nel 1626, nella prima cappella di destra.

In questa scultura non vi è un senso meramente estetico della bellezza, né la semplice rappresentazione, ancorché tecnicamente sublime e assolutamente inedita, di un tradizionale tema religioso[11], bensì il senso più profondo sia del neoplatonismo filosofico (quello soprattutto di Marsilio Ficino e di Pico della Mirandola, entrambi irenici e sincretici in campo religioso, essendo ben disposti nei confronti del mondo pagano) che del classicismo fiorentino, le cui sculture antiche egli poté ammirare

---

[11] Si noti, *en passant*, che questo tema religioso non è poi così storicamente fondato, in quanto nei vangeli canonici non è scritto da nessuna parte che al momento della deposizione fosse presente la madre di Gesù: si parla soltanto di Giuseppe d'Arimatea e di alcune donne del movimento nazareno (anche la figura di Nicodemo, presente nel quarto vangelo, è del tutto posticcia). Tuttavia il tema resta tradizionale in campo artistico, in quanto riscontrabile nelle più antiche icone bizantine, dove, accanto a Maria, vi sono l'Arimatea, vari aiutanti e tutte le altre donne citate nei vangeli.

in gioventù nel cosiddetto "giardino neoplatonico" della signoria medicea, mirando non a riprodurle *qua talis*, ma a fare dell'idea di perfezione estetica un'occasione per andare oltre i canoni artistici tradizionali del cattolicesimo romano, peraltro già messi pesantemente in discussione, sin dai tempi di Giotto, proprio a Firenze e nella Toscana in generale. Le risonanze di tale cultura neopagana, la cui religiosità cristiana costituiva soltanto l'involucro formale, sono del resto avvertibili anche nella produzione poetica di Michelangelo, iniziata nei primi anni del '500 e proseguita per tutta la vita.

Nel 1972 un folle s'accanì contro tale capolavoro distaccando una cinquantina di frammenti, successivamente reintegrati grazie ai calchi esistenti (le parti restaurate sono il braccio sinistro, il naso e l'occhio sinistro della Vergine).

*

In questa *Pietà Vaticana* il corpo di Cristo è una perfetta mimesi del corpo morto di Michelangelo, morto alla cultura dominante, quella cattolico-romana, e morto anche al genere femminile, poiché l'artista ha scelto l'uomo, laico, borghese e maschilista, come suo punto di riferimento culturale privilegiato: lo si vede anche dal fatto che la Vergine, pur essendo molto più voluminosa del figlio, resta anche molto meno significativa (ha uno sguardo statico, fisso, dai lineamenti inespressivi, angelicati).

La donna deve per forza essere giovane, poiché qui non deve tanto rappresentare la madre del Cristo, se non appunto in maniera convenzionale, quanto piuttosto la donna in generale, nei cui confronti l'artista nutre un forte senso di superiorità; lei infatti non guarda il crocifisso con un volto straziante, sommamente addolorato, segnato dalla tragedia, e neppure è rivolta verso l'artista, per cercare comprensione, o verso il cielo, per cercare conforto e una qualche giustificazione sovrannaturale, ma sta osservando, in maniera distaccata, il punto fisico riguardante la sessualità del cadavere. Questo perché non è morto solo un corpo ma un oggetto sessuale per tutte le donne, incluse quelle che si sarebbero potute amare (qui raffigurate molto giovani e attraenti).

Se la donna rappresenta - come alcuni critici han detto - la stessa madre di Michelangelo, l'interpretazione che se ne può dare non cambia nella sostanza. Cioè non è il caso di sostenere, perché troppo superficiale, che la statua rappresenta il desiderio nostalgico, presente in ogni uomo, di un sano rapporto affettivo con la propria madre. Al massimo si può sostenere che il rapporto anomalo che l'autore aveva col genere femminile può essere stato da lui attribuito all'assenza di un punto di riferimento significativo durante la sua infanzia: egli infatti non solo perse la madre all'età di sei anni, ma anche la balia che l'accudiva, a causa del secondo matrimonio di suo padre. Ma resta il fatto che l'elemento maschile nelle sue opere prevale nettamente e in una forma di puro esibizionismo.

Il volto di Cristo è effeminato appunto perché ciò che è morto nei confronti della donna in generale, rinasce nell'uomo come lato femminile della sua personalità, che solo un altro uomo è autorizzato ad amare.

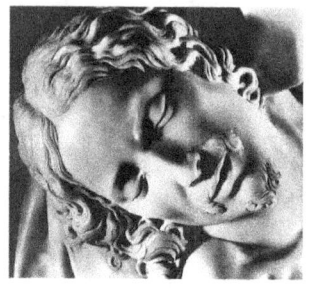

L'artista quindi ama il genere maschile in quanto o lo vede nel suo lato femminile, compensando quanto gli era mancato nell'infanzia e nell'adolescenza, oppure lo estremizza nei suoi attributi di genere, emulando il forte autoritarismo paterno, contro cui in gioventù aveva dovuto combattere proprio per dedicarsi completamente all'arte.

Se il soggetto da rappresentare non fosse stato il Cristo o il committente non fosse stato un chierico, l'avrebbe fatto del tutto nudo, con la donna che lo guarda proprio lì, nella sua sessualità morta per il genere femminile e che vuole invece rinascere per quello maschile. Infatti immediatamente precedente a questa *Pietà Vaticana* è il sensualissimo, sinuoso e ammiccante *Bacco adolescente*, in preda all'ebbrezza alcolica. Il Cristo della *Pietà Vaticana* non è altro che un Bacco parzialmente autocensurato: ciò a causa dell'ideologia dominante, quella ideologia che, paradossalmente, l'artista trovava più pregnante a Firenze (ancora sconvolta dalla predicazione del Savonarola, giustiziato proprio nel 1498) che non a Roma, il cui papato (autore peraltro dell'esecuzione del domenicano) appariva incredibilmente corrotto.

È quindi superficiale sostenere che la Vergine sia stata scolpita così giovane perché è come una madre che tiene sul grembo il proprio bambino dormiente, in previsione di ciò che gli accadrà quando diventerà adulto. A sostegno di tale tesi è stato detto che la mano sinistra della Vergine indicherebbe, a titolo dimostrativo, il compimento della previsione. In realtà quella mano indica la scelta irreversibile che l'artista ha compiuto nei confronti della donna e che la donna deve accettare come un dato di fatto. E in questa scelta il critico deve vedere anche il distacco di Michelangelo dall'ideologia cristiana: un distacco racchiuso in una scelta sessuale eversiva, ch'egli cercherà di esprimere in forma contestativa attraverso lo strumento dell'arte, facendo valere la propria incredibile abilità tecnica.

Il suo Cristo è morto all'ideologia cristiana, ma vuole rinascere a quella pagana: le sue labbra carnose e semichiuse, lo sguardo efebo, molto giovanile, con la barba appena accennata, il lembo della veste tra le dita della mano destra, un perizoma molto succinto e quasi slacciato... indicano chiaramente la sensualità di un corpo vivo, che è morto solo nell'immaginario popolare. Sia il Bacco che questa Pietà è stato detto che sono "troppo finiti", in quanto vanno oltre il reale, vogliono andare oltre il naturale. È vero, ma non vogliono andare verso una spiritualità religiosa o mistica e neppure etico-morale. La trasgressività di quest'opera sta tutta nell'egocentrismo del suo autore, che pur ancora non ha raggiunto i livelli eticamente indecenti del *Giudizio Universale*.

Qui il panneggio resta enorme e troppo ricercato proprio perché il nudo o è pagano, come appunto nel Bacco, o è del Cristo morto. Ancora non siamo arrivati alla trasgressione quasi assoluta della Cappella Sistina, ove il nudo è di tutti i cristiani, vivi e vegeti, seppur posti nell'aldilà. In questa Pietà Michelangelo sembra anticipare il barocco di almeno mezzo secolo, in quanto non c'è qui solo un culto della forma perfetta, ma anche della ridondanza, usata per celare un dramma, quello della personalità scissa, divisa.

In questa scultura la donna va enormemente coperta proprio perché interdetta a un artista figlio del narcisismo, che non può valorizzarne le fattezze. Lo stesso volto è troppo idealizzato, troppo perfetto per essere vero.

Il tema della Vergine che raccoglie in grembo il corpo del figlio appena deposto dalla croce ha qualcosa d'innaturale, quasi di grottesco o di macabro: non a caso il tema proviene dal Nord Europa (si veda ad es. la Pietà lignea detta di Roettgen, della metà del XIV sec.). Nessuna madre starebbe in una posizione del genere con un corpo morto di un adulto sulle proprie ginocchia, e non si può certo pensare che l'artista l'abbia raffigurata così giovane per darle maggiore forza fisica. Nessuna donna, neanche da seduta, avrebbe la possibilità di sostenere un corpo del genere, completamente abbandonato, a meno che una sua metà non fosse appoggiata per terra, come in genere gli artisti facevano (Cosmè Tura, Ercole de Roberti, Giovanni Bellini, Sebastiano del Piombo, Botticelli, Raffaello, Tiziano...) o non fosse sostenuta, in orizzontale, da almeno due persone (si veda p.es. quella del Perugino). E se anche avesse la forza, non starebbe lì a contemplare il cadavere sulle proprie ginocchia, né i discepoli di un maestro pubblicamente molto noto le darebbero la possibilità di farlo. La deposizione non avrebbe mai potuto essere un fatto "personale" di Maria, anche per evitare qualunque forma di morbosità. I canoni artistici tradizionali su questo erano chiari.

Vi è quindi nel complesso monumentale un'evidente esagerazione, una forma di esasperato egotismo. La deposizione è stata privata di qualunque suo significato storico e teologico, ed è stata interamente circoscritta in un senso *psicologico* dal sapore esistenziale, con risvolti sconvolgenti, conturbanti, non tanto perché si è al cospetto di una morte terribile, né perché si tratta del morto più illustre della cristianità, quanto perché si è in presenza di una raffigurazione inconsueta del dolore, in cui l'artista ha proiettato una propria personale convinzione dell'esistenza, che ha un che di voluttuoso, di lascivo, che non si fa scrupolo ad usare un tema religioso per manifestarsi.

Qui sembra non avere alcuna importanza né il Cristo in sé, né la Vergine, bensì l'insieme che li tiene uniti, che però appare artificioso, frutto di una fantasia fortemente divergente, non intenzionata a rispettare i canoni dominanti, né etici né estetici. L'estetica formale vuole prevalere nettamente sul significato etico dell'opera scenica, e vuole farlo proprio perché a quel significato etico-religioso l'artista oppone un proprio significato vitale, che di etico ha poco e nulla di religioso.

L'artista si avvale della propria enorme abilità tecnica e compositiva per far valere qualcosa di anti-etico. Vuole più che altro sbalordire, vuole mettere la propria genialità creativa al servizio dell'immoralità, che non è tale perché anti-religiosa, ma perché vuole opporre l'individuo, concepito in maniera titanica, al sociale delle masse cristiane, le quali, quando vengono raffigurate nelle sue opere, sono sempre scomposte, caotiche, inquietanti (basta vedere la *Battaglia di Cascina* del 1505, fino al *Giudizio Universale* della Sistina); e, in questo esasperato individualismo (che si nota anche nel *Tormento di sant'Antonio* del 1487-89), egli vede la donna come un essere inferiore, nettamente subordinato all'uomo, che tale resterà anche nel *Giudizio Universale*.

Di fronte al figlio morto la vera morta è Maria. Il Cristo è affetto solo da una morte apparente; è morto ai vecchi valori cristiani, ma ora sta per rinascere a nuovi valori, che certamente cristiani non saranno, se non all'apparenza formale, quella che le circostanze e le convenzioni richiederanno.

La *Pietà Vaticana* non è solo un'arte pagana dal contenuto apparentemente religioso, ma è anche un'arte dal contenuto fortemente *psicologico*, in cui la personalità dell'artista si esprime in maniera particolarmente contorta, forzata. Sembra il preludio di un ateismo scomposto, insofferente alla cultura religiosa dominante, la quale, per quanto nulla abbia di veramente cristiano sul piano morale, resta pur sempre ancora prevalente su quello politico e ideologico, nei cui confronti nessun artista che voglia emergere e farsi valere può prescindere.

La *Pietà Vaticana* è una provocazione in piena regola, che non può certo essere colta a uno sguardo superficiale. Qui si ha a che fare con un artista dal genio sommo, la cui opera non può essere esaminata sul piano meramente formale e stilistico, altrimenti si finisce col rimanerne completamente schiacciati.

La seconda **Pietà, detta di "Bandini"**, conservata dal 1981 al Museo dell'Opera del Duomo di Firenze, è del 1547-53. Fu eseguita da Michelangelo per l'altare della propria cappella funeraria, che doveva essere in S. Maria Maggiore a Roma, ma siccome ne rimase insoddisfatto, tentò di distruggerla quando ancora non era conclusa (aveva colpito il braccio e la gamba esterni del Cristo); poi invece la donò al fidato collaboratore Francesco dell'Amadore, detto l'Urbino.

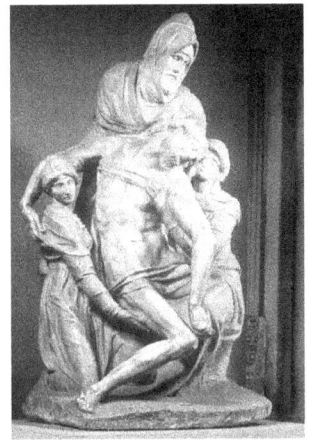

Malamente restaurata dall'allievo Tiberio Calcagni, autore della figura della Maddalena, fu poi acquistata da un amico fiorentino di quest'ultimo, Francesco Bandini, che la portò a Montecavallo, da dove fu trasferita nella chiesa di S. Lorenzo a Firenze dal granduca Cosimo III, finché nel 1772 fu trasportata in Duomo. Nel volto di Nicodemo (o di Giuseppe d'Arimatea?) il Vasari riconobbe l'autoritratto idealizzato dello stesso Michelangelo.

Il corpo di Cristo, accasciato, sembra torcersi, ma è sorretto da Nicodemo, che lo guarda con mestizia, e da Maria, che lo accoglie tra le sue braccia. Maddalena invece, che pur li aiuta, volge lo sguardo verso lo spettatore.

Permane la concezione piramidale del gruppo, come nella prima Pietà, ma qui l'intensità è quasi impressionistica. È molto forte l'intreccio di movimenti contrapposti, improvvisi, scattanti, i quali tuttavia si armonizzano. Tutto il peso della composizione è collocato nel volto di Cristo, appoggiato a quello della madre. Dal cappuccio di Nicodemo parte una specie di linea ondulata che si muove a forma di "S" per tutto il blocco, finendo nel piede destro del Cristo. La luce laterale vibra sulle membra dei corpi magri, allungati, smaterializzati, privi delle solite massicce forme delle precedenti sculture; la luce sembra non riflettersi sui corpi, ma scivolare sulle vesti e sui volti, creando dolci chiaroscuri e, in alcuni punti, forti contrasti: essa valorizza le diverse superfici lisce e scabre, che si alternano, il movimento delle figure, il dramma che si compie, che non è quello della morte bensì del *ripensamento*, dell'*autocritica*. L'artista rinuncia alla bellezza formale (i contorni sono indeterminati), a ogni levigatezza, avendo più interesse a ricercare dei valori spirituali, che però significativamente restano nell'ambito del "non-finito" (anche sul retro le forme non sono finite e il marmo resta grezzo). Dopo averla mutilata prende a lavorare a un'altra Pietà, quella detta del "Rondanini", destinata anch'essa, nelle intenzioni dell'autore, a essere posta sul suo sepolcro, ma che la morte gli impedì di concludere.

La terza **Pietà, detta del "Rondanini"** (dal nome del palazzo romano che la ospitò per quasi 400 anni, per poi essere trasferita nel Castello Sforzesco di Milano) fu l'ultima opera certa di Michelangelo, rimasta incompiuta, a cui lavorò in due fasi distinte verso la metà degli anni '50.

La prima versione l'aveva iniziata già nel 1553, in cui la Vergine (che in origine guardava verso l'alto e a sinistra, obbligando lo spettatore a muoversi intorno al gruppo per apprezzarlo) sosteneva il figlio piegato col busto in avanti (lo testimonia il braccio non ancora eliminato). Successivamente l'artista volle accostare le due figure in uno stretto abbraccio, per esprimere meglio i sentimenti che lo tormentavano.

In essa infatti non è tanto il tema della morte che l'angosciava, ma quello del *pentimento*, dovuto non tanto alla rottura col mondo cristiano, ma a quella col genere femminile (una morte interiore, indubbiamente attenuata, sin dal 1537, dal rapporto d'amicizia con la marchesa Vittoria Colonna, morta, in circostanze misteriose, nel 1547).[12] Vi è come una sorta di autocondanna, per ciò che s'è fatto morire in se stessi in maniera innaturale. L'artista usa il corpo di Cristo per punire se stesso. Ma siccome non ha il coraggio di "dirsi" sino in fondo, l'opera resta inevitabilmente incompiuta.

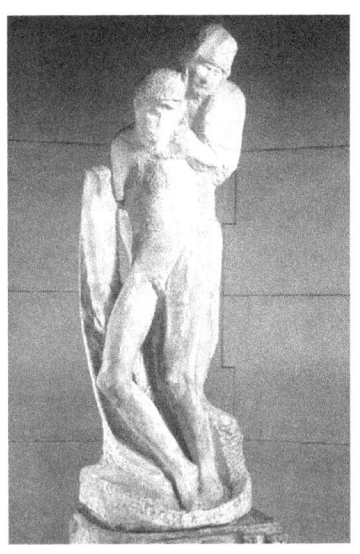

Il tormento che lo lacera è infatti troppo grande per essere espresso adeguatamente: di sicuro non può esserlo con quella stessa arte che, sino a poco tempo prima, era stata usata per nasconderlo. Qui si assiste alla lacerazione di una vita anomala, affetta da egocentrismo, senza princìpi morali, eversiva sì, ma solo per il raggiungimento di un'affermazione personale.

La donna che lo sostiene è come una madre intenzionata a perdonarlo (anche se la Vergine inizialmente era forse un Nicodemo, considerando l'abbigliamento maschile). Quando ha revisionato l'opera, ne ha ridotto lievemente le dimensioni, allungando e assottigliando le proporzioni delle figure, rendendole cioè più scarne ed esistenziali, fuse in un patetico abbraccio: sono così strettamente unite che in un certo senso si confondono (si è arrivati persino a dire che anche la madre sembra appoggiarsi al figlio).

Le due teste, quasi sovrapposte, appena evocate nei tratti, espri-

---

[12] Michelangelo partecipò, già verso i 30 anni, al circolo filo-protestante del cardinal Reginald Pole, cui aderirono anche Vittoria Colonna e Bernardino Tommassini, detto Ochino, almeno fino a quando papa Paolo IV non scatenò l'Inquisizione e la Controriforma. Tuttavia la spregiudicatezza delle sue composizioni artistiche è del tutto indipendente dalle simpatie nutrite per il luteranesimo, il quale, anzi, ai suoi esordi, le avrebbe tollerate ancor meno. Michelangelo poté esprimersi in una maniera così avanzata rispetto ai suoi tempi proprio perché sapeva di poter sfruttare il proprio ingegno creativo mettendolo al servizio di una curia pontificia particolarmente corrotta.

mono intimità affettiva, smaterializzata in pura spiritualità, che però resta sgomenta (i dettagli dei volti non sono neppure presenti). Vuole essere infatti una rappresentazione di un'acuta angoscia esistenziale.

Il Cristo è nudo proprio perché impotente, sfinito, collassato: Michelangelo vi s'identifica completamente (anzi, è probabile che quello sia il suo autoritratto).

Vi è qui una sorta di malattia mortale: la percezione di una vita inutile, in quanto falsa, esagerata, illusoria. L'artista sente prossima la fine, che però non è solo fisica. Qui a dominare è la depressione, la disperazione di uno sconfitto, la percezione di una vita sprecata, che, nonostante i grandi successi artistici, non gli ha procurato vera soddisfazione, vera pace interiore. Ecco perché ha soltanto bisogno d'essere perdonato, soprattutto per aver recato offesa al genere femminile, che nell'opera è rappresentata come una "grande madre", disposta ad assistere il proprio figlio gravemente malato, quella madre ch'egli non ebbe modo d'apprezzare, essendo rimasto orfano troppo presto.

Con la morte dell'artista in un certo senso si chiude il Rinascimento, cioè l'illusione di poter creare una nuova cultura, laica e umanistica, esaltando la forza e l'energia del maschio dominante, trasgressivo, la cui cultura borghese doveva emanciparlo dalla gabbia di un difficile passato, che tale era stato, per Michelangelo, anche sul piano economico (questo forse spiega la sua avarizia compulsiva). Non dimentichiamo però che tale concezione maschilista trovava le sue radici più profonde proprio in quella cultura cattolico-romana ch'egli cercò sempre di combattere.

La quarta **Pietà, detta di "Palestrina"**, che raffigura il Cristo accasciato, sorretto da Maria e da Maddalena, difficilmente può essere attribuita a Michelangelo, tant'è che fu completamente ignorata dagli antichi biografi dell'artista. Essa, risalente al 1555 circa, fu citata per la prima volta nel 1736, quando si trovava nella cappella funeraria del Barberini a Palestrina. Oggi è nella Galleria dell'Accademia di Firenze.

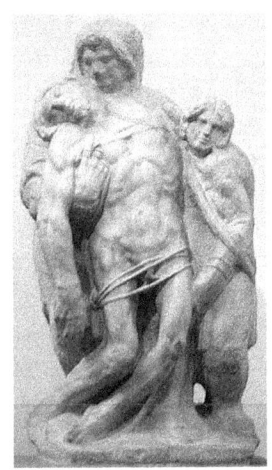

La frontalità dell'esecuzione appare infatti eccessiva e troppo statica; inoltre è stato utilizzato un marmo di riporto già impiegato in una decorazione architettonica (cosa che costrinse l'autore a interrompere le figure sul dietro). Vi è una violenta sproporzione tra le parti del corpo di Cristo e un certo accademismo nell'applicazione della tecnica michelangiolesca del non-finito. Probabilmente essa fu realizzata da un suo discepolo, su cui però Michelangelo fece qualche intervento.

Maschilismo ed erotismo nella Cappella Sistina

Premessa

Ci sono voluti 14 anni di restauro per riportare al loro splendore gli affreschi michelangioleschi della Cappella Sistina in Vaticano. Ogni minuto di lavoro è stato ripreso dal network televisivo nipponico Ntv.

Il *Giudizio Universale*, in particolare, può essere considerato l'opera artistica più manipolata della storia. Tutto quello che è stato rimosso era falso e non tutto il falso, purtroppo, s'è potuto rimuovere. Persino gli interventi non censori ma semplicemente tecnici, compiuti nel passato, per conservare al meglio l'affresco, si sono rivelati dannosi: p.es. quelli compiuti con le colle animali per dargli lucentezza, come se fosse un dipinto e non un affresco (tecnica, questa, che richiede grande abilità di esecuzione, in quanto si deve dipingere su un intonaco che resta bagnato al massimo sei ore).

Osservando quest'opera monumentale si rimane stupiti nel vedere come nel tempio della cristianità cattolica si fosse permessa una raffigurazione dei più importanti temi teologici, che a quell'epoca ancora si dibattevano, in una maniera che di religioso sembra avere ben poco.

Gli affreschi hanno una carica così eversiva che non si ricollegano espressamente a quelli fatti in precedenza da altri pittori, né a quelli che si possono osservare lungo le pareti dello stesso edificio; anzi, persino il *Giudizio Universale* è lontanissimo dall'armonia degli affreschi che circa trent'anni prima Michelangelo aveva dipinto sulla volta.

In particolare guardando il *Giudizio* vien spontaneo chiedersi come sia stato possibile che la curia pontificia, per la progettazione dell'affresco, avesse dato carta bianca all'artista, e soprattutto come sia stato possibile che nessun alto prelato, in corso d'opera, si fosse accorto della totale distonia rispetto a qualunque tradizione iconografica sugli stessi temi trattati, o, accorgendosene (grazie p.es. alla segnalazione del cerimoniere papale Biagio da Cesena, che la giudicò "degna d'osteria"), non avesse fatto alcun intervento regolamentativo o censorio.

Come poteva Michelangelo essere così convinto che la curia pontificia non gli avrebbe in alcun modo impedito una rappresentazione così pagana, anzi così beffarda e volgare della santità cristiana?

In quasi tutti i suoi affreschi, anche quelli della volta, si abolisce volutamente qualunque simbolo religioso (i santi non hanno aureole e spesso hanno sguardi allucinati, inebetiti, come i dannati; gli angeli hanno sembianze del tutto umane, non sono riconoscibili come tali, non avendo ali; del tutto assenti i riferimenti allo spirito santo, alla luce divina, alla trinità...); le posture dei protagonisti (santi o dannati) sono spesso contorte o scomposte; il nudo domina su tutto e spesso in posizioni volutamente oscene; le figure maschili, nettamente prevalenti su quelle femminili, sembrano dei culturisti, dei palestrati, ostentando con orgoglio i propri muscoli (persino le donne hanno braccia molto formose).

Evidentemente la curia romana era giunta a un punto tale di corruzione (e la Riforma glielo farà capire) che non riusciva più a distinguere il sacro dal profano, e Michelangelo, per la sua smisurata ambizione di primeggiare in tutte le arti (scultura, pittura e architettura), aveva accettato di rendersi complice di questo abuso, pur nutrendo egli idee politiche tutt'altro che clericali, e avendo un atteggiamento sostanzialmente ateistico nei confronti delle verità della fede.

L'ateismo non è visibile solo nel *Giudizio* ma anche negli affreschi dedicati alla *Creazione*, seppure qui in maniera più sfumata, più neoplatonica. Il ciclo della *Creazione* voleva essere una sintesi ideale tra cristianesimo e paganesimo, in nome di una liberazione intellettuale che passasse attraverso la sessualità.

Viceversa il *Giudizio Universale* esprime l'uso polemico della sessualità, in forma estrema (pur in una formale cornice religiosa), contro la rassegnazione che gli intellettuali italiani provavano nei confronti dell'idea di poter realizzare una liberazione nazionale, in campo cattolico, una emancipazione dallo strapotere della curia pontificia.

In effetti, proprio durante il lavoro degli affreschi, il papato si stava rimangiando, pur di non perdere il proprio potere politico, tutte le aperture culturali verso la classicità greco-romana.

Gli intellettuali italiani (in primis gli artisti), che in quel momento erano i più laici d'Europa, si trovarono a vivere nel loro paese un inaspettato riflusso ideologico, così insopportabile da far rimpiangere quei paesi protestanti in cui si discutevano questioni teologiche che già da tempo nella nostra penisola si ritenevano superate.

Gli intellettuali rinascimentali stavano pagando duramente lo scotto d'aver voluto produrre una cultura laica e borghese, senza lavorare politicamente contro lo Stato della chiesa e senza crearsi un vasto consenso a livello sociale. Il loro isolamento sarà decisivo per la loro sconfitta. E anche la protesta di Michelangelo, condotta sul piano artistico-sessuale, verrà ben presto censurata.

In tal senso l'intera Cappella Sistina rappresenta il simbolo oltre il quale una qualunque chiesa non può andare se non vuole negarsi come tale. Se vogliamo, il *Giudizio* è l'inevitabile conseguenza degli affreschi della volta, la cui religiosità laicizzata (cristiano-pagana) restava entro i canoni del formalismo borghese. Il *Giudizio* è una provocazione erotica contro l'estetismo pseudo-religioso della *Creazione*, è la caricatura della vuota fede borghese, che però non esce dai limiti della borghesia, anzi porta i suoi disvalori all'eccesso.

Se il modello del *Giudizio* fosse stato ripreso nel Seicento, senza le censure tridentine, cioè se Michelangelo avesse avuto dei seguaci all'altezza della sua provocazione, la cultura avrebbe fatto un salto troppo grande, assolutamente impensabile per la mentalità clericale della chiesa romana e per una penisola che di "borghese" aveva solo qualche Signoria e Principato, ma non la Nazione. Il papato e l'alto clero, pur essendo ampiamente libertini sul piano del comportamento, restavano incredibilmente conservatori nella gestione del potere politico.

Un ipotetico seguace di Michelangelo, che avesse potuto lavorare più liberamente di lui, avrebbe oltrepassato persino la Riforma (che nella sua fase iniziale non poteva certo tollerare una rappresentazione triviale della fede) e sarebbe di colpo arrivato alla Rivoluzione francese. Se non ci fosse stato il Concilio di Trento, la pittura successiva a quella michelangiolesca non avrebbe avuto né la piega barocca e manieristica del Seicento, né i risvolti puritani della nuova cristianità protestantica nell'Europa del nord.

La laicità borghese, infatti, è fortissima nel *Giudizio Universale*, sia nell'ostentazione del nudo, sia nelle fattezze fisiche superomistiche, sia nell'individualismo dell'eroe (il Cristo), che è isolato e indifferente alla massa caotica, dispersiva, di basso livello intellettuale, interessata unicamente alla propria salvezza. Qui l'erotismo non vuole essere semplicemente sensuale, come negli affreschi della volta, ma polemico, contestativo dell'*establishment* ecclesiastico. È una laicità che pur volendo apparire più democratica del clericalismo di corte, non costituisce in realtà alcuna vera alternativa, essendo viziata da presupposti maschilistici e pornografici.

Il *Giudizio* testimonia il massimo sforzo possibile nell'ambito del cattolicesimo romano in favore dell'umanesimo laico-borghese (che pur restava sessualmente deviato) e, con le sue braghe censorie, la sua più recisa negazione in favore della teocrazia papale: quanto viene concesso sul piano *culturale*, viene successivamente negato su quello *politico*, proprio per paura che la cultura eversiva minacci il potere costituito. La luna di miele tra il cattolicesimo decadente e la borghesia emergente era finito sull'altare della Controriforma.

Fa impressione vedere come un capolavoro del genere, che avrebbe dovuto esaltare positivamente lo splendore del tempio della cristianità, fosse stato commissionato a un artista che odiava profondamente la chiesa, anche se di questa amava l'ostentazione di quel lusso che avrebbe potuto farlo diventare un artista rinomato in tutta Europa e ricchissimo. In questo atteggiamento ambivalente si riassume il dramma di una personalità così controversa come quella di Michelangelo e, in fondo, di buona parte della cultura borghese moderna.

La volta

La grande Cappella Sistina, dedicata alla Vergine Assunta (il cui affresco venne distrutto per far spazio al *Giudizio Universale*), è una chiesa solenne, vastissima, dalle proporzioni perfette, che sorge all'interno dei Palazzi Vaticani in Roma, accanto alla Basilica di San Pietro.

Sisto IV la fece costruire negli anni 1475-83, ampliando la preesistente Cappella trecentesca del Palazzo e pretendendo un'imponente decorazione. Il motivo quindi non era solo di tipo *logistico* (la precedente Cappella era troppo piccola per contenere tutti gli alti prelati della corte pontificia), ma anche di tipo *politico*, in quanto si voleva togliere a Firenze il primato della cultura e soprattutto per dimostrare in maniera simbolica che la sede romana aveva un papato universale, onnipotente (che andava peraltro in cerca di continui fondi, in tutta Europa, per finanziare le proprie innumerevoli e costosissime opere d'arte e di architettura: cosa che di lì a poco scatenerà l'ira funesta d'un giovane monaco agostiniano il cui nome, Martin Lutero, farà epoca in tutto il mondo).

Le dimensioni della nuova Cappella sono imponenti: 40,93 m. la lunghezza, 13,41 m. la larghezza, 20,7 m. l'altezza (i rapporti tra larghezza e lunghezza - 1:3 - e quelli tra larghezza e altezza - 1:1,5 - riprendono quelli del Tempio di Gerusalemme, edificato da Salomone). Il soffitto è a botte e ad arco ribassato, con curvatura anche sui lati corti. Tutta l'architettura ha molti punti di fuga, non esistono rapporti di tipo proporzionale-prospettico. Ogni legge spaziale è stata abbattuta. Le ombre sono intrinseche alle singole figure. All'esterno l'edificio ha l'aspetto di una costruzione fortificata, che doveva appunto apparire come una sorta di autocelebrazione del papato, rappresentato simbolicamente in questo o quel personaggio biblico.

L'ingresso principale è sul lato corto opposto all'altare. Un'iconostasi marmorea, sormontata da otto candelabri, separa, alla maniera bizantina, il vasto presbiterio per il clero, in grado di raccogliere circa 200 persone sedute, dalla navata riservata ai laici. È il luogo dove ancora oggi si riuniscono i cardinali per eleggere il papa.

Per le due pareti laterali furono chiamati i maggiori pittori del tempo: Botticelli, Perugino, Pinturicchio, Ghirlandaio, Signorelli, ma anche Andrea d'Assisi, Biagio di Antonio, Bartolomeo de la Gatta, Cosimo Rosselli, ognuno dei quali doveva dipingere due pontefici, una storia biblica e un finto tendaggio sottostante. Gli episodi della vita di Mosè dovevano essere rapportati a quelli della vita di Cristo.

Il progetto teorico delle decorazioni iconografiche venne sviluppato da insigni teologi vaticani, mettendo a confronto ebraismo e cristianesimo, non senza riferimenti a problematiche e personaggi contemporanei. Il ciclo storico fu suddiviso in tre epoche: prima e dopo la consegna della legge a Mosè e l'avvento di Cristo.

La decorazione si sviluppa su tre registri: in basso, sopra il sedile di marmo, un alto zoccolo col motivo del finto drappeggio, che termina coi ganci per appendere, nelle occasioni solenni, degli arazzi (come p.es. quelli commissionati nel 1515 a Raffaello da papa Leone X, raffiguranti episodi degli *Atti degli apostoli*, oggi presenti nei vicini Musei Vaticani; sette cartoni sono conservati al "Victoria and Albert Museum" di Londra). Più sopra i grandi riquadri ad affresco, con a sinistra le storie della vita di Mosè e a destra, in corrispondenza, quelle della vita di Cristo. Nell'ultimo registro vi sono, tra i finestroni, i 28 ritratti dei pontefici martiri, realizzati dagli aiutanti dei pittori.

Sulla *parete di fondo*, sopra l'altare, vi era l'*Assunzione della Vergine*, del Perugino, e nel registro superiore i primi due episodi delle storie di Mosè e di Gesù (*Ritrovamento di Mosè* e *Adorazione dei pastori*): il tutto però, in questa parete, verrà ricoperto dal *Giudizio Universale* di Michelangelo.

Le pareti laterali sono dunque affrescate nella seguente maniera:
Parete ovest:
- Michelangelo, *Giudizio Universale* (1536-1541)
- Perugino, *Nascita e ritrovamento di Mosè* (distrutto)
- Perugino, *Assunta con Sisto IV inginocchiato* (distrutto)
- Perugino, *Natività di Cristo* (distrutto)

Parete sud:
La parete sud mostra le *Storie di Mosè*, databili al 1481-1482. Dall'altare si incontrano:
- Pietro Perugino e aiuti, *Partenza di Mosè per l'Egitto*
- Sandro Botticelli e bottega, *Prove di Mosè*
- Cosimo Rosselli o Domenico Ghirlandaio o Biagio di Antonio Tucci, *Passaggio del Mar Rosso*
- Cosimo Rosselli e Piero di Cosimo (attr.), *Discesa dal monte Sinai*
- Sandro Botticelli, *Punizione dei ribelli (figli di Core)*
- Luca Signorelli e Bartolomeo della Gatta, *Testamento e morte di Mosè*

Parete nord:
La parete nord mostra le *Storie di Cristo*, databili al 1481-1482. Dall'altare si incontrano:
- Pietro Perugino e aiuti, *Battesimo di Cristo*
- Sandro Botticelli, *Tentazioni di Cristo*
- Domenico Ghirlandaio, *Vocazione dei primi apostoli*
- Cosimo Rosselli (attr.), *Discorso della montagna*
- Pietro Perugino, *Consegna delle chiavi*
- Cosimo Rosselli, *Ultima Cena*

Parete est (d'ingresso):
- Hendrik Van den Broeck (1572) su originale di Domenico Ghirlandaio, *Resurrezione di Cristo*
- Matteo da Lecce (1574), su originale di Luca Signorelli, *Disputa sul corpo di Mosè*.

Da notare, in particolare, che l'affresco *Punizione dei ribelli (figli di Core)*, di Botticelli, che allude alla punizione dei ribelli contro l'autorità di Aronne, recante in capo la tiara coi colori della famiglia Della Rovere, è in parallelo con l'affresco *Consegna delle chiavi*, del Perugino, volendo espressamente simboleggiare il pontificato di Sisto IV, in atto di mostrare d'essere l'unica autorità costituita in seno alla chiesa cristiana mondiale.

*

Papa Giulio II (Della Rovere), nipote di Sisto IV, chiamò Michelangelo a Roma nel 1505 per affidargli la realizzazione del proprio sepolcro, ma quando egli vi giunse, nel 1506, dopo aver trascorso otto mesi a Carrara per scegliere i marmi, il papa non volle concedergli nemmeno udienza, essendo preso da tutt'altre cose, di tipo politico e militare.

Offeso per questo atteggiamento, Michelangelo se ne tornò a Firenze. Senonché il pontefice, con tre lettere intimidatorie, lo obbligò a ritornare a Roma, questa volta però per realizzare un progetto completamente diverso.

Una grossa crepa s'era infatti aperta nel 1504 sul soffitto della Cappella Sistina, il luogo più rappresentativo del mecenatismo di Sisto IV. Dopo aver riparato i danni, il pontefice s'era reso conto che la volta stellata andava completamente rifatta, e scelse come argomento una rappresentazione degli apostoli di Cristo, insieme ad alcuni ornamenti geometrici. Da notare che dalla morte di Sisto IV a Giulio II nessuno aveva osato por mano in maniera artistica alla Cappella, tanto sembrava perfetta e conclusa.

Quando nel 1508 Michelangelo iniziò a dipingere il soffitto della Cappella, l'idea originaria era già stata da lui sostituita (e il papa l'approvò) con un progetto molto più ambizioso: una storia del mondo fino alla nascita di Gesù, di cui la parte più significativa avrebbe dovuto trattare la storia della Creazione fino a Noè, novello Adamo.

Michelangelo aveva 28 anni e non aveva accettato con entusiasmo il progetto, perché si sentiva più scultore che pittore, e anche perché la vastità dell'impresa l'avrebbe costretto a interrompere la realizzazione del monumento funebre dedicato a Giulio II.

Egli allestì un particolare ponteggio che gli permetteva di lavorare contemporaneamente al soffitto, alle otto vele e alle quattordici lunette. L'esecuzione degli affreschi procedeva in senso inverso rispetto alla sequenza cronologica delle vicende bibliche, cioè partiva dalle storie di Noè, mentre per lo spettatore che osserva, occorre partire dall'altare, che è in corrispondenza alla *Creazione del cielo e della terra*, per poi arrivare, proseguendo a zig-zag da un lato all'altro fino alla parete dell'ingresso, oltre l'iconostasi, nella navata dei laici, dove si trova l'*Ebbrezza di Noè*.

Costretto a lavorare per parecchio tempo steso sulla schiena col braccio teso in alto e il colore che gli gocciolava in faccia, contrae una serie di malattie e deformità. Gli ultimi affreschi infatti risentono di questa stanchezza. D'altra parte nessuno degli aiuti giunti da Firenze (Francesco Granacci, Giuliano Bugiardini, Agnolo di Domenico, Aristotile da Sangallo, alle dipendenze del Ghirlandaio) poté metter mano al lavoro della volta. Egli volle fare da solo un lavoro titanico che, se non fosse stato interrotto, si sarebbe probabilmente rivelato al di sopra delle sue forze. Un grosso problema tecnico che dovette affrontare furono p.es. le muffe apparse sulla superficie del *Diluvio*. Ma si pensi anche al fatto che per l'artista era praticamente impossibile caratterizzare tutti i personaggi con attributi significativi, non essendovi molti precedenti iconografici.

La teologia rinascimentale che fa da supporto alla volta non è tragica come quella del *Giudizio*. Il dio della Genesi è infatti dipinto come un eroe magnanimo, che crea dal nulla lo splendore dell'universo, raggiungendo il culmine della perfezione con la creazione di Adamo. Il peccato originale non impedisce la salvezza, cui tutti tendono, ivi inclusi i profeti ebraici e le sibille pagane. Gli stessi *Ignudi* rappresentano il mondo pagano, non vedono il cielo, cui volgono le spalle, ma ne intuiscono la presenza.

Questo almeno in apparenza. Nella sostanza l'ottimismo michelangiolesco è abbastanza manierato, essendo egli ben consapevole della corruzione di un papato tutto intento a potenziare al massimo il proprio Stato al centro della penisola. Tant'è che tutta la storia della creazione sembra essere piuttosto una forma di liberazione esistenziale da parte di un uomo alla ricerca della propria identità, in cui l'elemento sessuale gioca un ruolo decisivo. Un ruolo che negli affreschi dedicati a Noè non è così evidente.

Infatti guardando dal basso, a 20 metri di distanza, i primi affreschi, Michelangelo s'accorse subito ch'essi, essendo gremiti di personaggi, risultavano meno godibili del dovuto, sicché si convinse di dare alle prossime due *Storie dei progenitori* maggiore dimensione ai corpi, aumentando l'energia delle figure e semplificando al massimo i gesti e i piani di profondità.

Egli lavorò in solitudine fino all'agosto del 1510, arrivando alla metà del ciclo (quinta campata con la *Creazione di Eva*), poi il cantiere rimase bloccato un anno, poiché gran parte dei finanziamenti erano stati assorbiti dalle campagne militari anti-francesi di Giulio II.

È solo nell'autunno del 1511 che viene di nuovo allestito il ponteggio per la seconda metà della volta, terminata nell'ottobre del 1512. Le differenze rispetto alla prima sono notevoli: Michelangelo appare demotivato, stanco, sembra voglia finire in fretta. La raffigurazione del Creatore è incredibilmente povera di suggestione rispetto ai due affreschi centrali della *Creazione* e della *Caduta*. Non viene sfruttata né la prospettiva né alcun effetto illusionistico, che a quel tempo s'andavano imponendo con successo.

A Michelangelo interessava soprattutto provare a fondere, per la prima volta, pittura, scultura e architettura, tant'è che quando finisce la volta e ritorna alla scultura per la tomba di Giulio II, continua a meditare sul tema sistino dei *Profeti* e dei *Nudi*, che è forse quello meglio riuscito, oltre naturalmente alla *Creazione di Adamo*.

La volta supera le 300 figure, dalle quali non si può desumere un canone preciso del bello. Tutte compiono un movimento che richiede una fatica, uno sforzo, ma non sempre per uno scopo preciso, anche se nessun elemento appare casuale o soltanto decorativo: a volte pare che mirino soltanto a contrastare il peso fisico delle masse, trasformando la gravità in spinta. Enorme è la vitalità psico-fisica e l'intensità cromatica dei *Profeti* e delle *Sibille*.

Giusto per fare un esempio: il movimento rotatorio della Sibilla Libica si complica al punto da diventare serpentino nello sforzo di alzarsi dal sedile e di chiudere il libro alle sue spalle. Anche quello della Sibilla Delfica è molto particolare: si gira verso chi la osserva solo per mostrare un volto perplesso sul significato delle profezie scritte sul rotolo. Questi sono autentici capolavori.

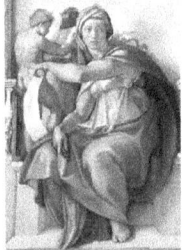
Sibilla Delfica

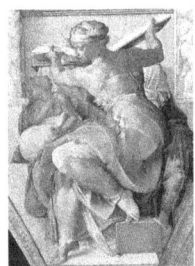
Sibilla Libica

*

La parte centrale del soffitto contiene nove riquadri alternati, tra grandi e piccoli, con scene tratte dalla Genesi. Il profeta Giona è l'affresco più vicino all'altare, dove dietro vi è il *Giudizio Universale*. Queste storie terminano con l'*Ebbrezza di Noè*, ma per capire il prosieguo della Genesi, con le diverse stirpi che si originano dai tre figli di Noè, occorre spostare lo sguardo sulle vele e sulle lunette, dove è illustrata la discendenza ebraica fino a Gesù, secondo la lista delle 40 generazioni, da Abramo a Giuseppe, delineata da Matteo.

Attorno a questa fascia centrale, negli spazi delimitati dalle vele e dai pennacchi angolari, che collegano due pareti ad angolo retto col soffitto a volta, si ergono i troni dei dodici Veggenti (Profeti e Sibille), sui braccioli dei quali coppie di putti-cariatidi reggono il cornicione, sostegno dei finti archi trasversi della volta.

I sette Profeti, ispirati alla tradizione ebraica, e le cinque Sibille, connesse alla tradizione greca, ognuno dei quali è affiancato da due assistenti-genietti, sono stati messi volutamente sullo stesso piano semantico (tant'è che sono alternati). La targa che indica i loro nomi è retta da putti.

Posti in una condizione paritetica tra paganesimo e cristianesimo (con significati anche politico-militari), i Veggenti hanno dimensioni maggiori delle altre figure per affermare un ordine nella lettura degli affreschi: dalle loro meditazioni scaturisce infatti la "visione" di tutte le altre storie. I Profeti annunciano il regno di Cristo, mentre le Sibille si pronunciano sulle sorti dell'impero romano, il cui potere è stato ereditato dal papato, che con Giulio II esprime la quintessenza della cristianità cattolica e latina.

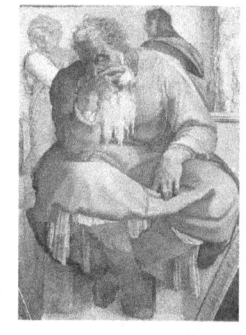

Tra i Profeti si distacca la figura di Geremia, il profeta delle *Lamentazioni*, che, nelle fattezze del suo volto e nella sua postura pensosa e malinconica, molti critici han voluto vedere l'autoritratto dell'artista, il quale forse voleva far vedere che sotto l'età dell'oro sbandierata dalla chiesa romana, in realtà si celava una nuova età del ferro, in forme e modi molto più subdoli.

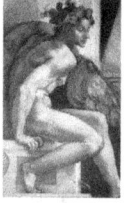

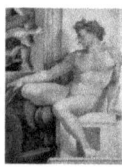

Nei cinque scomparti che sormontano i troni dei Profeti e delle Sibille, il campo delle storie si restringe per lasciar spazio a figure di Ignudi, seduti su plinti di marmo, mentre reggono ghirlande di foglie o fronde di quercia, nastri e festoni vegetali che di religioso ovviamente non hanno nulla, essendo soltanto forme di ostentazione allusive al casato di Sisto IV e Giulio II (Della Rovere). Nelle loro ricercate torsioni, gli Ignudi anticipano le figure retoriche delle tombe medicee in San Lorenzo.

In mezzo ad ogni coppia di Ignudi vi sono dei medaglioni in finto bronzo, lumeggiato d'oro, istoriato, con scene bibliche di obbedienza o disobbedienza alla legge divina.

Ogni finestrone delle pareti è sormontato da una lunetta che determina la nascita di una vela (uno spazio triangolare che s'insinua nella volta). Nelle vele e nelle lunette sono raffigurate le 40 generazioni degli antenati di Cristo. Da notare che ogni lunetta veniva dipinta in soli tre giorni.

Sopra ogni vela vi sono due figure di nudi bronzei e un bucranio (cranio di bue con corna), di classica memoria, ma mentre quest'ultimo è sempre lo stesso alla sommità del vertice di ogni vela, le due figure nude sono state fatte in posizioni sempre diverse, pur essendo ridottissimo lo spazio. Le posizioni sono peraltro simmetriche e speculari. Sembrano prigioniere dello spazio e se a volte paiono assumere un atteggiamento rassegnato, altre volte invece sembrano volerne uscire con forza (le due anime di Michelangelo).

Nei quattro pennacchi angolari sono rappresentati degli interventi miracolosi a favore del popolo eletto: Davide e Golia, Giuditta e Oloferne, Il serpente di bronzo, Il supplizio di Aman.

Vasari disse che nella Sistina non vi è un punto di vista unico per le strutture architettoniche: è un'immagine potentemente unitaria, benché suddivisa in tante sezioni geometriche. Non vi sono effetti illusionistici (come invece iniziarono a fare Mantegna, Bramante e Melozzo), né la via dei "partimenti all'antica", secondo l'insegnamento del Pinturicchio o di Raffaello.

Separazione della luce dalle tenebre

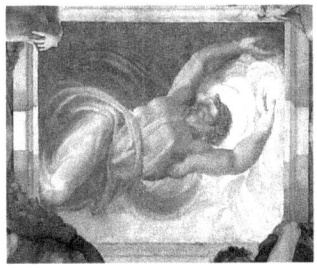

È il primo affresco da guardare dal punto di vista dell'altare, benché l'ultimo realizzato da Michelangelo sulla volta.

Il vertice dell'ispirazione Michelangelo lo raggiunge progressivamente con la *Creazione di Adamo*, dopodiché è come se volesse concludere in fretta l'intera opera (dirà infatti a Giulio II che avrebbe voluto più tempo). In ogni caso dopo l'interruzione forzata dei lavori (che coincide appunto con la *Creazione di Adamo*), l'originalità creativa tende a spegnersi.

Il protagonista di questa *Separazione della luce dalle tenebre* appare come un essere androgino, mezzo uomo mezzo donna, con un seno pronunciato, ma il volto poco definito, rivolto altrove. Sembra un corpo prigioniero di se stesso, che deve uscire da una condizione di ambiguità.

Creazione degli astri e delle piante

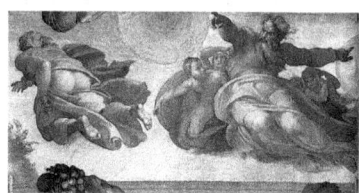

A sinistra una figura, probabilmente la Sapienza che volteggiava sulle acque, viene rappresentata da dietro, col posteriore tutto scoperto.

Dio ha uno sguardo molto arcigno, come se la creazione fosse stato un atto violento, e sembra indicare tutt'altro che gli astri e le piante.

Separazione della terra dalle acque

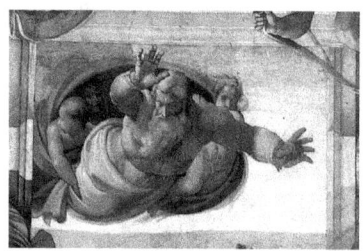

Un putto infila con *nonchalance*, fingendo di nulla, poiché guarda in direzione opposta, una mano sotto la veste del Creatore.

Da notare che per Michelangelo la natura, che qui pur avrebbe dovuto apparire in maniera rilevante, quasi non esiste: o viene considerata in maniera avversa, come nel *Diluvio*, o insidiosa come nel *Peccato originale*.

La creazione di Adamo

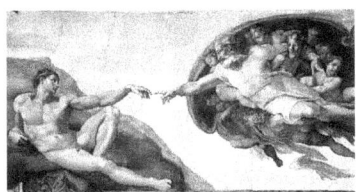

È l'affresco più significativo della volta. Semplicemente straordinaria l'invenzione dei due indici che stanno per entrare in contatto. Da notare che quasi sempre Michelangelo, quando disegna una mano, pone l'indice staccato dalle altre dita, mettendolo in particolare evidenza, come un segno di riconoscimento della propria sensualità morbosa.

Sostenuto nella nuvola da dodici putti e angeli, Dio abbraccia una sorta di efebo, dal volto femminile ma dal seno quasi inesistente, tenendo inoltre un indice lascivo, voluttuoso, sul corpicino nudo di un putto, avvinghiato a una gamba dell'efebo. Putti amorini angeli sono tutti senz'ali, sembrano uno stuolo di bambini e infanti innocenti al servizio di un pedofilo. Sono coloro che offrono ancora l'illusione dell'innocenza.

L'omosessualità qui sembra essere costretta a esprimersi come pedofilia. L'anziano non può avere rapporti con giovani aitanti forti muscolosi, che gli stiano alla pari; non può dunque che avere rapporti con bambini che gli stiano sottomessi.

Dio crea l'uomo, non l'uomo e la donna, come nel primo racconto della Genesi. Michelangelo ha preferito il secondo racconto, quello aggiunto dal clero maschilista. E nel suo affresco Dio è come se creasse se stesso, non un altro da sé, cioè è come se si guardasse allo specchio, riflettendosi nella sua giovinezza, mentre da vecchio può soltanto essere circondato da putti e amorini nudi, che lo sorreggono, offrendogli l'illusione della gioventù, del tempo che non passa.

Dio guarda con invidia l'uomo giovane, cui lascia la tendenza gay come consegna, come atto di successione ereditaria, che Adamo accetta rassegnato, quasi come un atto dovuto: il suo corpo è privo di forza, il braccio sinistro è sollevato a fatica, sembra non ringraziare chi l'ha creato ma salutare chi l'ha appena amato.

Se fosse dipeso da lui, Michelangelo avrebbe messo nudo anche Dio, proprio perché la nudità, per lui, rappresentava una forma di liberazione, di protesta, e non solo una forma esibizionistica della mascolinità forte, robusta e, nel contempo, sensuale.

L'ateismo di Michelangelo, mascherato dietro contenuti religiosi, è visibile anche in questa ostentazione eccessiva, ossessiva, del nudo, che non ha riguardi per alcun tema o soggetto religioso.

Certo, Adamo non poteva che essere nudo, essendo paragonabile all'uomo primitivo, ma allora anche Dio avrebbe dovuto esserlo, per restare coerenti sul piano ideologico, e deve essergli costato mettere al Padreterno quella specie di sottoveste da camera, che lo rende un po' ridicolo, un po' forzato rispetto alla sua creatura.

Ma il vero dramma dell'affresco è quello che si scorge leggendolo da sinistra a destra, come se fosse non Dio a rivedere se stesso da giovane, ma l'uomo a proiettarsi nel suo futuro di anziano: qui la solitudine è ancora più accentuata.

L'Adamo giovane e misogino si guarda allo specchio e immagina il destino che l'attende: una vita da anziano ricco e depravato, che per sentirsi ancora giovane ha bisogno di circondarsi di una gioventù da molestare.

Nell'insieme la Creazione appare come una raffigurazione ateistica, ma non nella forma umanistica, bensì in una forma deviata, psicopatica, del superomismo borghese.

Creazione di Eva

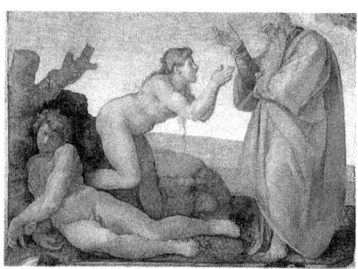

Dio sembra guardare Eva rassegnato, come se fosse un male necessario, frutto di una debolezza dell'uomo, che non a caso dorme, ed Eva ringrazia Dio di esistere.

Il peccato originale

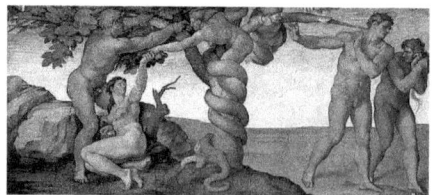

Della volta è l'affresco più erotico in assoluto. Infatti la causa del peccato originale viene letta da Michelangelo in chiave sessuale, a dimostrazione che la sessualità era per lui una vera e propria fissazione.

L'albero cui è attorcigliato la donna-serpente è un fico, in allusione al fatto che dopo la trasgressione del divieto i progenitori si coprirono le parti intime con le foglie di questa pianta (cosa che però Michelangelo non fa, in quanto il nudo va esibito il più possibile). Nella *Cacciata dal paradiso* di Masaccio i progenitori si vergognano della loro nudità e si coprono, piangendo; qui invece se ne vanno via nudi, odiando.

Il serpente passa a Eva due fichi: uno per sé, l'altro per Adamo, il quale però sembra indicarne un terzo, con l'indice staccato dagli altri. Adamo non prende il frutto peccaminoso dalla propria donna, che tenta di sedurlo, ma va in un'altra direzione, indicando un frutto proibito diverso, sullo stesso albero del peccato, e lo afferra da solo.

La posizione di Eva è ambigua, poco naturale, troppo vicina al pube di Adamo per essere innocente: sembra essere stata colta "in fallo" (è forse il caso di dirlo) dal serpente, che la tenta a non aver dubbi su quello che sta per fare. Il peccato è frutto di un piacere proibito, un frutto dolce dalle conseguenze amare.

Adamo però non riesce ad accettare la naturalezza del rapporto eterosessuale: si sente inadeguato, disturbato, vede la donna come fonte di piacere personale (*fellatio*) ma non come partner, tant'è che vicino a lei vi è un albero secco, sterile, che ripete, nella forma, la posizione del corpo e del braccio di lei; e, dopo la colpa, Eva viene dipinta incredibilmente brutta.

Tutta la responsabilità della colpa (dell'uomo) ricade su di lei, che l'ha iniziato a una sessualità sbagliata, malsana o troppo precoce. La sessualità femminile viene vista con un sentimento misto a paura insicurezza disagio. Nella visione tragica di Michelangelo il male che in assoluto rende impotenti gli uomini a compiere il bene è strettamente legato alla sessualità.

Il diluvio universale

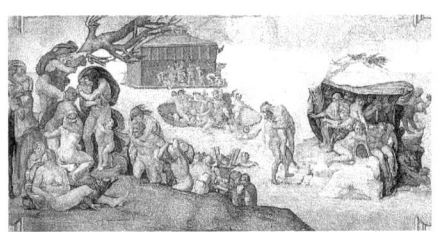

Nella scena sono rappresentate sessanta figure, poi Michelangelo si accorgerà che dal basso il pubblico avrebbe visto meglio poche figure disegnate ben in grande.

Impressionante la madre in primo piano, a sinistra, nuda, dal seno prominente, appoggiata su un masso e su un tronco secco d'albero, mentre dietro di lei un bambino piange, sentendosi abbandonato, non potendo interagire in alcun modo con lei.

In primo piano sono tutti i condannati (e non i sopravvissuti, come interpretano alcuni critici): mariti e mogli, madri e bambini, giovani e anziani. I salvati si vedono in lontananza, nell'arca, dove però non tutti vengono fatti salire, anzi con la forza glielo si impedisce. Si può già qui intravedere quello che sarà trent'anni dopo il *Giudizio*: "essere cristiani non significa essere migliori degli altri".

Un'esplosione, avvenuta nel 1797, nel deposito delle polveri di Castel Sant'Angelo, ha danneggiato l'affresco facendo crollare una parte del cielo dove era disegnato un fulmine.

Il sacrificio di Noè

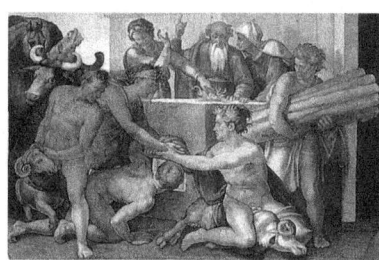

La settima scena, il *Sacrificio di Noè*, riguarda il ringraziamento del patriarca a Dio dopo il diluvio.

Da notare in primo piano i tre giovani nudi, di cui uno ha il pube all'altezza della bocca dell'ariete; l'altro, in procinto di cuocere le viscere dentro il forno, sta in una posizione difficilmente equivocabile, mentre il terzo non si capisce se offra o riceva qualcosa.

L'ateismo è però visibile nella scena in alto, dove Noè sembra apprezzare il sacrificio, mentre attorno a lui la donna più anziana sembra disturbarlo nell'azione, tentandolo a non credere in ciò che fa, mentre la più giovane fa capire chiaramente che quei sacrifici la disgustano.

L'ebbrezza di Noè

Michelangelo aveva iniziato a lavorare partendo dall'*Ebbrezza di*

Noè semplicemente perché sarebbe stato più difficoltoso partire dall'altare. Il ponteggio copriva solo metà della cappella e dovette essere smontato e rimontato dall'altra parte tra una fase e l'altra.

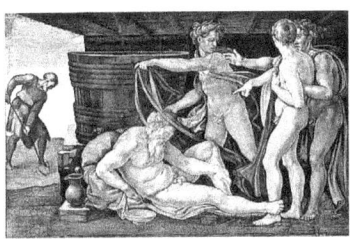

Sia Noè che i suoi figli sono nudi ed è probabile che Michelangelo avesse iniziato subito a litigare coi propri collaboratori proprio per questa ragione, in quanto appare evidente che l'affresco non rispecchia il testo, secondo cui "Sem e Jafet presero un mantello, se lo misero sulle spalle, e camminando all'indietro, coprirono le nudità del loro padre; e siccome avevano la faccia volta indietro non videro le sue nudità". Qui invece non solo tutti videro tutto, ma addirittura nei confronti di Cam sembra profilarsi un rapporto omosessuale da parte di uno dei fratelli, che lo avvinghia con un braccio da dietro.

Inutile dire che questo racconto ricorda molto da vicino quello di Lot, che, già molto avanti con gli anni, fu ubriacato dalle figlie perché, mancando in zona altri uomini, potessero avere dei figli da lui (Gn 19,33 ss.).

La lunetta di Aminadab

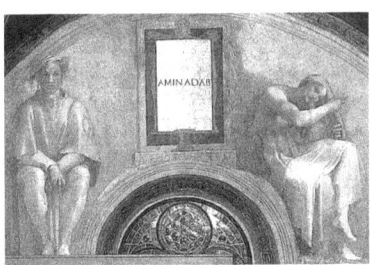

Le lunette seguono la genealogia cristica del Vangelo di Matteo. Aminadab e sua moglie si trovano nella prima lunetta della parete destra a partire dall'altare, sotto il pennacchio del Serpente di bronzo.

Aminadab, principe dei Leviti, siede a sinistra in posizione rigorosamente frontale, col busto eretto, i piedi uniti, le mani strettamente intrecciate tra le ginocchia, gli avambracci appoggiati. La sua espressione, dai lineamenti fortemente marcati sotto un cespuglio di capelli corvini legati con una fascia bianca, sembra tradire una forte tensione interiore. Indossa orecchini con pendente (disegnati diseguali con una rapidissima pennellata ciascuno), una mantellina di colore cangiante, dal rosso al verde pallido, e calzoni attillati e bianchi che mostrano il suo fisico atletico. La sua posa si trova in uno studio del *Codice di Oxford* all'Ashmolean Museum ed ebbe una notevole diffusione, venendo ripresa da molti artisti.

La donna a destra è in una posa inconsueta nell'iconografia cristiana, studiata probabilmente dal vero. Essa è seduta ma con le membra si volge verso lo spettatore, ruotando le gambe accavallate e il busto, con un complesso gioco di torsioni. La schiena è ricurva nell'atto di pettinarsi i lunghi capelli biondi, la testa è reclinata. La veste rosa è particolarmente attillata, come se fosse bagnata, attaccandosi al corpo e rivelandone l'anatomia atletica, particolarmente mascolina nel braccio muscoloso (ma la muscolatura è in tutte le donne della Sistina). Un panno verde chiaro è disteso sulle cosce e i calzari sono di un giallo acceso. Notevole è il gioco di luci ed ombre, che sbalzano plasticamente la figura. Un bellissima mano scorciata, col palmo in ombra e le falangi illuminate, solleva i capelli da pettinare. La donna appare abbozzata in una pagina dello stesso *Codice di Oxford*.

Questo affresco è davvero particolare. La posa ieratica, immobile, con lo sguardo perso nel vuoto e i capelli arruffati di Aminadab è opposta a quella flessuosa e instabile della moglie, colta nell'atto di pettinarsi i lunghi capelli, con le gambe accavallate, con busto e testa inclinati, il volto seducente, rivolto verso l'osservatore.

Non c'è passione o intesa tra i due, anzi lui sembra essere totalmente indifferente a lei. Nessuno dei due ha un atteggiamento religioso, eppure dovrebbero aspettare l'arrivo del Messia. Sembra che si siano appena amati e lui se ne sia pentito. Lei ha una veste seducente, trasparente, ma ha uno sguardo annoiato.

Il Giudizio Universale

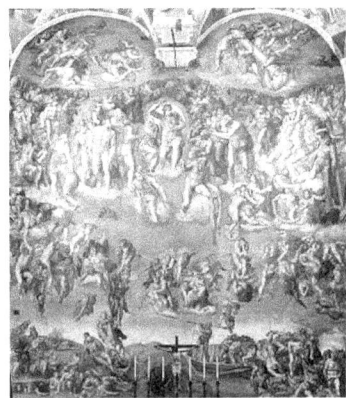

Il *Giudizio Universale* fu eseguito dal solo Michelangelo, che di età aveva già superato la sessantina, dal 1536 al 1541, trent'anni dopo aver terminato la volta. Accettò malvolentieri il progetto, sia perché di fronte a una parete di 200 mq sentiva di non avere le forze necessarie, sia perché era impegnatissimo nella lunga realizzazione della tomba di Giulio II, morto ormai da vent'anni. Tuttavia lo attirava un lavoro romano di committenza medicea (papa Clemente VII) con cui farsi perdonare la sua adesione alla Repubblica fiorentina e ingraziarsi il nuovo duca di Firenze, Alessandro de' Medici.

Quando nel maggio 1534 gli accordi furono definiti, morì improvvisamente Clemente VII, ma il suo successore, Paolo III, decise di riprendere il progetto. Fu necessario murare le due finestre che vi si aprivano per dare alla raffigurazione la necessaria continuità spaziale e coprire gli affreschi del Perugino dedicati ai primi episodi della vita di Mosè e di Gesù e dei primi due papi.

All'inizio l'intenzione era di salvare il dipinto dell'Assunta sopra l'altare, cui la Cappella era dedicata, e gli affreschi delle due lunette in cui lo stesso Michelangelo aveva posto i primi antenati del Cristo. Invece la scelta di eliminare tutto fu molto indovinata, poiché così il *Giudizio* avrebbe potuto avere sui visitatori uno straordinario impatto, come mai prima s'era visto.

La *Storia della creazione* della volta e il *Giudizio* sono due opere completamente diverse, soprattutto nella tensione emotiva che esprimono. Quello che le accomuna sono unicamente gli aspetti formali: il nudo, la muscolatura dei soggetti (le donne sembrano addirittura dei transessuali), la netta prevalenza degli aspetti maschili ecc. Nella volta non c'era senso del tragico, ma solo autocompiacimento, l'ottimismo del primo Rinascimento, l'armonia formale e intellettuale; qui invece Michelangelo offre la percezione angosciosa dell'incombente cataclisma che sta per abbattersi sull'intera Europa: la Controriforma.

Tecnicamente la parete fu rivestita da uno strato di mattoni di uno spessore maggiore in alto, in modo che l'inclinazione impedisse il deposito delle polveri. Le giunture delle varie porzioni di intonaco, dette "giornate", sono 449 (nella volta ovviamente molte di più).

Il *Giudizio* si ispira allo stesso tema trattato nella Cappella di San Brizio, o Cappella Nova, del Duomo di Orvieto, dove appare il ciclo di affreschi con *Storie degli Ultimi Giorni*, avviato nelle vele da Beato Angelico e Benozzo Gozzoli nel 1447 e completato da Luca Signorelli nel 1499-1502. Era soprattutto quest'ultimo a interessare Michelangelo. Nei personaggi di Caronte e Minosse l'artista si è invece rifatto direttamente alla *Divina Commedia*.

Di rilievo però il fatto che Michelangelo rinuncia alla tradizionale organizzazione in fasce orizzontali e parallele, dove tutti gli attori occupano il posto definito dalle fonti bibliche secondo un criterio gerarchico. Preferisce una composizione priva di inquadrature architettoniche, dove correnti di corpi ascensionali di beati e discensionali di dannati sono in un vortice privo di strutture prospettiche. Tutto è incentrato sulla figura e sul gesto di stizza del Cristo imberbe.

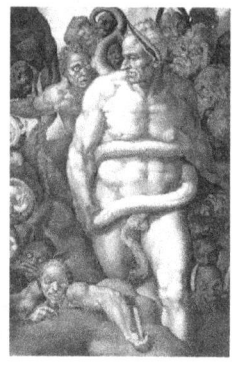

Vi sono 392 figure, tutte in movimento. Per leggerlo bisogna partire dagli angeli che in basso suonano le trombe dell'Apocalisse; dopodiché alla destra, Caronte colpisce furiosamente le anime che s'attardano a precipitare nell'inferno, davanti al giudice Minosse, che ha il corpo avvolto dalle spire del serpente che gli morde il pene.

Sopra Caronte altre anime, dai corpi nudi e molto muscolosi, vorrebbero salire in paradiso ma ne vengono impedite da alcune milizie angeliche (sembra di assistere alle lotte furibonde della *Centauromachia* scolpita nel 1490-92).

Viceversa a sinistra le anime virtuose, fisicamente meno delineate, riacquistano lentamente sembianze umane (ci sono scheletri ancora avvolti nel sudario, corpi a metà ricomposti, uno, tutto nudo, viene addirittura tirato su per le gambe) e salgono in cielo con molta fatica, in attesa di ricongiungersi coi santi e beati che circondano il Cristo e la Vergine, spesso coi loro strumenti di martirio o coi simboli che li contraddistinguono (san Pietro ha le chiavi; san Lorenzo la graticola; san Sebastiano è inginocchiato con le frecce in mano; san Bartolomeo, col volto di Pietro Aretino, ha il coltello nella mano destra e la sua pelle scuoiata nella sinistra, dove s'intravede il volto dello stesso Michelangelo, particolarmente angosciato, al punto che il Cristo sembra che guardi proprio lui; santa Caterina d'Alessandria con la ruota dentata, nell'originale dipinta tutta nuda, e san Biagio, dietro di lei, in una posizione da sodomita che suscitò grande scandalo e che, per questa ragione, venne rifatto completamente).

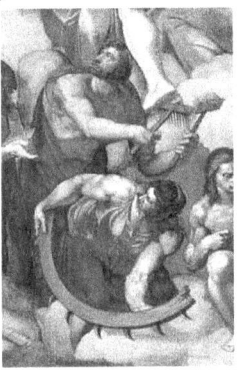 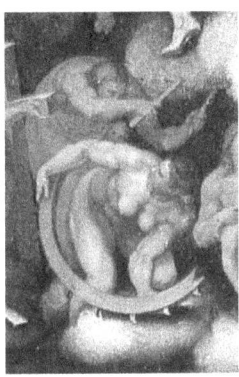

Le donne rappresentano la tentazione, la lussuria, la prostituzione e, senza alcun riguardo etico, sono dipinti anche i diavoli che approfittano di loro. Nei bozzetti preparatori non era neppure previsto uno spazio per la madre di Gesù.

Al di sopra di tutti, nelle due lunette, che sono state dipinte per prime, vi sono altri angeli (anche loro rigorosamente senz'ali) intenti a controllare gli strumenti della passione del Cristo, che paiono aver vita propria: la croce, la corona di spine, la colonna della fustigazione ecc.

Sembra un film misto a orrore, giallo, fantascienza, guerra e pornografia. La violenza è esagerata, gratuita, spesso compiuta da esseri mostruosi, assolutamente privi di qualunque forma di umanità. Dio è del tutto assente, e così lo Spirito santo; gli angeli e i demoni non sono propriamente riconoscibili da simboli, anzi, se fino al Medioevo i diavoli era raffigurati sempre come mostri, ora invece assumono sembianze quasi umane.

Se la poca autocensura che gli era rimasta non gliel'avesse impedito, Michelangelo avrebbe dipinto un Cristo nudo tra nudi, maschio tra maschi, in cui la presenza femminile sarebbe stata del tutto irrilevante. Persino la Vergine appare priva di reale autonomia, chiusa com'è in uno spazio molto angusto, che la rende timorosa di se stessa, inadeguata a una situazione in cui maschi imponenti vogliono esibire la loro muscolatura, la loro virilità.

Madre e figlio non sembrano neppure avere un vero rapporto comunicativo con le anime dei santi e beati. Lei si schermisce, mentre lui alza un braccio in segno di disprezzo, di disgusto. Tra chi si salva e chi si danna sembra non esserci neppure molta differenza, e infatti i virtuosi guardano attoniti, con gli occhi sbarrati, l'atteggiamento del Cristo, in attesa che prenda una decisione di cui loro non possono prevedere le conseguenze. È come se avessero scoperto qualcosa di totalmente diverso da quello in cui avevano creduto sulla terra. Anche san Pietro ha un'espressione molto preoccupata e le sue chiavi sembra quasi che il Cristo voglia rifiutarle.

Nessuno si riconosce in quello che vede e tutti sembrano voler supplicare Gesù d'essere accettati in paradiso, ostentando gli strumenti del proprio martirio, come fossero un titolo di autenticità della loro fede. È come se i beati fossero in attesa di sapere, dal Cristo giustiziere, chi di loro si salverà.

In realtà sembra quasi che il Cristo non voglia salvare nessuno o che debba farlo controvoglia. Non appare misericordioso, ma giudice pronto a vendicarsi, neppure intenzionato di avvalersi dell'intercessione della madre. È un giudice che non guarda negli occhi lo spettatore, anzi li tiene bassi, socchiusi, come se si sentisse completamente diverso da tutti quelli che lo circondano. Alcuni critici han detto che la salvezza cercata attraverso la sola mediazione del Cristo è uno dei temi del protestantesimo, ma qui c'è di più e di peggio, anche perché Michelangelo non aveva una particolare sensibilità religiosa, checché ne dicano i suoi *Sonetti*. Qui ognuno, dopo aver vissuto un'esperienza tragica, in cui si mescolano in un intreccio inestricabile, sesso sangue violenza e morte, sembra andare incontro, in maniera inesorabile, al proprio destino.

Gli stessi strumenti della passione cristica sembrano stranamente oggetto di una rissa furibonda da parte di chi vorrebbe appropriarsene, di chi vorrebbe avere su di loro una sorta di esclusività, di monopolio gestionale e interpretativo (forse qui c'è un riferimento critico alla pratica superstiziosa delle reliquie).

Probabilmente Michelangelo voleva far capire l'assurdità dell'idea cristiana secondo cui, in virtù del martirio, uno potesse essere considerato "santo" o "beato", avere un posto assicurato in paradiso. Lui, ateo, borghese e omosessuale, sotto questo aspetto, avrebbe dovuto considerarsi un "maledetto", il cui destino ultraterreno era segnato. E probabilmente si consolava pensando che l'alto clero che quotidianamente doveva frequentare era peggio di lui; per questo si sentiva autorizzato a trasgredire la pubblica moralità.

Questo *Giudizio* ispirò la *Gloria del Paradiso* del Tintoretto e il *Giudizio* di Rubens. Tuttavia, se i moduli formali entreranno ben presto nel linguaggio figurativo di tutto il Cinquecento, l'esigenza di esprimere la fede religiosa al di fuori dei confini dell'ortodossia cattolica resterà una dimensione irraggiungibile in Italia dopo il Concilio di Trento, anche perché la chiesa chiederà agli artisti di esprimere messaggi rassicuranti, convenzionali, facilmente comprensibili dal popolo.

Nel gennaio 1564, un mese prima della morte di Michelangelo, il Concilio di Trento approvò la censura delle nudità. A ciò fu incaricato un suo allievo, Daniele da Volterra, il quale morì due anni dopo, senza aver concluso l'intera operazione, che lo sarà verso la metà del Settecento.[13]

A rovinare l'affresco non furono solo questi e altri interventi censori e di restauro, ma anche i fumi delle candele dell'altare e le colle stese per conferire maggiore luminosità all'affresco. Sarà soltanto l'intervento di restauro del 1990-94, dopo un anno di studi scientifici, che permetterà di recuperare la nitidezza dei colori, il vigore delle forme, la definizione dei particolari e l'unità complessiva dell'opera.

Lettura psicologica del *Giudizio Universale*

Tra i tanti libri di psicanalisi dedicati al Michelangelo della Sistina, forse quello di Fabio Maurizi, *Il Giudizio Universale di Michelangelo* (Andrea Livi editore, Fermo 1992), merita d'essere letto non solo perché scritto in un linguaggio facilmente comprensibile, in poco più di cento pagine, ma anche perché fa capire, senza interpretazioni azzardate, quanto i manuali scolastici di storia dell'arte non possano limitarsi a una lettura meramente stilistica, in senso estetico-formale, delle opere degli

---

[13] Il primo avversario di Michelangelo fu Biagio Baroni Martinelli, di Montiano (provincia di Forlì-Cesena). Nel 1506 era al seguito di papa Giulio II alla conquista di Bologna, annessa allo Stato pontificio. Col papa Leone X de' Medici egli diventò cerimoniere e si scontrò duramente con Michelangelo appena questi prese a dipingere i nudi nel *Giudizio Universale*. Ne chiese addirittura la scomunica. Michelangelo, per vendicarsi, alla figura malvagia di Minosse dette le sembianze del viso del montianese. Il contenzioso durò anche dopo la loro morte, finché col Concilio di Trento prevalse la linea del Martinelli. Infatti nel 1571 vennero dipinte delle braghe ai personaggi nudi. Ci sono voluti oltre cinquecento anni prima di riportarli alla loro originaria nudità.

artisti, specie quando si ha a che fare con opere monumentali, dove l'elemento soggettivo del genio artistico riesce a scardinare tutti i modelli tradizionali che fino a lui s'erano imposti.

Certamente un inquadramento storico, entro cui poter collocare determinati artisti, che hanno costituito una svolta nella storia dell'arte, è indispensabile per poter comprendere in maniera adeguata le stimolazioni e i condizionamenti in cui il genio s'è sviluppato. Ma non meno importante può essere il contributo di talune discipline interpretative che, per quanto non scientifiche possano essere, offrono letture suggestive, interessanti, su cui val la pena riflettere. E le nostre riflessioni spesso s'intrecciano, si sovrappongono a quelle, davvero pregevoli, di Maurizi.

Egli anzitutto si chiede se il *Giudizio Universale* vada interpretato come il "monumento della Controriforma", volto a dimostrare che l'ideale rinascimentale di unire cristianesimo e paganesimo alla lunga non poteva reggere, in quanto il paganesimo avrebbe avuto la meglio; sicché, al fine di evitare un esito così catastrofico per le sorti di una chiesa politicizzata come quella romana, era necessario mostrare che alla fine dei tempi si salverà soltanto chi sarà rimasto fedele ai princìpi del cattolicesimo latino.

Oppure se esso va visto come un tentativo estremo di salvaguardare la verità soggettiva (in campo artistico), mentre il potere costituito va imponendo il conformismo della fede, cui tutti devono attenersi per aver sicura salvezza.

È singolare che di fronte a un affresco del genere si possano dare interpretazioni così opposte, ma resta indubbio che il talento di un grande artista di corte va analizzato anche in questa capacità di bilanciare le richieste della committenza pagante col proprio sentire interiore.

Maurizi non ha dubbi nel parteggiare per la seconda ipotesi interpretativa, e lo motiva con una serie di acute osservazioni.

1. Nell'affresco *non vi è alcun vero giudizio*, in quanto sono state evitate soluzioni di continuità tra i gruppi dei dannati e quelli dei salvati. Le loro rispettive zone non sono formalmente distinte e segnalate. La stessa ripartizione tra alto e basso è appena abbozzata: sia chi sale, sia chi scende fa una certa fatica, come se non vi fosse differenza fondamentale tra eletti e malvagi. Tutti partecipano a pari titolo all'evento apocalittico, che di religioso sembra non avere nulla, essendo mancante un qualunque riferimento al paradiso, alla gloria divina. Le stesse anime salvate non hanno quella tipica serafica impassibilità dell'iconografia precedente (non dimentichiamo però che Michelangelo si servì, per il suo *Giudizio*, del monumentale affresco di Signorelli sulle *Storie de-*

gli ultimi giorni, realizzato nel Duomo di Orvieto).
Tutto resta tragicamente umano, dove masse sterminate di individui singoli sembrano ruotare all'infinito intorno all'unico elemento di luce: il Cristo, affiancato da una minuscola madre. Alcuni contemporanei - sottolinea Maurizi - ritennero che Michelangelo intendesse dipingere non tanto il giorno del Giudizio, quanto la resurrezione del Cristo e, in tal senso, egli si porrebbe come rappresentante dei risorti.

2. L'atteggiamento quanto meno ambiguo del Cristo (un minaccioso braccio alzato, con tanto di mano spalancata, come se volesse evitare qualunque forma di contatto, lo sguardo abbassato, introverso, con le palpebre semichiuse) nel migliore dei casi presenta un difetto di comunicazione religiosa, nel peggiore indica un certo sdegno nei confronti del genere umano. Gli stessi beati ne restano sgomenti, allibiti, e lo guardano allucinati, con gli occhi spalancati, sperando di ricevere una grazia che ritengono meritata e per la quale esibiscono gli strumenti del loro martirio o i simboli del loro potere (p.es. le chiavi di Pietro). Nessuno sembra essere certo di nulla e tutti attendono che avvenga qualcosa di decisivo.

3. Il contrasto tra lo sguardo impassibile dell'efebo Cristo, d'una bellezza apollinea (profilo greco, labbra sensuali, guance lisce e sbarbate, capigliatura disordinata, statuario nelle forme) e l'agitazione espressa dai movimenti del corpo sta ad indicare una sorta di *autocompiacimento interiore di tipo narcisistico*. Il Cristo è incurante del mondo esterno, come se fosse del tutto pago di sé, desideroso soltanto d'essere ammirato per la sua performance superomistica.

4. L'esibizione degli organi sessuali appartiene alla serie dei comportamenti miranti ad accrescere la considerazione di sé: Michelangelo *non superò mai la fase del narcisismo infantile*. Lo si intuisce anche dal disprezzo in cui tiene il genere femminile in tutti gli affreschi della Cappella e il ruolo nettamente marginale riservato alla madre di Gesù, incapace di fare alcunché.

5. Nel *Giudizio il ruolo della madre di Gesù non ha alcunché di propositivo*. Il suo atteggiamento è schivo, timoroso, estraneo all'evento, incapace d'intercedere, non ha alcun tratto di eccellenza, il suo stesso volto è del tutto anonimo; anzi, occupando uno spazio molto ristretto tra il corpo del figlio e il bordo della folla dei beati, appare come rimpicciolita, rannicchiata, in una posizione che sembra essere messa lì solo in maniera servile, per omaggia-

re una tradizione religiosa consolidata. Nei bozzetti preparatori non era neppure prevista, proprio perché nulla poteva offuscare il narcisismo del Cristo.

6. Il *Giudizio* fu ritenuto scandaloso non solo dai cattolici ma anche dai protestanti, i quali avevano capito che in quelle immagini non vi era nulla di religioso. Cioè anche se i contenuti ivi espressi potevano apparire eversivi nei confronti del cattolicesimo dominante, non si riteneva che in virtù di essi si potesse costituire un'alternativa praticabile al clericalismo pontificio.

Michelangelo poteva trovare dei seguaci tra gli intellettuali laico-borghesi come lui, ma per poterli trovare davvero, questi intellettuali avrebbero prima dovuto eliminare il potere politico del papato nella penisola. Non avendolo fatto, la borghesia del Seicento sarà costretta ad accettare un compromesso vergognoso con la chiesa, evitando azzardi che avrebbero potuto minacciare i suoi affari. Probabilmente l'unico vero seguace di Michelangelo sarà il Caravaggio, anche se Paolo Veronese, sotto processo, userà proprio i nudi della Sistina a sua discolpa. Un imitatore del *Giudizio Universale* sarà Ercole Ramazzani de la Rocha, nel 1597.

7. L'ansia che il papato ebbe in tutta la prima metà del Cinquecento, in cui s'erano formate le monarchie nazionali, appoggiate dalla borghesia, di dimostrare la propria superiorità, utilizzando lo strumento della cultura e dell'arte, non ottenne in Europa il risultato sperato, proprio perché per realizzare quelle grandissime opere d'arte occorrevano finanziamenti esorbitanti, a carico di tutti i contribuenti d'Europa (cosa che spesso le faceva restare incompiute, incluse quelle dello stesso Michelangelo), e poi perché esse non venivano supportate da una precisa volontà di superare la corruzione presente nello Stato della chiesa, anzi, semmai servivano per confermare la necessità di un'egemonia politica. Benché Michelangelo rifiutasse la tecnica dell'illusionismo, in realtà egli, coi suoi affreschi, partecipò attivamente a una più generale strategia d'imbonimento delle masse.

8. Forse l'osservazione più interessante che Maurizi fa è quella relativa al rapporto, molto particolare, tra gli strumenti del martirio di Cristo e quelli dei santi che gli stanno attorno. La domanda è: perché alla staticità di quest'ultimi Michelangelo ha deciso di porre come contrappeso l'incredibile dinamismo degli altri? Maurizi afferma giustamente che gli angeli deputati al controllo di quegli strumenti (colonna della fustigazione, croce, corona di spine, spugna col fiele, scala per deposizione), posti in alto, in

una zona separata dalla scena centrale, svolgono un ruolo molto controverso. Infatti quegli oggetti, a ben vedere, sembrano sfuggire a una presa sicura, come se fossero dotati di vita propria: nessuno sembra essere in grado di gestirli.

Cosa voleva far capire Michelangelo? Forse che nessuno può pretendere un monopolio interpretativo della morte di Cristo? Se questa supposizione fosse giusta, saremmo in presenza di un qualcosa di davvero singolare. Saremmo cioè in presenza di *una forma artistica di tipo ateistico*, molto sofisticata.

La lettura che Michelangelo offre di quegli strumenti pare andare al di là di quella offerta dalla stessa chiesa. Di conseguenza Cristo si mostrerebbe sdegnato nei confronti dei risorti proprio perché *la sua morte non sarebbe stata compresa come si sarebbe dovuto*. E non lo sarebbe stata perché in realtà s'era frainteso il suo stesso messaggio di vita, che voleva essere gioioso, per le cose belle, per l'amore disinteressato. Nulla di tutto quanto propagandato dalle chiese.

Michelangelo insomma avrebbe voluto far credere che nei confronti di Gesù Cristo l'umanità vive una profonda illusione e che neppure i propri strumenti di martirio, ch'essa esibisce, la rendono meritevole di salvezza.

L'omosessualità di Michelangelo

Si è detto e ripetuto, benché prove certe non ve ne siano, che Michelangelo sia stato un omosessuale e probabilmente lo furono anche alcuni papi e alti prelati che protessero lui e le sue opere, anche dopo la sua morte, e che se non si parte da questo presupposto è impossibile comprendere adeguatamente la sua arte così sconvolgente.

Tuttavia l'esibizione, anche reiterata, spesso allusiva e a volte volgare, del nudo maschile, non rimanda di per sé ad atteggiamenti omosessuali da parte dell'artista, altrimenti dovremmo dire che tutti gli artisti della Grecia classica lo erano.

In Michelangelo il problema si pone ad altri livelli. Anzitutto il nudo rappresentato a volte appare osceno in quanto usato proprio come strumento polemico nei confronti dell'ideologia dominante (col che il nudo viene a perdere quella sua caratteristica d'innocenza che dovrebbe essergli connaturata). Di questo la critica stilistica ha tenuto poco conto, facendo rientrare l'opzione del nudo nella più generale riscoperta umanistica e rinascimentale dei valori del mondo classico, quando in realtà il nudo greco-romano non aveva una funzione polemica nei confronti dei poteri dominanti, ma semmai apologetica.

In secondo luogo il nudo maschile viene usato per alterare o emarginare quello femminile, cioè per non caratterizzarlo in maniera naturale (cosa che nel mondo classico sarebbe parsa insensata). Le figure femminili ritratte da Michelangelo o sono troppo maschili (tanto da sembrare - diremmo oggi - dei transessuali) o sono idealizzate in una forma stereotipata, spesso da risultare madri molto più giovani del figlio morto (come nelle varie *Pietà*) o mogli molto più giovani dei loro mariti (come Maria nel *Tondo Doni*), oppure sono fatalmente oggetto di tentazione e di lussuria, cosa che autorizza qualcuno (foss'anche lo stesso artista) a fare di loro ciò che si vuole (come nel *Giudizio*).

L'ostentazione degli attributi maschili (dalla muscolatura agli organi genitali) appare indubbiamente una forma di esibizionismo narcisistico, che mal si concilia, peraltro, coi temi religiosi in cui la sua arte scelse di cimentarsi. Michelangelo predilige il nudo anche quando non ve ne sarebbe bisogno, anche quando appare del tutto fuori luogo: è come se fosse affetto da una fissazione maniacale.

D'altronde assai raramente egli si poneva il problema se fosse il caso di fare differenza tra una fruizione pubblica o privata delle sue opere, o tra le esigenze di una committenza laica e quelle di una committenza ecclesiastica. Michelangelo riteneva che il suo genio riconosciuto e stimato dalla critica non dovesse essere sottoposto ad alcun controllo, e quando qualcuno lo pretendeva, la sua reazione era immediata e sempre sopra le righe (indubbiamente perché sapeva di fruire nelle stanze vaticane di ampi consensi).

L'egocentrismo erotico tipico del narcisismo infantile, che si può notare in tutte le sue opere più significative (ad eccezione di quelle avente per tema la deposizione del Cristo), si rifletteva anche nella sua costante difficoltà ad avere relazioni sociali normali.

Machismo, maschilismo, superomismo sono stati indubbiamente più un'espressione della sua arte che non della sua vita, o comunque più un'espressione della vita delle corti che frequentava che non della sua vita personale. È fuor di dubbio tuttavia che un soggetto come Michelangelo non può essere adeguatamente compreso limitandosi a un'analisi puramente formale delle sue opere. L'aiuto che possono dare discipline particolari come la psicologia o la psicanalisi o la semiologia va considerato fondamentale.

Anche chi si accinge a leggere le sue *Rime*, non può non sapere che questo testo fortemente omoerotico è solo dal 1960 che si trova nella sua forma originaria, essendo stato pubblicato da suo nipote previa trasformazione in "fanciulle" di tutti i fanciulli citati.

Sono parecchi i nomi citati dai critici e alcuni persino dallo stesso Michelangelo tra i suoi amanti, di ogni età e condizione sociale: Tommaso de' Cavalieri, Gherardo Perini, Giovanni da Pistoia, Pietro Urbano, Antonio Mini, Luigi Pulci jr, Benedetto Varchi, Giovannangelo detto "il Montorsoli", Febo dal Poggio, Cecchino Bracci, Francesco Amadori detto "l'Urbino", Pierfrancesco Borgherini, che ricevette l'eredità più cospicua alla morte di Michelangelo.

Non dimentichiamo ch'egli da giovane s'era formato nella cerchia neoplatonica del grande filosofo omosessuale Marsilio Ficino (e anche Pico della Mirandola probabilmente lo era).

I papi della Sistina

Nicolò V (1447-55), Tommaso Parentucelli, francescano, redige il primo progetto iconografico dei dipinti della erigenda Cappella Grande.

Sisto IV (1471-84), Francesco della Rovere, fece costruire la Cappella, definisce il piano iconografico dei dipinti, chiama a Roma i migliori artisti per la decorazione.

Innocenzo VIII (1484-92), Giovanni Battista Cybo, fa costruire una sacrestia annessa alla Cappella.

Alessandro VI (1492-1503), Rodrigo Borgia, fa aprire la porta sulla destra dell'altare.

Giulio II (1503-13), Giuliano della Rovere, incarica Michelangelo di realizzare la decorazione della volta in sostituzione di quella a stelline. Sono note le accuse di omosessualità a carico di questo pontefice.

Leone X (1513-21), Giovanni di Lorenzo de' Medici, commissiona a Raffaello nel 1515 i cartoni per gli arazzi che verranno tessuti a Bruxelles; andati perduti col sacco di Roma del 1527, furono ritrovati solo nel 1983.

Clemente VII (1523-34), Giulio de' Medici, chiede a Michelangelo di ridipingere la parete di fondo con una *Resurrezione*.

Paolo III (1534-49), Alessandro Farnese, chiede a Michelangelo, che ancora non aveva iniziato la *Resurrezione*, di dipingere al suo posto il *Giudizio Universale*. Il maestro di palazzo, Biagio di Cesena, informa il pontefice che gli affreschi sono scandalosi, ma non vi è alcuna reazione, anzi Michelangelo raffigura Biagio in uno dei morti della parte inferiore dell'affresco. Secondo Vasari il volto di Biagio sarebbe stato dato a Minosse, ma la critica ha dimostrato che il volto di quest'ultimo è quello di Pierluigi Farnese, figlio primogenito di Paolo III, responsabile di stupro e omicidio nei confronti del giovane vescovo di Fano, Cosimo Gheri. Peraltro Pierluigi, appena divenuto duca di Parma e Piacenza, espropriò Michelangelo dei proventi di una dogana sul Po, assegnatigli da Paolo III per remunerarlo della pittura del *Giudizio*.

Giulio III (1550-55), Giovanni Maria del Monte, difende il *Giudizio Universale* dalle accuse di oscenità. Quattro mesi dopo la sua elezione aveva nominato cardinale il suo amante diciassettenne Innocenzo Del Monte (1532-77), coinvolto in una catena di stupri (eterosessuali), violenze e persino omicidi.

Paolo IV (1555-59), Giampietro Carafa, pensa di distruggere la parete del *Giudizio* col pretesto di ampliare la Cappella, ma poi decide di spostare l'iconostasi verso la parete d'ingresso, per ingrandire il presbiterio. Chiede a Michelangelo di coprire le nudità, ma lui rifiuta di farlo.

Pio IV (1559-65), Giovanni Angelo de' Medici, attraverso il Concilio di Trento, impone a Daniele da Volterra di mettere le braghe a una ventina di figure e di rifare completamente le figure di Santa Caterina d'Alessandria (ch'era completamente nuda) e di San Biagio, che, benché vestito, sta tentando di sodomizzarla.

Clemente VIII (1592-1605), Ippolito Aldobrandini, pensa di far ricoprire tutta la parte dell'affresco con della calce, ma l'Accademia di San Luca si oppone.

Altri interventi censori sono stati realizzati sino alla fine del Settecento. Stendhal racconta che ancora nel 1825 durante le cerimonie pontificie l'affresco veniva in parte nascosto sotto un grande arazzo. Durante l'ultimo restauro (1994) sono state conservate solo 23 braghe del Cinquecento (ne sono rimaste alcune dei secoli successivi perché i censori avevano raschiato la pittura sottostante). Una copia fedele e senza censure dell'originale, di Marcello Venusti (seguace di Michelangelo), è oggi a Napoli al Museo di Capodimonte. Essa venne commissionata nel 1549 dal cardinale Alessandro Farnese. Un'altra copia dell'originale, sempre della metà del Cinquecento, è quella di Giulio Giovio.

Caravaggio il sovversivo

1. Incredulità di san Tommaso

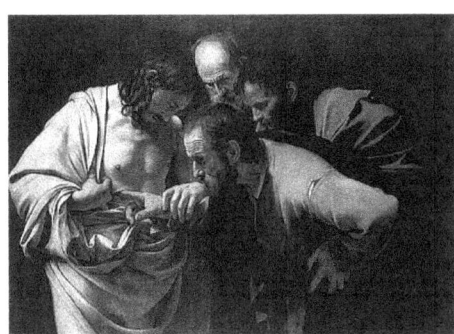

Premessa tecnica

Incredulità di san Tommaso è un dipinto realizzato tra il 1600 e il 1601 da Michelangelo Merisi da Caravaggio (1571-1610). Praticamente lo stesso anno in cui Giordano Bruno fu messo al rogo.

Nel 1606 il banchiere e marchese Vincenzo Giustiniani faceva riferimento a questo soggetto in una copia presente a Genova e vent'anni dopo il dipinto veniva citato nell'inventario della collezione Giustiniani, il che fa presupporre che sia stato il banchiere stesso a commissionare l'opera, tanto più che lo sconcertante realismo della stessa non avrebbe potuto essere accolto che da uno dei più forti sostenitori del pittore, il quale comunque, al vederla, rimase non poco turbato.

La tela è stata venduta varie volte nel corso dei secoli, finché, dopo ulteriori vicissitudini legate agli eventi della seconda guerra mondiale, pervenne nell'attuale collezione della Bildergalerie von Sanssouci di Potsdam.

La dimensione orizzontale della tela (107×146 cm) fotografa di tre quarti la presenza di quattro figure concentrate contro uno sfondo del tutto neutro. Questa scelta concentra l'attenzione sulla disposizione dei due apostoli con san Tommaso dubbioso, opposta rispetto al Cristo. La sconvolgente immersione del dito dell'apostolo nella ferita aperta del costato del Cristo redivivo è accentuata non solo dall'estrema essenzialità del soggetto artistico, ridotto alle sole quattro figure, ma anche dalla luce, proveniente da sinistra, che, da un lato, cade sul corpo del Cristo, il quale ha un incarnato più chiaro rispetto al gruppo degli apostoli, creando così una forte contrapposizione cromatica, tale da determinare un doppio risultato narrativo: quello di portare lo spettatore a un coinvolgimento diretto nell'azione (come se fosse un quinto personaggio vicinissimo agli altri) e di evidenziare la corporeità del risorto, la quale però risulta essere priva di tutti gli altri segni delle torture e del martirio (salvo ovviamente le ferite sul dorso delle mani). Dall'altro invece la luce illumina le fronti corrugate dei tre uomini che osservano con attenzione, a scopo di verifica, la ferita e il dito di Tommaso che la esplora.

Tra gli altri due apostoli che osservano la scena si riconosce Pietro, in posizione più alta. Le figure sono disposte in maniera tale da formare una elementare croce, o una spirale, con le tre teste degli apostoli perfettamente incastrate l'una con l'altra.

Riferimento scritturistico

Il dipinto si rifà a un racconto del vangelo di Giovanni (20,19-29): "La sera di quello stesso giorno, il primo dopo il sabato, mentre erano chiuse le porte del luogo dove si trovavano i discepoli per timore dei Giudei, venne Gesù, si fermò in mezzo a loro e disse: 'Pace a voi!'. Detto questo, mostrò loro le mani e il costato. E i discepoli gioirono al vedere il Signore. Gesù disse loro di nuovo: 'Pace a voi! Come il Padre ha mandato me, anch'io mando voi'. Dopo aver detto questo, alitò su di loro e disse: 'Ricevete lo Spirito Santo; a chi rimetterete i peccati saranno rimessi e a chi non li rimetterete, resteranno non rimessi'. Tommaso, uno dei Dodici, chiamato Dìdimo, non era con loro quando venne Gesù. Gli dissero allora gli altri discepoli: 'Abbiamo visto il Signore!'. Ma egli disse loro: 'Se non vedo nelle sue mani il segno dei chiodi e non metto il dito nel posto dei chiodi e non metto la mia mano nel suo costato, non crederò'. Otto giorni dopo i discepoli erano di nuovo in casa e c'era con loro anche Tommaso. Venne Gesù, a porte chiuse, si fermò in mezzo a loro e disse: 'Pace a voi!'. Poi disse a Tommaso: 'Metti qua il tuo dito e guarda le mie mani; stendi la tua mano, e mettila nel mio costato; e non essere più incredulo ma credente!'. Rispose Tommaso: 'Mio Signore e mio Dio!'. Gesù gli disse: 'Perché mi hai veduto, hai creduto: beati quelli che pur non avendo visto crederanno!'."

Il racconto è evidentemente di tipo catechetico, volto a convincere il lettore che la *resurrezione* (e non la liberazione d'Israele dai Romani) era l'argomento fondamentale della primitiva comunità cristiana. Il Cristo che qui viene presentato è dunque quello della fede e non ha nulla di storico. Tommaso evidentemente rappresentava una corrente che nell'ambito del movimento nazareno non voleva accettare l'idea petro-paolina che la resurrezione andasse considerata prioritaria per continuare il messaggio eversivo del Cristo dopo la sua morte. Qui è probabile che i redattori abbiano voluto documentare un ripensamento da parte dell'apostolo.

Il racconto appare poco realistico anche solo per il fatto che il Cristo chiede a Tommaso d'infilare la mano nel costato: quasi come se volesse, dall'alto della propria divinità, imporsi con la forza su di lui. La scena ha inevitabilmente qualcosa di cupo, di tetro, se non di truce, la cui drammaticità non può essere smorzata solo perché qui si ha a che fare con un'apparizione sovrumana. Non è da escludere che i redattori si fossero rassegnati a un tale espediente proprio perché tra i primi cristiani doveva essere abbastanza forte lo scetticismo verso la suddetta tesi petro-paolina, secondo cui si sarebbe dovuta attendere passivamente la parusia trionfale del Cristo risorto.

Interpretazione

Gli apostoli sembrano dei reietti, incredibilmente realistici nelle loro fattezze umane: tutti scompigliati, spettinati, con la barba incolta, i vestiti sdruciti (in primo piano è evidente persino uno strappo); hanno il volto segnato, ossuto, rugoso, di gente che sembra soffrire di varie privazioni, se non addirittura la fame, tant'è che appaiono più anziani del Cristo, sicuramente più provati. Il realismo è forzato, eccessivo e sicuramente non in linea con quello che loro effettivamente erano.

La mano di Tommaso non è certamente quella di un uomo raffinato, intellettuale, come quella del suo maestro redivivo, che sembra prendergliela con forza, come se ne avesse abbastanza dell'incredulità del discepolo. Le unghie sembrano addirittura sporche: sono quelle di un lavoratore manuale.

Il Cristo invece appare abbastanza efebo, molto convenzionale, a testimonianza che il pittore doveva trovare un compromesso, dentro di sé, tra il proprio materialismo e forse anche il proprio ateismo, e le esigenze del committente pagante, il quale aveva sì chiesto un dipinto avente una qualche connotazione religiosa (non sappiamo se su un tema specifico, che in tal caso sarebbe stato quello dell'incredulità), ma probabilmente non si aspettava che l'argomento dell'incredulità avesse una così forte prevalenza scenica su quello della fede, essendo trattato in maniera molto estesa e accurata, con grande raffinatezza espositiva, come forse nessuno a quel tempo sarebbe riuscito a fare o avrebbe avuto il coraggio di fare.

Gli apostoli sono personaggi presi dalla strada, probabilmente pagati pochissimo. La cosa singolare è che qui si comportano come intellettuali scettici che non credono se non vedono di persona. Cioè non sono affatto degli ingenui popolani.

Nel racconto evangelico non viene detto esplicitamente che Tommaso fece quel che qui viene raffigurato, ma soltanto che il Cristo risorto invitò l'apostolo a comportarsi così, e che egli, resosi conto d'aver posto, una settimana prima, una richiesta fuori luogo, finì col pentirsene. Qui invece l'apostolo, pur vedendo di persona Gesù redivivo, a distanza molto ravvicinata, sembra che abbia bisogno di una prova supplementare, assolutamente inconfutabile. Ciò è abbastanza inverosimile. Infatti, anche nel caso in cui il racconto avesse voluto rappresentare qualcosa di credibile, nessun apostolo, tra i Dodici, sarebbe mai arrivato a compiere una verifica così minuziosa e, se vogliamo, così imbarazzante, soprattutto al cospetto degli altri. Avrebbe dimostrato un'intelligenza alquanto modesta. Peraltro il volto di Tommaso è stupefatto proprio per aver avuto la possibilità d'infilare il dito nella ferita: come se la semplice osservazione delle ferite causate dalla crocifissione di un uomo di cui si sapeva con certezza fosse morto, non sarebbe stata sufficiente per suscitare un analogo stupore!

Quindi non è da escludere che Caravaggio abbia voluto accentuare l'asprezza della scena facendo infilare a bella posta il dito di Tommaso nella ferita, procurata dalla guardia romana per accertare l'avvenuto decesso del condannato. Come se il pittore avesse voluto dire, a dispetto di chi vede in questo quadro qualcosa di "religioso", che i cristiani sono disposti a credere solo se toccano le cose con mano. Cioè per loro non è neppure sufficiente vedere con gli occhi il Cristo risorto: devono infilargli un dito nella ferita, e la mano del Cristo invita espressamente il loro rappresentante a farlo.

Il tutto avviene a una distanza così ravvicinata che la scena, pur dalle fattezze molto realistiche, appare assolutamente irreale, volutamente forzata, iperbolica, in un'atmosfera piuttosto macabra, accentuata dal forte chiaroscuro, in quanto gli apostoli, per poter essere sicuri della loro fede, si dichiarano, uno, disponibile a infilare un dito nella ferita di chi è morto solo otto giorni prima, e gli altri a guardarlo con una curiosità quanto meno morbosa.

Essi sono certissimi del suo decesso, eppure ora devono convincersi del contrario, o quanto meno ch'egli è scampato alla morte, essendo ancora vivo e vegeto. A tale scopo non ritengono sufficienti i loro occhi: hanno bisogno anche del tatto. Sembrano dei discepoli piuttosto infantili, rozzi e primitivi, che, sul piano religioso, non vogliono credere nella forza pregnante della nuova idea petro-paolina della resurrezione. Non vogliono ammettere l'evidenza, cioè la sconfitta dell'idea politica di liberazione nazionale. Negano il misticismo della nuova religione che si va formando: come se in realtà non fossero della gente semplice (così come Caravaggio li ha dipinti), ma degli intellettuali di poca fede. E il Cristo sembra essere rassegnato all'idea di dover preventivamente mostrare il proprio costato trafitto persino a una parte del collegio apostolico, cioè ai discepoli più stretti, più selezionati. Non appare certamente come un Cristo trionfante, ma semmai alquanto perplesso, vittima di circostanze superiori alle proprie forze.

Non si accontentano di vedere i fori nelle mani (oggi peraltro considerati un assurdo storico, in quanto dovevano per forza essere nei polsi per poter sorreggere il peso del corpo), ma uno di loro (il più incredulo) vuole per forza infilare il dito della piaga del costato, priva, per fortuna, di sangue, altrimenti si sarebbe raggiunto un livello orrorifico.

In questo Caravaggio risentiva del clima dell'epoca, straordinariamente portato all'eccesso, alla teatralità, pur nel grande conformismo religioso, tipico della Controriforma. Questo per dire che la rappresentazione scenica ha qualcosa di barocco, cioè di volutamente esagerato. Come se la fede autentica, genuina, potesse dipendere dall'uso scrupoloso, sul piano fisico, del dito di una mano, cui tutti vogliono assistere da vicino.

In realtà dovremmo dire che qui gli apostoli appaiono molto ingenui, poiché vogliono credere in ciò che non hanno mai visto, essendo frutto della loro fantasia. Ma l'ateo Caravaggio l'ha messa diversamente, rapportandosi ai condizionamenti del suo tempo, che non gli permettevano una libera espressione: i cattolici avevano finito di credere nelle illusioni elaborate dalla primitiva comunità cristiana. Per poter continuare a farlo avevano bisogno di un atto di forza, qui rappresentato dalla mano del Cristo, che prende quella di Tommaso, obbligandolo a verificare di persona.

2. La morte della Vergine

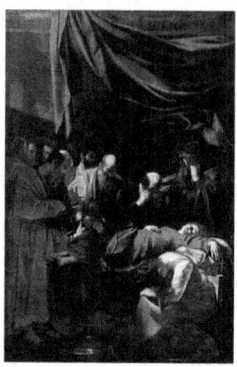

Premessa

L'opera *Morte della Madonna*, conosciuta anche come *Morte della Vergine*, è stata sicuramente una delle tele più contestate tra quelle realizzate da Michelangelo Merisi (tra il 1605 ed il 1606, ma il contratto ritrovato alla fine del secolo scorso porta la data del 14 giugno 1601). Stessa sorte sarà destinata alla "Vergine del serpente", del 1605.

Il dipinto è considerato il migliore compiuto a Roma dal Caravaggio, che dovrà presto fuggire dalla città, a causa dell'omicidio, compiuto il 28 maggio 1606 (cui seguirà la sentenza capitale), del caporione Ranuccio Tomassoni da Terni, in una rissa per motivi di gioco, da cui lo stesso pittore uscirà gravemente ferito.

Un dipinto scandaloso

Il dipinto fu rifiutato dai Carmelitani Scalzi che lo avevano commissionato per decorare la cappella privata della famiglia Cherubini, nella chiesa di Santa Maria della Scala a Trastevere (Roma), in quanto considerato indecoroso e sconveniente.

Secondo il Baglione, pittore e rivale di Caravaggio, il quadro scandalizzò in quanto ritraeva la Madonna gonfia e con le gambe scoperte. Da tempo in effetti il pittore - secondo quanto narra il Bellori -, spinto dal suo crescente interesse per la raffigurazione degli aspetti più realistici della natura, "cominciò l'imitazione delle cose vili, ricercandosi le sozzure e le deformità, come sogliono fare alcuni ansiosamente [...] e così nell'imitare li corpi si fermano con tutto lo studio sopra le rughe, e i difetti della pelle e dintorni, formando le dita nodose, le membra alterate da morbi. Per li quali modi il Caravaggio incontrò dispiaceri, essendogli tolti li quadri da gli altari".

Le regole formali della committenza

Nel contratto di commissione del dipinto vi erano precise disposizioni secondo cui la Vergine avrebbe dovuto essere raffigurata rispettando sia iconograficamente che formalmente le rigide direttive controriformistiche allora vigenti, soprattutto in considerazione del fatto che l'opera era destinata ad essere esposta in un luogo sacro.

Caravaggio, che non credeva più nel valore di regole del tutto formali che contrastavano con la corruzione della chiesa romana controriformista, si dimostrò artista indipendente e coraggioso, rischiando di non essere pagato e di veder l'opera finire chissà dove (d'altra parte la sua è una pittura molto soggettiva, fuori da qualunque canone, lontanissima anche dalla composta e simbolica "Dormitio Virginis" di bizantina memoria e che al suo tempo veniva ancora dipinta nel mondo slavo).

Le innovazioni realistiche

L'opera era priva di qualsiasi attributo mistico (a parte la convenzionale aureola posta dietro il capo della morta). La Madonna ha la faccia livida, è ancora molto giovane (sembra la sorella della Maddalena); il braccio, steso su un cuscino, toglie ogni dubbio sul *rigor mortis* del corpo, il ventre gonfio fa pensare a una gravidanza, i piedi, ritratti nudi fino alla caviglia, sporgono stranamente fuori da un tavolaccio, da uno spoglio catafalco su cui essa giace (non sembra neppure un letto).

Dov'era il corpo incorruttibile della madre di Cristo? Questo sembra un cadavere del tutto scomposto, abbandonato a se stesso. Addirittura si diceva ch'egli avesse scelto una prostituta trovata morta vicino al Tevere, non reclamata da nessuno: l'annegamento può forse spiegare il ventre gonfio.

Già Mancini avanzò l'ipotesi che Caravaggio avesse ritratto una cortigiana, cioè una delle prostitute da lui frequentate, forse quella stessa Anna Bianchini, con capelli lunghi e rossi, che aveva posato per il *Riposo nella fuga in Egitto* e per la *Maddalena penitente*, morta di gravidanza nel 1604, a 24 anni. Secondo altri studiosi, invece, Caravaggio si sarebbe ispirato alla edificante vicenda di Caterina Vannini, ex prostituta ammirata dal cardinale Borromeo, morta nel 1606 per idropisia, in odore di santità.

La luce

La scena è ambientata in un luogo di desolata povertà, con un'intonazione cromatica molto scura: l'illuminazione arriva da un'alta finestra a destra, scende obliquamente e colpisce le teste calve di apostoli piuttosto anziani, per poi distendersi sulla figura di Maria e sulla Maddalena china davanti a lei.

La luce, che qui rappresenta la flebile verità ancora rimasta, rende drammaticamente evidenti le espressioni dei volti, mentre scivola veloce sui corpi, relegandoli volontariamente nella penombra. La scena sembra svolgersi su un palcoscenico, in cui vi sono elementi autentici e altri formali, convenzionali, che contrastano col dolore della morte.

Allineati verticalmente davanti al feretro, gli apostoli formano, in linea col corpo e col braccio di Maria, una croce perfetta.

Il catino

Il catino di rame collocato ai piedi degli apostoli e contenente la soluzione d'aceto necessaria al lavaggio del cadavere, da qualcuno è stato interpretato come un'inconscia attestazione di sfiducia nella resurrezione, da parte del pittore. D'altra parte qui non c'è nulla di simbolico che faccia pensare alla morte come a un "transito" verso l'aldilà.

Il drappeggio

Il tendaggio rosso cardinale, molto chiaroscurato, dal drappeggio voluminoso, lussuoso, tipicamente barocco, sollevato come un sipario sinistro, che impegna quasi metà del dipinto, sembra rappresentare un potere minaccioso, che incombe dall'alto, inesorabile, e che contrasta drammaticamente con i personaggi umili rappresentati (sono tutti scalzi), dei quali però il vero antagonista (sconfitto) è la stessa Vergine col suo vestito rosso scarlatto (ribelle, provocatorio), slacciato sul petto.

Lo stesso Caravaggio viveva in una casa molto misera, cui pare rassomigliare l'ambientazione del quadro, non tanto perché era vicino alle posizioni pauperistiche di alcuni movimenti religiosi dell'epoca, quanto perché il suo carattere aggressivo e scostante lo rendeva inviso alla cittadinanza, costringendolo all'isolamento, per quanto molti gli riconoscessero una grande capacità artistica.

Lo stesso drappeggio comparirà poi in uno dei primi dipinti ch'egli realizzerà a Napoli, la *Madonna del Rosario*.

La Vergine è il Caravaggio?

Il dolore sembra sconvolgere gli apostoli e la Maddalena, seduta su una semplice sedia, piange a capo chino, coprendosi il volto con una mano: notevole resta il contrasto tra la sua capigliatura perfetta e i capelli completamente disordinati della Vergine, che sembra appena morta davanti a tutti gli astanti.

Molte persone anziane, barbute, semicalve, col volto rugoso, le stanno attorno (l'apostolo Giovanni, il più giovane, le è accanto in piedi, pensieroso come un filosofo); ma più che per piangere sinceramente, esse sembrano svolgere un ruolo di rito, teatrale (uno degli apostoli, tenendo i pugni sugli occhi, sembra piangere come un bambino).

Raffigurati come uomini qualsiasi, senza nulla di gradevole e sacrale, gli apostoli rappresentano la società, che si addolora, certo, però in maniera poco convincente, in quanto, durante la vita di Maria non hanno fatto nulla di veramente significativo per assicurarle un'esistenza decente, consona al valore della sua persona.

Maria insomma sembra essere lo stesso Caravaggio, che si sente abbandonato, oppresso o comunque poco apprezzato, e che si sta guardando allo specchio o come su un palcoscenico, come se per lui la vita non fosse altro che una tragedia già scritta da qualcuno.

L'unica sua consolazione non sono gli uomini ma le donne, rappresentate dalla Maddalena, che in effetti nel dipinto è quella meglio rappresentata, quella in cui il senso della drammaticità si attenua, pur essendo il soggetto molto addolorato. Lo stesso abito possiede una tonalità che più si avvicina a quello della Vergine.

Il vicende del dipinto

La tela, dopo essere stata rifiutata dai committenti, fu messa in vendita e venne acquistata nel 1607, per 300 scudi, dal duca di Mantova, consigliato dal lungimirante parere del suo pittore di corte: Pieter Paul Rubens, che la ritenne una delle opere più riuscite del pittore lombardo. Nell'aprile del 1607 prima che il quadro giungesse alla corte di Vincenzo Gonzaga, venne esposto al pubblico a grande richiesta e con incredibile successo.

Successivamente (1627–28) essa finì nella raccolta del re Carlo I d'Inghilterra e nel 1649 in quella del banchiere Iabach, che nel 1671 lo cedette a Luigi XIV per Versailles: da qui, nel 1793, dopo la rivoluzione francese, finì al Musée Central des Arts e, infine, al Louvre di Parigi.

3. Vocazione di Matteo

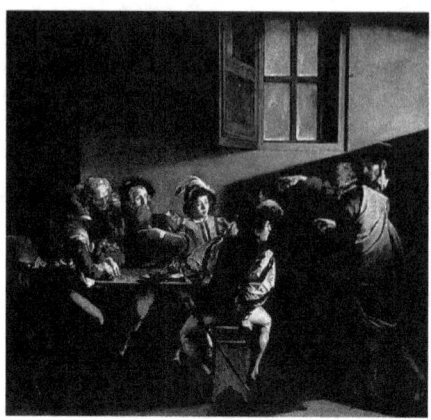

Premessa

Davvero *La vocazione di Matteo*, dipinta dal Caravaggio nel 1599-1600, può essere considerata un'opera religiosa? Essa fa parte di un trittico per la Cappella acquistata nel 1565 dal cardinale francese Mathieu Cointrel (italianizzato in Matteo Contarelli, presso S. Luigi dei Francesi, a Roma). L'obiettivo del cardinale, che morì nel 1585 e ch'era stato gran datario di papa Gregorio XIII, era quello di decorare la pala dell'altare con storie dedicate a san Matteo, di cui lui portava il nome.

Il piano iconografico fu da lui stesso stabilito: al centro vi doveva essere l'effigie del santo intento a scrivere il vangelo e ai due lati le figure con la vocazione del santo e con il suo martirio. Fallirono totalmente nell'impresa sia il pittore bresciano Girolamo Muziano che lo scultore fiammingo Jacob Cobaert, mentre il Cavalier d'Arpino, fra i pittori più famosi in Roma all'epoca, in due anni eseguì solo l'affresco della piccola volta. A quel punto gli eredi del Contarelli, grazie alla mediazione del cardinal Del Monte, decisero di rivolgersi al Caravaggio, che riceverà così la sua prima pubblica commissione.

La prima tela ch'egli eseguì fu quella del *Martirio di San Matteo* per la parete di destra. Dopo diversi tentativi pervenne a una composizione un po' sovraffollata, che rimanda a composizioni manieristiche, mentre i nudi sono di palese derivazione michelangiolesca. L'intera scena è circondata dal buio, come se il tutto stesse avvenendo di notte. D'ora in poi, in effetti, Caravaggio adotterà sempre il fondo scuro per le sue immagini. Qui, tuttavia, vi è una chiara incertezza sull'uso della luce, che ha più che altro la funzione di rischiarare l'immagine dall'oscurità. Il distribuirsi delle zone chiare non segue una direzione precisa e univoca, così che anche la composizione del quadro sembra dispiegarsi senza un motivo unitario.

La seconda opera fu la *Vocazione di San Matteo* per la parete di sinistra e, nel 1602, il *San Matteo e l'Angelo* per la pala d'altare centrale, che dovrà essere completamente rifatta perché giudicata di un realismo troppo brutale. Queste tre opere costituiscono indubbiamente un momento di svolta nella vita dell'artista, passando egli da tele di dimensioni medie, con poche figure, prevalentemente di soggetto profano, a grandi tele di contenuto religioso (la *Vocazione* è di cm 322 x 340). Ma è molto difficile sostenere che in tale svolta si possa assistere a una conversione "religiosa" dell'artista.

Fino alla realizzazione del suddetto trittico, Caravaggio veniva considerato un campione di nature morte, o comunque un artista che non poneva affatto alcuna gerarchia di valore tra natura e figure umane; anzi, piuttosto che dipingere soggetti religiosi della cristianità, preferiva quelli mitologici come Bacco e la Medusa. Probabilmente il trittico gli era stato assegnato dopo la realizzazione di due opere religiose: *Giuditta e Oloferne*, la cui decapitazione appare quanto meno sconcertante, degna di un moderno film dell'horror, e *Santa Caterina d'Alessandria*, dove userà la stessa modella per *Giuditta* e per la *Maddalena pentita*, la nota prostituta romana Fillide Melandroni, di cui s'era invaghito.

Il fatto di utilizzare modelli presi dalla strada anche quando andrà a dipingere temi religiosi (quelli che gli verranno commissionati, a partire dal 1595, dal cardinale Francesco del Monte, suo grande mecenate), lascerà disgustati non pochi critici del tempo, che ben conoscevano quei modelli. Era comunque un segno che Caravaggio non aveva avuto alcuna crisi mistica, ma, dovendo fare di necessità virtù, a motivo di un lustro di vita squallida, prima a Milano, poi, dal 1592, a Roma, s'era risolto a cercare un compromesso tra il proprio ateismo e le esigenze dei committenti.

Il compromesso è ben visibile p.es. laddove il vero protagonista di un dipinto spesso non è quello indicato nel titolo o quello voluto dal committente, ma quello che lo stesso Caravaggio decideva preventivamente e che in corso d'opera veniva caratterizzato dai particolari più significativi. Nella stessa *Vocazione di Matteo* i personaggi principali non sono né Cristo né Pietro, ma i tre gabellieri e i due militari. E di questi cinque è difficile dire che Matteo risulti artisticamente più importante degli altri. Il quintetto pare in realtà una cosa sola, sapientemente disposta in cerchio: qui l'umano prevale nettamente sul religioso.

E lo stesso succede nel *Martirio di San Matteo*, dove la figura centrale non è la vittima ma il carnefice, che domina seminudo al centro. Nella *Crocifissione di San Pietro* le figure centrali sono i tre esecutori della condanna, che neppure si vedono di faccia. Nella *Conversione di San Paolo* protagonista assoluto è il cavallo, che guarda il santo con assoluta indifferenza; lo stesso stalliere ha quasi un atteggiamento di pietà e commiserazione nei confronti di Saulo. Nella *Morte della Madonna* il personaggio più struggente e commovente è la Maddalena che piange, il cui volto neppure si vede. La parte religiosa di questi dipinti è incredibilmente scarna. Persino nella *Sepoltura di Cristo* il personaggio principale è Giuseppe d'Arimatea, che guarda l'osservatore come per chiedergli aiuto. Il corpo di Cristo, senza una goccia di sangue, senza alcun segno delle torture subite prima della crocifissione, appare molto stereotipato, molto convenzionale. Caravaggio non sentiva affatto i temi religiosi e quando era obbligato a rappresentarli li trasfigurava in senso laico-umanistico, facendo scarne concessioni al tipo di vita borghese.

Caravaggio in realtà non era una meteora a ciel sereno: egli si situava in un filone di pittura religiosa ateistica che risaliva allo stesso Giotto e che aveva trovato in Piero della Francesca e in Michelangelo le sue espressioni più mature nell'ambito della cristianità. Non dobbiamo infatti dimenticare che qui l'ateismo doveva sempre tener conto della cultura dominante, ch'era quella cattolico-romana, che da un lato lo favoriva nell'agganciarsi alla cultura borghese emergente, in un recupero chiaramente anti-religioso dei modelli classici greco-romani, e che dall'altra invece lo ostacolava, in quanto uno sviluppo eccessivo dell'ateismo avrebbe potuto portare a un'emancipazione indesiderata della coscienza popolare, cosa che altrove, infatti, aveva fatto scoppiare la Riforma protestante (1517).

La chiesa romana voleva il ritorno del paganesimo a livello istituzionale, perché questo le pareva il modo migliore per continuare a gestire, insieme agli spagnoli, il potere politico, ma non lo voleva sul piano sociale, sapendo bene che con la religione si poteva realizzare un controllo delle masse. Gli artisti dovevano tener conto di questa ambiguità, se volevano lavorare coi committenti altolocati dell'*establishment* ecclesiastico. Neppure il Caravaggio sfuggirà a questo *diktat* e anzi, ogniqualvolta egli cercherà di far valere le proprie esigenze personali di verità (il realismo naturalistico che doveva riflettersi nell'arte), ne pagherà duramente le conseguenze. Quanto più andava imponendosi la reazione controriformistica, tanto più un grandissimo artista come Caravaggio doveva essere messo fuori gioco, o con le buone o con le cattive: la condanna a morte gli peserà come un macigno sino alla fine della sua vita. E in tal senso non sarebbe affatto esagerato mettere la sua figura a fianco di quelle di

Giordano Bruno, di Galileo Galilei, di Paolo Sarpi...

Interpretazione

Del trittico per la pala d'altare della Cappella Contarelli, *La vocazione di Matteo* viene dipinta con più decisione rispetto alle altre, benché anche qui non manchino ripensamenti e modifiche in corso d'opera. Vi sono aspetti che rivelano uno studio notevole della composizione. Il Cristo p.es., pur indicando con la mano l'esattore Matteo, ha i piedi già girati nella direzione opposta; è una figurazione "ritorta" molto particolare, in grado di esprimere il movimento con una puntuale, straordinaria precisione. Il gesto della mano di Gesù riprende quello di Adamo nel celebre affresco michelangiolesco della Cappella Sistina, il che sta a mostrare l'intenzione di evidenziare più l'umanità che non la divinità del Cristo.

A sua volta Gesù è quasi nascosto dalla figura di Pietro, che quasi timidamente ripete il gesto del Maestro, ma dall'esame radiografico del dipinto risulta che in un primo tempo l'apostolo non c'era. Si pensa che Caravaggio abbia messo Pietro in una posizione "di copertura" per rendere più difficile, e quindi più ricco di piacere e di sorpresa il riconoscimento del Cristo. Ma non si può escludere in questo dipinto una presenza quanto mai ingombrante dell'ideologia petrina della chiesa romana, allora dominante, né il fatto che la chiesa di S. Luigi rappresentava allora la nazione francese, il cui re, Enrico IV, s'era appena convertito al cattolicesimo.

Lo schema geometrico dell'opera è quadrangolare, le linee guida sono orizzontali, verticali e curve, l'ombra risulta essere piuttosto marcata e si alternano colori cupi in contrasto con colori caldi, quali quelli delle vesti esaltati dal fascio di luce.

La distribuzione dei pesi visivi è ben articolata ed è costituita dalle due masse dei personaggi rispettivamente a destra e a sinistra. Le linee guida e la massa dei volumi si trovano nella parte inferiore dell'opera. Inoltre sono presenti linee immaginarie come quelle che congiungono Matteo a Gesù. Insomma la composizione geometrica è studiata accuratamente dall'artista, pur sembrando una scena di carattere quotidiano, tant'è che l'esame radiografico ha mostrato che la pittura che vediamo viene dopo correzioni e ripensamenti.

Possiamo ad esempio notare che:
- il bordo anteriore dello scuro della finestra segna l'asse verticale di mezz'aria del dipinto;
- la base della finestra e il bordo della tavola sono attraversate dal-

- le rette che dividono il quadro orizzontalmente in tre fasce, quasi della stessa altezza;
- la dimensione dell'anta è uguale alla dimensione laterale dello sgabello;
- la distanza tra la linea della parete con il bordo sinistro coincide con la distanza tra la linea della finestra e il bordo destro;
- la distanza tra la divisione centrale della finestra con il bordo superiore è uguale alla distanza tra la linea frontale dello sgabello con il bordo inferiore.

L'impatto visivo è molto forte e soprattutto le due figure a destra attirano l'attenzione dell'osservatore. Il braccio teso di Gesù conduce lo sguardo verso la massa dei personaggi a sinistra che con il loro atteggiamento (Matteo che indica se stesso, i volti ruotati verso un medesimo punto a destra) riconducono lo sguardo dell'osservatore verso Gesù. C'è dunque un continuo gioco di spostamenti visivi tra i personaggi dell'opera e tra personaggi e osservatore.

È controverso se nella *Vocazione* ci si trovi all'interno o all'esterno di una casa; ma soprattutto non è chiarissimo chi sia Matteo. Le interpretazioni tradizionali pensavano che fosse il vecchio con la barba (vagamente somigliante a Leonardo da Vinci) che porta la mano sinistra al petto, stupito della chiamata indirizzata a lui. Alcuni critici però hanno fatto notare che la mano del vecchio sembra indicare un'altra persona, la stessa a cui si rivolgono anche le dita di Cristo e di Pietro: il giovane sulla sinistra, con la testa bassa, rivolta verso le monete che sta contando, che però è l'unico soggetto che non sta affatto prestando attenzione a Gesù.

Caravaggio, con grande audacia, avrebbe quindi raffigurato il momento immediatamente precedente la chiamata, l'attimo in cui tutto sta per accadere, all'insaputa del protagonista in questione. L'artista stesso avrebbe voluto creare questa indecisione negli spettatori; la difficoltà di interpretare l'opera è dimostrata dal fatto che tutti gli imitatori successivi della *Vocazione di San Matteo* hanno risolto le ambiguità del Caravaggio in un senso o nell'altro, rinunciando alla complessità di questa tela straordinaria.

Quel che è certo è che qui Caravaggio abbandona gli ultimi retaggi tardocinquecenteschi per concentrarsi su una sottile definizione della *luce*, che non è più diffusa ma direzionale e orientata, in grado di separare nettamente la parte alta da quella bassa del dipinto, tra loro in parallelo. È il modo migliore per esprimere le contraddizioni dell'epoca, lacerata da una concezione moderna, laica, dell'esistenza, che vorrebbe illuminare le menti e che invece si trova imprigionata in una corazza molto stretta, che le toglie il respiro. I chiaroscuri di Caravaggio, i giochi di luci e ombre che pervadono i suoi quadri a soggetto religioso esprimono in maniera molto eloquente il dramma di un'epoca in cui gli intellettuali, gli artisti erano costretti a portare in pubblico una maschera, quella convenzionale del potere dominante.

Poiché tuttavia Caravaggio si sente un artista inadeguato al proprio tempo, evita qualunque concessione fideistica alla tradizionale simbologia religiosa. L'aspetto divino viene per così dire "normalizzato", purgato di tutti gli orpelli mistici ed extraterreni. Tutto si muove secondo una sola parola d'ordine: *realismo*. Questo l'obiettivo, la scelta consapevole e coraggiosa della pittura dell'artista.

Alcuni critici hanno sostenuto che la luce rappresenta la "grazia", nell'ovvio rapporto alla presenza del Cristo. Ma il vero protagonista positivo non è Cristo, che s'intravvede appena, bensì la luce: parlare di "grazia" in senso religioso è limitativo, è un'interpretazione di comodo che plaude al clericalismo. Dovendo rappresentare una "conversione", all'artista sarà parso del tutto naturale usare la luce come simbolo che rischiara le tenebre della colpa. Un scelta artistica del genere poteva benissimo valere anche per un dipinto di tipo laico.

Il gabelliere Levi-Matteo è seduto su un lungo tavolaccio di uno stanzone spoglio, a metà fra il banco dei debiti e il corpo di guardia. La parete scalcinata, interrotta da una polverosa finestra, che quasi anticipa l'impressionismo, tanto è moderna, sembra indicare più un interno che un esterno, anche se la finestra del tutto opaca, che ha il gancio per chiudere l'anta, non permette di stabilire il tempo e, se vogliamo, neppure lo spazio (alcuni critici hanno parlato di "scena da osteria", una di quelle bettole così tanto frequentate dall'artista). La finestra chiusa, pur ben visibile, fa contrasto con quella che non si vede, da cui proviene la luce. Il pellicciotto che avvolge l'anziano occhialuto può far pensare a un periodo invernale, che contrasta però coi piedi nudi di Pietro e di Cristo.

La luce - come già detto - non sta in rapporto col Cristo, che resta nell'ombra, ma è indipendente: Gesù proviene da quella luce semplicemente perché sotto la finestra vi era una porta. La naturalezza del contesto prevale nettamente sul significato religioso dell'evento. Questa è la prima grande tela nella quale il pittore, per accentuare la tensione drammatica dell'immagine e focalizzare sul gruppo dei protagonisti l'attenzione di chi guarda, ricorre all'espediente di immergere la scena in una fitta penombra tagliata da squarci di luce giallastra, che fa emergere visi, mani o parti dell'abbigliamento e rende quasi invisibile tutto il resto. Sembra di assistere, in un'incredibile anteprima, alla sequenza di un film hollywoodiano in bianco e nero degli anni Quaranta e Cinquanta.

Nel fascio di luce avrebbe potuto esserci una connotazione mistica se i personaggi religiosi fossero stati ben illuminati: invece qui è il contrario. I personaggi più significativi non sono quelli religiosamente più importanti, ma quelli che umanamente risaltano di più: gli esattori fiscali e i militari. Al massimo si può sostenere che il significato religioso della chiamata viene tutto assorbito dalla tensione, umanissima, tra povertà (Cristo e Pietro) e ricchezza (dei cinque attorno al tavolo). La luce cioè proviene dalla povertà e giunge a redimere qualcuno che si trova dalla parte della ricchezza.

Ma questa potrebbe essere un'interpretazione forzata. La luce proviene semplicemente da un'altra finestra, non proviene da una porta, proprio perché va in diagonale dall'alto verso il basso, e qui non è che ci si trovi in un seminterrato. È una luce che lambisce solo parzialmente le figure religiose.

I personaggi principali sono quelli umani non quelli religiosi: sono quelli borghesi che contano i soldi e i militari preposti a proteggerli. Di una modernità eccezionale è il fatto che al cospetto della chiamata al discepolato solo tre su cinque si girano e dei tre i due militari, peraltro giovanissimi, osservano senza capire ciò che sta succedendo, mentre resta apparentemente ambigua la direzione della mano dell'uomo al centro con la folta barba.

Stando tuttavia ai vangeli, Levi si aspettava la chiamata, voleva soltanto che fosse pubblica, per dimostrare chiaramente ai galilei l'intenzione di cambiare vita in modo radicale, tant'è che subito dopo organizzò un grande banchetto per festeggiare l'evento: è dubbio, in tal senso, che Levi possa essere il giovane *parvenu* tutto intento a contare i soldi. È preferibile vedere il contrasto dialettico tra le due mani dell'uomo al centro, che con la destra conta i soldi e con la sinistra si chiede se sia proprio lui a dover rispondere alla chiamata. Le mani dei due si toccano, intente a contare le stesse monete, ma diverso sarà l'esito esperienziale.

Forse qui si può leggere una sorta di filosofia esistenziale dell'artista, che pare voler rappresentare la gioventù come poco attenta alle cose importanti della vita; d'altra parte anche la persona più anziana, in piedi, appare come un avido speculatore; dunque Matteo forse rappresenta la via di mezzo, quella in cui non si ha più la forza della gioventù ma si ha sufficiente saggezza per capire che si può ancora fare qualcosa di utile per la collettività.

Molto interessante è stata altresì l'idea di vestire Gesù e Pietro con abiti umili che ricordano il passato, mentre gli altri personaggi sono ritratti in abiti moderni e costosi, coevi a quelli dell'artista. Questo permette di cogliere come la "storia" evangelica, priva di fronzoli, possa ancora interpellare drammaticamente il presente, distogliendolo dai propri "affari", dove la parola "dramma" sta a indicare la sostituzione di una visione agiografica, manieristica, delle storie bibliche con una più attuale, carica di contraddizioni, nei confronti delle quali occorre compiere delle scelte.

Vi sono infine delle piccole incongruenze che non disturbano più di tanto la perfezione dell'opera, se si esclude ovviamente il fatto che per un credente doveva apparire piuttosto scandaloso che un'opera destinata ad essere esposta pubblicamente in chiesa, ambientasse la chiamata all'apostolato di Matteo in una taverna d'infimo ordine.

La prima è abbastanza evidente: si contano i soldi e si redige il quaderno delle imposte riscosse in una semioscurità molto improbabile. Sembra più una spartizione segreta del bottino che una regolare attività fiscale.

La seconda riguarda il volto di Cristo, la cui barba appare sicuramente più moderna di quella di Pietro, che peraltro, con quel corpo un po' tozzo e ingobbito, e con quel bastone che quasi lo aiuta a camminare, sembra molto più anziano di lui. Lo stesso Matteo, dalla folta barba e dalla incipiente calvizie, ha poco di realistico rispetto alla figura evangelica.

Il militare di spalle, che nella prima versione guardava verso il Cristo, dopo l'inserimento di Pietro, finisce col guardare la mano di quest'ultimo.

L'aureola sospesa sul capo di Cristo, unico indizio della sua natura divina, è appena percepibile e, secondo alcuni, è stata dipinta successivamente per compiacere una committenza insoddisfatta dal carattere troppo laico del dipinto.

Risulta poco convincente la prospettiva dell'anta della finestra, che se si chiudesse apparirebbe più piccola della vetrata. Come noto, tuttavia, Caravaggio non era avvezzo a produrre disegni preparatori, in quanto preferiva dipingere dal vero, inoltre non si sentiva tenuto a conoscere, come i pittori rinascimentali, la geometria precisa dei corpi e dello spazio che rappresentava: l'arte per lui non è più il luogo dove la realtà trova un ordine nuovo basato sulle aspettative di bellezza e perfezione dell'animo umano, ma il luogo dove la realtà ci assale con tutta la sua drammaticità.

Per una concezione alternativa dell'arte

In campo artistico la forma è sostanza. Un'opera dovrebbe essere classificata come "artistica" non solo se trasmette qualcosa al senso del bello intrinseco all'essere umano, ma anche se lo fa usando una determinata forma. Se la forma prevale il contenuto s'impoverisce, ma se è assente, l'opera smette d'essere "artistica" e diventa qualcos'altro.

Un'operazione artistica può coinvolgere lo spettatore a prescindere da un alto livello di espressione formale, cioè un artista può servirsi di oggetti in modo da stimolare una partecipazione attiva, ma è evidente che quando manca, da parte dell'utente, l'apprendimento di un lavoro propedeutico alla fruizione dell'opera d'arte, il risultato finale sarà sempre molto scarso. Si possono usare in vari modi le espressioni artistiche per coinvolgere il pubblico, ma non si può pretendere che il pubblico s'improvvisi critico d'arte.

L'arte è *conoscenza*, oltre che senso del gusto, del bello, dell'armonia delle parti ecc. L'arte è duro tirocinio, cioè scuola, apprendimento di tecniche, di metodiche, di specificità disciplinari... Il che implica una notevole applicazione. Un'opera d'arte è frutto non solo di una mente geniale, che osserva le cose tradizionali in maniera differente o che propone cose nuove come oggetto d'arte, ma è anche il frutto di un duro addestramento nella manipolazione della materia, nella elaborazione delle forme.

Solo comprendendo questa difficoltà noi possiamo discernere ciò che può essere considerato "artistico" da ciò che invece è solo improvvisazione o provocazione o dilettantismo. Altrimenti si finisce col sostenere che tutto è arte, in quanto è sufficiente che qualcuno abbia da dire qualcosa.

L'arte, inoltre, non va caricata di istanze politiche che presumono di porre rotture nei confronti della realtà presente (contemporanea all'artista). L'arte può usare liberamente la politica, ma non può essere considerata meno "artistica" quella che non lo fa.

Generalmente l'arte si pone come rappresentazione o dell'uomo o della natura; se riflette solo la natura e non l'uomo, non per questo è meno "artistica".

La valenza innovativa, di rottura, che può avere l'arte si deve esprimere secondo criteri artistici, per cui le innovazioni devono riguardare soprattutto le forme, le modalità espressive di determinati contenuti, e la finalità di tutto ciò deve restare la *pedagogia del bello*, la fruizione della verità delle cose attraverso gli strumenti formali dell'arte.

Non può esserci arte senza una concezione estetica dell'arte: la scelta di colori, forme, movimenti... non può essere affidata al caso, se non in via del tutto eccezionale.

Più le scelte sono oculate e più possibilità ci sono che si sviluppi un'opera artistica. Una rappresentazione della realtà, umana o naturale, può essere considerata "artistica" sul piano formale, e insignificante sul piano del contenuto, ma il contrario, nel campo specifico dell'arte, non è mai vero, proprio perché nell'arte la forma è sostanza.

Dunque un'opera d'arte dovrebbe essere:

1. *umanamente intelligibile*, cioè con elementi tali da poter essere compresa in maniera relativamente naturale;

2. *socialmente condivisibile*, cioè capace di riflettere un sentire comune;

3. *emotivamente significativa*, cioè in grado di trasmettere qualcosa che favorisca la percezione dei sensi e lo sviluppo dei sentimenti;

4. *simbolicamente pregnante*, cioè in grado di porsi in maniera evocativa, come richiamo ad altro da sé;

5. *culturalmente impegnata*, cioè capace di porsi in una tradizione, collegando passato, presente e futuro;

6. *pedagogicamente utile*, cioè capace di stimolare riflessioni o atteggiamenti propositivi;

7. *politicamente democratica*, cioè favorevole a stimolare la convivenza civile.

Bibliografia su Lulu

www.lulu.com/spotlight/galarico

- Cinico Engels. Oltre l'Anti-Dühring
- Amo Giovanni. Il vangelo ritrovato
- Pescatori di uomini. Le mistificazioni nel vangelo di Marco
- Contro Luca. Moralismo e opportunismo nel terzo vangelo
- Arte da amare
- Letterati italiani
- Letterati stranieri
- Pagine di letteratura
- L'impossibile Nietzsche
- In principio era il due
- Da Cartesio a Rousseau
- Le teorie economiche di Giuseppe Mazzini
- Rousseau e l'arcantropia
- Esegeti di Marx
- Maledetto capitale
- Marx economista
- Il meglio di Marx
- Io, Gorbaciov e la Cina (pubblicato dalla Diderotiana)
- Il grande Lenin
- Società ecologica e democrazia diretta
- Stato di diritto e ideologia della violenza
- Democrazia socialista e terzomondiale
- La dittatura della democrazia. Come uscire dal sistema
- Etica ed economia. Per una teoria dell'umanesimo laico
- Preve disincantato
- Che cos'è la coscienza? Pagine di diario
- Che cos'è la verità? Pagine di diario
- Scienza e Natura. Per un'apologia della materia
- Siae contro Homolaicus
- Sesso e amore
- Linguaggio e comunicazione
- Homo primitivus. Le ultime tracce di socialismo
- Psicologia generale
- La colpa originaria. Analisi della caduta
- Critica laica
- Cristianesimo medievale
- Il Trattato di Wittgenstein

- Laicismo medievale
- Le ragioni della laicità
- Diritto laico
- Ideologia della Chiesa latina
- Esegesi laica
- Per una riforma della scuola
- Interviste e Dialoghi
- L'Apocalisse di Giovanni
- Spazio e Tempo
- I miti rovesciati
- Pazìnzia e distèin in Walter Galli
- Zetesis. Dalle conoscenze e abilità alle competenze nella didattica della storia
- La rivoluzione inglese
- Cenni di storiografia
- Dialogo a distanza sui massimi sistemi
- Scoperta e conquista dell'America
- Il potere dei senzadio. Rivoluzione francese e questione religiosa
- Dante laico e cattolico
- Grido ad Manghinot. Politica e Turismo a Riccione (1859-1967)
- Ombra delle cose future. Esegesi laica delle lettere paoline
- Umano e Politico. Biografia demistificata del Cristo
- Le diatribe del Cristo. Veri e falsi problemi nei vangeli
- Ateo e sovversivo. I lati oscuri della mistificazione cristologica
- Risorto o Scomparso? Dal giudizio di fatto a quello di valore
- Cristianesimo primitivo. Dalle origini alla svolta costantiniana
- Le parabole degli operai. Il cristianesimo come socialismo a metà
- I malati dei vangeli. Saggio romanzato di psicopolitica
- Gli apostoli traditori. Sviluppi del Cristo impolitico
- Grammatica e Scrittura. Dalle astrazioni dei manuali scolastici alla scrittura creativa
- La svolta di Giotto. La nascita borghese dell'arte moderna
- Poesie: Nato vecchio; La fine; Prof e Stud; Natura; Poesie in strada; Esistenza in vita; Un amore sognato

Indice

Premessa...5
Introduzione..6
L'arte bizantina e russa..8
    Le tesi di Cyril Mango..8
    L'iconografia bizantina sino all'843................................20
    Simbolismo nell'arte bizantina..22
    Storia dell'iconoclastia..24
    L'iconografia russa..28
    Le icone più rappresentative del mondo ortodosso...........37
        Gioacchino e Anna...38
        Annunciazione...39
        Natività..40
        Battesimo di Gesù...41
        Presentazione al Tempio..42
        Trasfigurazione..43
        Crocifissione..44
        Resurrezione..45
        Ascensione...46
        Il Salvatore tra le potenze.......................................47
        Trinità..48
        In te si rallegra..49
        Dormizione della Vergine..50
        Le icone della Vergine...51
        Giudizio Universale...53
    Iconografia e monachesimo..54
    Un'alternativa all'iconografia religiosa...........................56
    Suggerimenti per l'arte contemporanea..........................59
    Fonti in lingua italiana..63
Andrej Rublëv...67
    L'Orda d'Oro...67
    Icona e iconografia...69
    Storia di Andrej Rublëv (1360/80-1430).........................71
    L'icona della Trinità..73
    Riflessioni sull'icona della Trinità..................................76
    Altre opere di Rublëv..78

L'icona della natività...79
Fonti..82
Le pretese di Giotto...84
   Compianto del Cristo morto...90
   San Francesco dona il mantello al povero cavaliere..............95
   Rinuncia ai beni paterni...96
Piero della Francesca..98
   Biografia (1416/17 – 92)...98
   1. La flagellazione di Cristo..101
      Contesto storico..101
      Premessa tecnica..104
      Interpretazioni iconologiche.....................................107
      Significato e valore della prospettiva.......................109
   2. Il battesimo di Cristo..119
      Committente...119
      Caratteristiche tecniche..120
      Prospettiva..123
      Il gesto del battezzare..124
      La figura di Cristo..125
      Giovanni Battista..126
      Simbologia..127
      Gli angeli..130
Giorgione da Castelfranco..134
   Una "tempesta" che minaccia ma in lontananza...............134
Tiziano tra sacro e profano..136
   Premessa...136
   Contesto storico...136
   Il committente..137
   Il significato dell'opera..137
   Il titolo..138
   La composizione artistica..138
   Lo sfondo...139
   Le due donne...140
   Altre simbologie pagane...142
   Le influenze del Giorgione..142
   L'interpretazione..143
Raffaello e la Liberazione di san Pietro dal carcere....................145
   Contesto storico...145

L'affresco..146
Michelangelo Buonarroti, l'anticonformista............................150
   Biografia (1475 – 1564)...150
   Il Tondo Doni..152
   Le quattro Pietà e la crisi del maschio dominante...............153
   Maschilismo ed erotismo nella Cappella Sistina..................165
      Premessa..165
      La volta..168
      Il Giudizio Universale..183
      Lettura psicologica del Giudizio Universale.................187
      L'omosessualità di Michelangelo..................................191
      I papi della Sistina...193
Caravaggio il sovversivo..195
   1. Incredulità di san Tommaso...195
      Premessa tecnica..195
      Riferimento scritturistico..196
      Interpretazione...197
   2. La morte della Vergine...200
      Premessa..200
      Un dipinto scandaloso..200
      Le regole formali della committenza...........................201
      Le innovazioni realistiche..201
      La luce...202
      Il catino...202
      Il drappeggio...202
      La Vergine è il Caravaggio?...203
      Il vicende del dipinto...203
   3. Vocazione di Matteo..204
      Premessa..204
      Interpretazione...207
Per una concezione alternativa dell'arte..................................212
   Bibliografia su Lulu..214